Lehr- und Handbücher der Statistik

Herausgegeben von
Universitätsprofessor Dr. Rainer Schlittgen

Böhning, Allgemeine Epidemiologie
Caspary · Wichmann, Lineare Modelle
Chatterjee · Price (Übers. Lorenzen), Praxis der Regressionsanalyse, 2. Auflage
Degen · Lorscheid, Statistik-Aufgabensammlung, 3. Auflage
Hartung, Modellkatalog Varianzanalyse
Har ey (Übers. Untiedt), Ökonometrische Analyse von Zeitreihen, 2. Auflage
Har ey (Übers. Untiedt), Zeitreihenmodelle, 2. Auflage
Heiler · Michels, Deskriptive und Explorative Datenanalyse
Kockelkorn, Lineare statistische Methoden
Miller (Übers. Schlittgen), Grundlagen der Angewandten Statistik
Nae e, Stochastik für Informatik
Oerthel · Tuschl, Statistische Datenanalyse mit dem Programmpaket SAS
Pflaumer · Heine · Hartung, Statistik für Wirtschaft- und Sozialwissenschaften: Deskriptive Statistik
Pflaumer · Heine · Hartung, Statistik für Wirtschafts- und Sozialwissenschaften: Induktive Statistik
Pokropp, Lineare Regression und Varianzanalyse
Rasch · Herrendörfer u.a., Verfahrensbibliothek, Band I und Band 2
Riedwyl · Ambühl, Statistische Auswertungen mit Regressionsprogrammen
Rinne, Wirtschafts- und Bevölkerungsstatistik, 2. Auflage
Rinne, Statistische Analyse multivariater Daten – Einführung
Rüger, Induktive Statistik, 3. Auflage
Rüger, Test- und Schätztheorie, Band I: Grundlagen
Schlittgen, Statistik, 9. Auflage
Schlittgen, Statistische Inferenz
Schlittgen · Streitberg, Zeitreihenanalyse, 8. Auflage
Schürger, Wahrscheinlichkeitstheorie
Tutz, Die Analyse kategorialer Daten

Fachgebiet Biometrie

Herausgegeben von Dr. Rolf Lorenz

Bisher erschienene Werke:

Bock, Bestimmung des Stichprobenumfangs
Brunner · Langer, Nichtparametrische Analyse longitudinaler Daten

Statistische Auswertungen mit Regressions-programmen

Lineare Regression und Verwandtes
Multivariate Statistik
Planung und Auswertung von Versuchen

Von

Universitätsprofessor

Dr. Hans Riedwyl

und

Dipl.-Statistiker Mathias Ambühl

R. Oldenbourg Verlag München Wien

Die Deutsche Bibliothek – CIP-Einheitsaufnahme

Riedwyl, Hans:
Statistische Auswertungen mit Regressionsprogrammen : lineare Regression und Verwandtes, multivariate Statistik, Planung und Auswertung von Versuchen / von Hans Riedwyl und Mathias Ambühl. - München ; Wien : Oldenbourg, 2000
(Lehr- und Handbücher der Statistik)
ISBN 3-486-25532-0

Rosenheimer Straße 145, D-81671 München
Telefon: (089) 45051-0
www.oldenbourg-verlag.de

Gedruckt auf säure- und chlorfreiem Papier
Gesamtherstellung: Druckhaus „Thomas Müntzer“ GmbH, Bad Langensalza

ISBN 3-486-25532-0

Inhaltsverzeichnis

Vorwort

Die Methode der linearen Regression hat sich in den vergangenen Jahrzehnten als statistisches Analyseverfahren durchgesetzt und hat selbst unter gelegentlichen Anwendern von Statistik einen beachtlichen Bekanntheitsgrad erreicht. Infolgedessen sind Programme zur Berechnung der Kleinstquadrateschätzer, deren Standardabweichungen sowie der darauf basierenden t- und F-Tests der einfachen und multiplen Regression in zahlreichen Softwarepaketen implementiert. Dies gilt einerseits für alle Statistik-Softwarepakete, aber auch für Tabellenkalkulationsprogramme wie Excel. Somit darf davon ausgegangen werden, dass jeder Computerbenützer Zugang hat zu einem Programm, welches die wichtigsten Funktionen der Regressionsrechnung bewältigen kann.

Weniger bekannt ist die Tatsache, dass sich zahlreiche Probleme aus verschiedenen Anwendungsgebieten der angewandten Statistik durch einfache Tricks und Datenmanipulationen auf die Situation einer linearen Regression zurückführen lassen. Die Kenntnis dieser Kunstgriffe erweitert somit den Spielraum erheblich, den ein einfaches Regressionprogramm in der statistische Datenanalyse bietet. Zusätzlich zu diesem rein praktischen Vorteil kann das Nachvollziehen bestehender Parallelen zur linearen Regression auf der Ebene der theoretischen Modellbildung die Einsicht in die Bedeutung der Modellparameter in der jeweiligen Anwendung fördern, und trägt damit zu einem besseren Verständnis der Ergebnisse und zu deren Interpretation bei.

Das vorliegende Buch richtet sich sowohl an angewandte Statistiker als auch an Leser aus anderen Fachgebieten, die mit der Anwendung von Statistik konfrontiert werden. Grundlegende Kenntnisse statistischer Begriffe, etwa im Umfang einer ein- bis zweisemestrigen Einführungsvorlesung, werden vorausgesetzt. Auch eine gewisse Vertrautheit mit der angewandten Regressionsrechnung ist von Vorteil. Ein solides Verständnis der knappen Einführung, die im Abschnitt 1.1 gegeben wird, stellt diesbezüglich ein Minimalwissen dar. Da der Schwerpunkt bei der Anwendung der vorgestellten Verfahren liegt, haben wir auf detaillierte Herleitungen und Beweise verzichtet, hingegen wurde Wert gelegt auf die klare und vollständige Wiedergabe der jeweils unterstellten statistischen Modelle.

Das Buch gliedert sich in drei Kapitel, die je einen Hauptthemenbereich behandeln. Im ersten Kapitel werden die einfache sowie die multiple lineare Regression eingeführt und ihre Handhabung bei verschiedenen Problemlagen aus dem Alltag der statistischen Praxis, wie dem

Vergleich mehrerer Regressionsgeraden oder dem Umgang mit Ausreissern, beschrieben. Im zweiten Kapitel wenden wir uns einer Auswahl von Verfahren aus der multivariaten Statistik zu. Nach einem Abschnitt, der wichtige Eigenschaften von Linearkombinationen einführt, werden Diskriminanzanalyse, Identifikationsanalyse, Spezifikationsanalyse sowie Hauptkomponentenanalyse besprochen. Im dritten Kapitel wird die Planung und Auswertung von Versuchen in industrieller Entwicklung, Landwirtschaft, Qualitätskontrolle oder anderen Anwendungsgebieten erläutert. Hier wird nicht nur gezeigt, wie die aus einem Versuch gewonnenen Daten ausgewertet werden können, sondern es wird besonderer Wert auf das Vorgehen bei der Versuchsplanung gelegt, denn bei diesem Schritt wird noch vor dem eigentlichen Mess- oder Erhebungsvorgang der Grundstein gelegt zum Erreichen einer optimalen Aussagekraft der Resultate unter Berücksichtigung der zur Verfügung stehenden Ressourcen.

In jedem Abschnitt wird die Anwendung des vorgestellten Verfahrens anhand eines konkreten Datenbeispiels aus der statistischen Literatur demonstriert. Die Darstellung der Auswertung ist mit (fiktiven) Computeroutputs, in denen die üblicherweise von Regressionsprogrammen berechneten Grössen aufgeführt sind, und mit Abbildungen illustriert. Mit Ausnahme der Hauptkomponentenanalyse (Abschnitt 2.5) können sämtliche Berechnungen mit einem Programm der multiplen lineraren Regression bewältigt werden. Der Leser erhält so die Möglichkeit, die Resultate am Computer selber nachzuvollziehen und allfällige Alternativen zu den gegebenen Lösungsvorschlägen zu finden. Am Ende des Buches sind eine Auswahl von bewährten Lehrbüchern in englischer und deutscher Sprache sowie die Quellennachweise der Beispielsdatensätze gegeben.

Dieses Buch ist aus Skripten zu verschiedenen Vorlesungen und Kursen entstanden. Zahlreiche Kursteilnehmer und Studenten haben durch Korrekturen und Anregungen zu diesem Werk beigetragen. Ihnen sei an dieser Stelle unser bester Dank ausgesprochen.

September 2000

Mathias Ambühl
Hans Riedwyl

Kapitel 1

Lineare Regression und Verwandtes

1.1 Regressionsgerade mit einer Einflussgrösse und einer Zielgrösse

1.1.1 Problemstellung

Wir betrachten eine Variable x mit festen Werten und eine zufällige Variable Y, von denen vermutet wird, dass x einen Einfluss auf Y ausüben könnte. Ausgehend von der Annahme eines linearen Zusammenhangs soll nun dieser Einfluss näher untersucht werden. x heisst *Einflussgrösse* oder *unabhängige Variable*, Y heisst *Zielgrösse* oder *abhängige Variable.* Die Werte der Einflussgrösse x werden in vielen Fällen vom Untersucher bestimmt.

1.1.2 Ein Zahlenbeispiel

Heute findet man bekanntlich in zahlreichen Zeitschriften seitenweise Kontaktinserate, wo immer wieder bestimmte Wünsche im Bezug auf Charakter, Bildung oder Interessen der gesuchten Person angeführt werden. Häufig sind auch Angaben über das gewünschte Alter des oder der Zukünftigen. Uns interessiert der Zusammenhang zwischen dem Alter der Person, von der ein Inserat stammt, und dem gewünschten Alter des Partners. Da wir davon ausgehen, dass das Wunschverhalten für Frauen und Männer nicht übereinstimmt, wurden nur Inserate von Inserentinnen berücksichtigt. Tabelle 1.1 gibt für 94 Inserentinnen das eigene Alter x_i und das bevorzugte Alter y_i des Gesuchten an.

1.1.3 Modell und Hypothesen

Der verwendete Modellansatz lautet folgendermassen:

Zu einem gegebenen Wert x der Einflussgrösse ist die Zielgrösse Y normalverteilt mit einem Mittelwert von $\mu_Y(x) = \alpha + \beta x$ und einer von x unabhängigen Standardabweichung von σ:

$$Y|x \sim N(\alpha + \beta x, \sigma)$$

x_i	y_i	x_i	y_i	x_i	y_i	x_i	y_i
20.5	26	26.5	28.5	31.5	34	40.5	45
21.5	32.5	26.5	28	31.5	37.5	41.5	47
22.5	27.5	26.5	33.5	31.5	35	41.5	40
22.5	27.5	27.5	31.5	32.5	32.5	42.5	46.5
22.5	28.5	27.5	32.5	32.5	35	42.5	42
22.5	24.5	27.5	31.5	32.5	34	42.5	50
22.5	26	27.5	32.5	32.5	35	43.5	52.5
22.5	26	27.5	32.5	34.5	37.5	43.5	52.5
22.5	30	28.5	32.5	34.5	40	43.5	44.5
23.5	27	28.5	28.5	35.5	37.5	43.5	45
23.5	26.5	28.5	30.5	36.5	41	45.5	57.5
23.5	26	28.5	32.5	36.5	45	45.5	47.5
23.5	30	28.5	34	36.5	40	45.5	47.5
23.5	27.5	28.5	34	36.5	39	46.5	50
23.5	29	29.5	32.5	36.5	42.5	47.5	52.5
24.5	27.5	29.5	35	37.5	42.5	47.5	48.5
24.5	27.5	29.5	32.5	38.5	50	48.5	50
24.5	29.5	30.5	37.5	38.5	41.5	50.5	60
25.5	30.5	30.5	37	38.5	41.5	50.5	55
25.5	33	30.5	42.5	38.5	40	51.5	55
25.5	27.5	30.5	34	39.5	44	55.5	60.5
25.5	31.5	30.5	32.5	39.5	41	60.5	63
25.5	36	30.5	32	40.5	44	62.5	62.5
26.5	32.5	31.5	31				

Tabelle 1.1: Alter x von Inserentinnen und Wunschalter y des Partners.

Dies lässt sich anders schreiben als

$$Y_i = \alpha + \beta x_i + E_i \quad , (i = 1, \dots, n), \tag{1.1}$$

wobei die E_i *unabhängig und identisch verteilte Zufallsgrössen* (englisch *indepentently identically distributed*, kurz i.i.d.) sind mit Verteilungsgesetz

$$E_i \sim N(0, \sigma)$$

und n den Stichprobenumfang beschreibt. Die E_i heissen **Residuen**. Sie messen die Abweichung der Y_i von ihrem Mittelwert.

Die durch die Gleichung $y = \alpha + \beta x$ definierte Gerade heisst **Regressionsgerade**. Der Parameter α gibt also an, wo die Regressionsgerade die y-Achse kreuzt und wird als Nullpunktordinate bezeichnet. β ist der Steigungsparameter der Regressionsgeraden. Er sagt uns, um wieviele Einheiten der erwartete Wert der Zielgrösse zunimmt, wenn die Einflussgrösse um eine Einheit erhöht wird. σ schliesslich ist die Standardabweichung der Residuen, d.h. sie beurteilt, wie weit die Punkte (x_i, y_i) um die Regressionsgerade herum verstreut sind. Die Parameter α, β und σ sind nicht bekannt, sollen also geschätzt werden.

Wir werden die folgenden Testsituationen untersuchen:

a) $H_0: \ \alpha = \alpha_0$ gegen $H_1: \ \alpha \neq \alpha_0$

b) $H_0: \ \beta = \beta_0$ gegen $H_1: \ \beta \neq \beta_0$

mit bekannten Parameterwerten α_0 und β_0. Wir betrachten also nur die Fälle, wo die Alternativhypothese zweiseitig ist. Besonders häufig von Interesse sind diese Hypothesen mit $\alpha_0 = 0$ beziehungsweise $\beta_0 = 0$.

1.1.4 Lösungsansatz

Parameterschätzungen

Die Modellparameter α, β und σ werden anhand der Methode der kleinsten Quadrate geschätzt: Wir suchen diejenigen Werte von a und b, für welche die resultierende Summe der quadrierten Abweichungen,

$$S(a,b) = \sum_{i=1}^{n} (y_i - a - bx_i)^2 ,$$

minimal wird. Dieser Ansatz liefert die folgenden Parameterschätzungen:

- für β:

$$\hat{\beta} = \frac{S_{xy}}{S_{xx}} ,$$

- für α:

$$\hat{\alpha} = \bar{y} - \hat{\beta}\bar{x} ,$$

- für σ:

$$\hat{\sigma} = \sqrt{\frac{S_{Min}}{n-2}} .$$

Dabei wurde von den Bezeichnungen

$$S_{xx} = \sum_{i=1}^{n}(x_i - \bar{x})^2 = \sum_{i=1}^{n} x_i^2 - n\bar{x}^2 ,$$

$$S_{yy} = \sum_{I=1}^{n} (y_i - \bar{y})^2 = \sum_{I=1}^{n} y_i^2 - n\bar{y}^2$$

und

$$S_{xy} = \sum_{i=1}^{n} (x_i - \bar{x})(y_i - \bar{y}) = \sum_{i=1}^{n} x_i y_i - n\bar{x}\bar{y}$$

mit

$$\bar{y} = \frac{1}{n} \sum_{i=1}^{n} y_i \quad \text{und} \quad \bar{x} = \frac{1}{n} \sum_{i=1}^{n} x_i$$

sowie

$$S_{Min} = S_{yy} - (S_{xy})^2 / S_{xx}$$

Gebrauch gemacht, die auch in späteren Kapiteln verwendet werden.

Hat man die Parameterschätzungen $\hat{\alpha}$ und $\hat{\beta}$ einmal berechnet, so ergeben sich daraus die aus der Einflussgrösse geschätzten Werte der Zielgrösse,

$$\hat{y}_i = \hat{\alpha} + \hat{\beta} x_i \quad (i = 1, \ldots, n) ,$$

und die beobachteten Werte der Residuen,

$$\hat{e}_i = y_i - \hat{y}_i \quad (i = 1, \ldots, n) .$$

Somit werden die beobachteten Werte von Y gemäss

$$y_i = \hat{y}_i + \hat{e}_i$$

additiv zerlegt in ein bei gegebenem $x = x_i$ zu erwartendes $\hat{y}_i$ und die Abweichung $\hat{e}_i$ davon.

Analyse der Residuen

Im Hinblick auf die Beurteilung der gemachten Voraussetzungen müssen wir stets prüfen, ob die Residuen annähernd als Realisierung einer unabhängig und identisch normalverteilten Stichprobe gelten können. Ein Histogramm der Residuen ist ein mögliches Hilfsmittel zur Visualisierung dieser Annahme. Wichtig ist auch ein Punktediagramm der Wertepaare $(\hat{y}_i, \hat{e}_i)$, also der Residuen gegen die Schätzwerte, welches oft Aufschluss darüber bringt, ob das zugrundeliegende lineare Modell korrekt ist. Bei erfüllten Voraussetzungen sollten sich die Residuen im ganzen Bereich von $\hat{y}$ ohne erkennbare Struktur um 0 scharen. Nichtkonstante Streuung der Residuen, nichtlineare Abhängigkeit und weitere Verletzungen der Modellannahmen können durch diese Zeichnung aufgedeckt werden.

Sind die Modellvoraussetzungen nicht erfüllt, so haben die hier vorgestellten Schätz- und Testverfahren keine Gültigkeit. Es muss dann nach einem geeigneteren Modellansatz gesucht werden.

Tests

Für die beiden Hypothesen a) und b) verwenden wir F-Tests, die auf einem Vergleich der Fehlerquadratsumme im allgemeinen Modell (1.1), S_{Min}, mit derjenigen im durch die zu testende Nullhypothese beschränkten Modell, S^0_{Min}, beruhen. Die Testgrösse lautet

$$F(H_1) = \frac{S^0_{Min} - S_{Min}}{(S_{Min})/(n-2)} \tag{1.2}$$

und folgt bei Gültigkeit der erwähnten Voraussetzungen einer F-Verteilung mit einem Freiheitsgrad im Zähler und $n-2$ Freiheitsgraden im Nenner. Der Wert der Statistik $F(H_1)$ muss also bei Zulassung einer Fehlerwahrscheinlichkeit erster Art von α (nicht zu verwechseln mit dem Parameter α!) mit dem $(1-\alpha)$-Quantil aus der betreffenden F-Verteilung verglichen werden: H_0 wird verworfen, sobald $F(H_1)$ einen Wert annimmt, der grösser ist als dieses Quantil. Grosse Werte von $F(H_1)$ weisen also auf die Richtigkeit der Alternativhypothese H_1 hin. Falls nicht ausdrücklich anders erwähnt, wird im Folgenden immer eine Fehlerwahrscheinlichkeit erster Art (Signifikanzniveau) von $\alpha = 5\%$ eingeräumt.

Die Fehlerquadratsumme im vollen Modell (1.1), auch minimales Summenquadrat genannt, lautet

$$S_{Min} = S_{yy} - (S_{xy})^2/S_{xx}, \tag{1.3}$$

während die Fehlerquadratsumme S^0_{Min} im beschränkten Modell, d.h. unter der Voraussetzung, dass die Nullhypothese erfüllt ist, davon abhängt, welche Nullhypothese wir betrachten.

Hypothesen $\alpha = 0$ und $\beta = 0$

Die Fehlerquadratsummen bei Gültigkeit der Hypothesen $H_0 : \alpha = 0$ beziehungsweise $H_0 : \beta = 0$ lauten:

a) im Fall $H_0 : \alpha = 0$:

$$S^0_{Min} = \sum_{i=1}^{n} y_i^2 - \frac{\left(\sum_{i=1}^{n} x_i y_i\right)^2}{\sum_{i=1}^{n} x_i^2}$$

b) im Fall $H_0 : \beta = 0$:

$$S^0_{Min} = S_{yy}$$

In beiden Fällen ist die Ungleichung

$$S^0_{Min} \geq S_{Min}$$

immer erfüllt, so dass die F-Statistik (1.2) nur nichtnegative Werte annimmt.

Hypothesen $\alpha = \alpha_0$ und $\beta = \beta_0$

Die Tests für diese Nullhypothesen lassen sich durch einen einfachen Trick auf die obigen Spezialfälle $\alpha_0 = 0$ resp. $\beta_0 = 0$ in Modellen mit einer modifizierten Zielgrösse zurückführen:

a) Fall $H_0: \ \alpha = \alpha_0$:

Wir subtrahieren in der Modellgleichung (1.1)

$$Y_i = \alpha + \beta x_i + E_i$$

auf beiden Seiten α_0 und erhalten

$$Y_i - \alpha_0 = (\alpha - \alpha_0) + \beta x_i + E_i = \alpha' + \beta x_i + E_i$$

mit $\alpha' = \alpha - \alpha_0$. Daraus wird ersichtlich, dass das Testen der Hypothese $H_0: \ \alpha = \alpha_0$ im Modell (1.1) äquivalent ist zu einem Test der Hypothese

$$H_0: \ \alpha' = 0$$

im modifizierten Modell

$$Y_i' = \alpha' + \beta x_i + E_i \tag{1.4}$$

mit der Zielgrösse $Y_i' = Y_i - \alpha_0$. Somit lässt sich die Fehlerquadratsumme berechnen als

$$\begin{aligned} S^0_{Min} &= \sum_{i=1}^{n} (y_i')^2 - \frac{\left(\sum_{i=1}^{n} x_i y_i'\right)^2}{\sum_{i=1}^{n} x_i^2} \\ &= \sum_{i=1}^{n} (y_i - \alpha_0)^2 - \frac{\left(\sum_{i=1}^{n} x_i (y_i - \alpha_0)\right)^2}{\sum_{i=1}^{n} x_i^2} \ , \end{aligned}$$

wo $y_i' = y_i - \alpha_0$ die Werte der transformierten Zielgrösse sind.

b) Fall $H_0: \ \beta = \beta_0$:

Analog zu a) subtrahieren wir im Regressionsmodell (1.1) auf beiden Seiten $\beta_0 x_i$ und erhalten

$$Y_i - \beta_0 x_i = \alpha + (\beta - \beta_0) x_i + E_i = \alpha + \beta' x_i + E_i$$

mit $\beta' = \beta - \beta_0$. So wird ersichtlich, dass die gesuchte Testgrösse konstruiert werden kann als Testgrösse für die Nullhypothese

$$H_0: \ \beta' = 0$$

im Modell

$$Y_i' = \alpha + \beta' x_i + E_i \ , \tag{1.5}$$

wo die Zielgrösse die Werte $y_i' = y_i - \beta_0 x_i$ besitzt und als Steigungsparameter $\beta' = \beta - \beta_0$ gesetzt wird. Die reduzierte Fehlerquadratsumme beträgt somit

$$\begin{aligned} S^0_{Min} &= S_{y'y'} = \sum_{i=1}^{n} (y_i' - \bar{y}')^2 \\ &= \sum_{i=1}^{n} (y_i - \beta_0 x_i - (\bar{y} - \beta_0 \bar{x}))^2 \\ &= \sum_{i=1}^{n} (y_i - \beta_0 x_i)^2 - n(\bar{y} - \beta_0 \bar{x})^2 \quad . \end{aligned}$$

Für Computer-Anwender besteht also die Möglichkeit, auch mit einem Programm, das nur Tests für die Nullhypothesen $\alpha = 0$ und $\beta = 0$ liefert, die Testgrössen für die allgemeineren Tests $\alpha = \alpha_0$ oder $\beta = \beta_0$ durch den Computer rechnen zu lassen. Der Aufwand dafür beschränkt sich auf eine einfache Datenmanipulation, nämlich die Einführung der jeweiligen Variablen Y'.

Bemerkung zu den obigen F-Tests: In zahlreichen Lehrbüchern und Statistik-Softwarepaketen figuriert anstelle des F-Tests (1.2) ein zweiseitiger t-Test mit $n-2$ Freiheitsgraden, der sich für die Praxis als äquivalent herausstellt. Zwischen den beiden Testgrössen gilt die Relation

$$t^2 = F(\textit{Parameter} \neq \textit{hypothetischer Wert})$$

und für die Quantile der beiden verwendeten Verteilungen gilt

$$t^2_{1-\frac{\alpha}{2}}(n-2) = F_{1-\alpha}(1, n-2) \quad .$$

Daraus folgt

$$|\,t\,| > t_{1-\frac{\alpha}{2}}(n-2) \iff F(\textit{Parameter} \neq \textit{hypothetischer Wert}) > F_{1-\alpha}(1, n-2),$$

und da der F-Test einseitig, der t-Test jedoch zweiseitig erfolgt, resultiert aus beiden Tests die gleiche Entscheidung.

Standardabweichungen der Parameterschätzungen

Die Parameterschätzungen $\hat{\alpha}$ und $\hat{\beta}$ sind als Funktionen von verschiedenen Zufallsvariablen selbst wieder Zufallsvariablen. Sie sind *erwartungstreu*, d.h. ihr Erwartungswert entspricht dem jeweiligen wahren Parameterwert:

$$E(\hat{\alpha}) = \alpha \quad \text{und} \quad E\left(\hat{\beta}\right) = \beta \quad .$$

Ihre Standardabweichungen lassen sich aus dem Schätzwert und der F-Teststatistik für die Nullhypothese

$$H_0 : \; \textit{Parameter} = 0$$

mittels der Gleichung

$$\text{Standardabweichung der Schätzung} = \frac{|Schätzwert|}{\sqrt{F(Parameter \neq 0)}} \tag{1.6}$$

bestimmen. Ausdrücklich kann also die Standardabweichung der Parameter $\hat{\alpha}$ und $\hat{\beta}$ geschätzt werden als

$$\text{S.A.}(\hat{\alpha}) = \frac{|\hat{\alpha}|}{\sqrt{F(\alpha \neq 0)}} \quad \text{bzw.} \quad \text{S.A.}\left(\hat{\beta}\right) = \frac{\left|\hat{\beta}\right|}{\sqrt{F(\beta \neq 0)}} ,$$

wobei $\hat{\alpha}$ bzw. $\hat{\beta}$ auf der linken Seite der Gleichung als Zufallsvariable, auf der rechten jedoch als deren Realisation aufzufassen ist.
Die Standardabweichung der bedingten Parameterschätzung des Parameters α nach der Annahme der Hypothese $\beta = \beta_0$ kann einfacher als mit Formel (1.6) berechnet werden. Die Formel für diesen Fall wird im folgenden Abschnitt angegeben.

Bedingte Parameterschätzung nach Annahme einer Nullhypothese

Falls aus einem Test die Annahme einer Nullhypothese H_0 resultiert, so muss dieses Ergebnis in der Schätzung der Modellgleichung mitberücksichtigt werden, d.h. die Parameter müssen neu geschätzt werden unter der Nebenbedingung, dass H_0 gilt.
Wir nehmen hier die gleiche Fallunterscheidung vor wie im vorangehenden Abschnitt:

1. a) Fall $H_0 : \ \alpha = 0$:
   Das Modell (1.1) der einfachen linearen Regression lässt sich nach Annahme der Hypothese $\alpha = 0$ vereinfachen zu

   $$Y_i = \beta x_i + E_i \quad , (i = 1, \dots , n).$$

   Dieses Modell beschreibt eine proportionale Beziehung zwischen der Einflussgrösse X und der Zielgrösse Y. Man spricht hier von einer *Regressionsgeraden ohne Nullpunktordinate* (englisch *intercept*), oder auch von einer *Regression durch den Koordinatenursprung*. Der Parameter β wird mit der Methode der kleinsten Quadrate geschätzt mit

   $$\hat{\beta} = \frac{\sum_{i=1}^{n} x_i y_i}{\sum_{i=1}^{n} x_i^2} .$$

   b) Fall $H_0 : \ \beta = 0$:
   In diesem Fall lautet das vereinfachte Modell, in dem $\beta = 0$ gesetzt wird

   $$Y_i = \alpha + E_i \quad , (i = 1, \dots , n).$$

Die Minimum-Quadrat-Schätzung von α entspricht hier dem arithmetischen Mittelwert der y_i:

$$\hat{\alpha} = \bar{y} = \frac{1}{n}\sum_{i=1}^{n} y_i \ .$$

Die Standardabweichung von $\hat{\alpha}$ erhält man einfacher als mit Formel (1.6) aus der empirischen Standardabweichung s_y der y_i als

$$\text{S.A.}\,(\hat{\alpha}) = \frac{s_y}{\sqrt{n}} = \sqrt{\frac{1}{n(n-1)}\sum_{i=1}^{n}(y_i - \bar{y})^2} \ .$$

2. a) Fall $H_0 : \alpha = \alpha_0$:
Wie weiter oben gezeigt wurde, entspricht die Annahme der Hypothese $\alpha = \alpha_0$ im Regressionsmodell (1.1) der Annahme der Hypothese $\alpha' = 0$ im abgeänderten Modell (1.4):

$$Y_i' = \alpha' + \beta x_i + E_i \quad \text{mit} \quad Y_i' = Y_i - \alpha_0 \quad \text{und} \quad \alpha' = \alpha - \alpha_0 \ .$$

Der Parameter β kann somit im Modell (1.4) wie unter 1.a) geschätzt werden, also mit der Formel

$$\hat{\beta} = \frac{\sum_{i=1}^{n} x_i y_i'}{\sum_{i=1}^{n} x_i^2} = \frac{\sum_{i=1}^{n} x_i (y_i - \alpha_0)}{\sum_{i=1}^{n} x_i^2} \ .$$

Dies ist auch die Minimum-Quadrat-Schätzung von β im Modell (1.1), unter der Bedingung, dass $\alpha = \alpha_0$ gilt. Der Wert des Parameters α muss nicht geschätzt werden, da der Test gezeigt hat, dass er gleich α_0 gesetzt werden darf.

b) Fall $H_0 : \beta = \beta_0$:
Diese Hypothese ist äquivalent zur Hypothese $\beta' = 0$ im modifizierten Modell (1.5):

$$Y_i' = \alpha + \beta' x_i + E_i \quad \text{mit} \quad Y_i' = Y_i - \beta_0 x_i \quad \text{und} \quad \beta' = \beta - \beta_0 \ .$$

Wir können also unter Berücksichtigung von $\beta' = 0$ den Parameter α im Modell (1.5) und seine Standardabweichung mit den Formeln aus 1.b) schätzen:

$$\hat{\alpha} = \frac{1}{n}\sum_{i=1}^{n} y_i' = \frac{1}{n}\sum_{i=1}^{n}(y_i - \beta_0 x_i) = \bar{y} - \beta_0 \bar{x} \quad \text{und}$$

$$\text{S.A.}\,(\hat{\alpha}) = \frac{s_{y'}}{\sqrt{n}} = \sqrt{\frac{1}{n(n-1)}\sum_{i=1}^{n}(y_i - \beta_0 x_i - \bar{y} + \beta_0 \bar{x})^2} \ .$$

Diese Formeln gelten auch für die Schätzung von α im Modell (1.1) gegeben $\beta = \beta_0$. Die bedingten Schätzungen der Modellparameter können somit auch mit einem Computerprogramm ermittelt werden, das nur über eine Routine zur Berechnung der (nicht bedingten) Regressionsgeraden verfügt. Dazu muss der Weg über die modifizierten Modelle (1.4) beziehungsweise (1.5) begangen werden. Für die Fälle 1.a) und 2.a) muss die Möglichkeit der Berechnung einer Regressionsgeraden durch den Koordinatenursprung gegeben sein, in den beiden anderen Fällen besteht die Parameterschätzung in einer Mittelwertberechnung.

Bestimmtheitsmass und Korrelationskoeffizient

Aus der Formel für das minimale Summenquadrat (1.3),

$$S_{Min} = S_{yy} - (S_{xy})^2 / S_{xx} \quad ,$$

erkennt man, dass das totale Summenquadrat in den y_i, S_{yy}, aufgeteilt wird in einen durch die Regression erklärten Teil $(S_{xy})^2/S_{xx}$ und einen nicht erklärten Teil, der dem minimalen Summenquadrat S_{Min} entspricht. Man bezeichnet den Anteil von S_{yy}, den die Regression zu erklären vermag, als **Bestimmtheitsmass** R^2:

$$R^2 = \frac{S_{yy} - S_{Min}}{S_{yy}} \quad . \tag{1.7}$$

Das Bestimmtheitsmass entspricht gleichzeitig dem Varianzanteil der Zielgrösse, der durch die Einflussgrösse erklärt wird. Es liegt immer zwischen 0 und 1 und beschreibt die Güte des linearen Zusammenhangs zwischen Einfluss- und Zielgrösse. R^2 ist identisch mit dem Quadrat des empirischen Korrelationskoeffizienten zwischen den Zufallsgrössen Y und $\hat{Y}$:

$$R^2 = r^2_{y\hat{y}} \quad .$$

Im vorliegenden Fall einer einfachen linearen Regression entspricht das Bestimmtheitsmass gleichzeitig dem Quadrat des Korrelationskoeffizienten zwischen den x_i und den y_i, d.h. $R^2 = r^2_{xy}$.

Achtung: In einem Regressionsmodell ohne Nullpunktordinate wird das Bestimmtheitsmass nicht gemäss Formel (1.7) berechnet, sondern als

$$R^2 = \frac{\sum_{i=1}^{n} y_i^2 - S_{Min}}{\sum_{i=1}^{n} y_i^2} \quad ,$$

d.h. es gibt den durch die Einflussgrösse erklärten Anteil der quadratischen Variabilität in den y_i ohne Korrektur bezüglich des Mittelwertes $\bar{y}$ an. Damit ist das Bestimmtheitsmass eines Modells nach Nullsetzen des Parameters α nur bedingt mit demjenigen aus einem Modell mit Nullpunktordinate vergleichbar.

Regression	
Zielgrösse	WUNSCH
Bestimmtheitsmass	0.9152
Anzahl Beobachtungen	94

	Koeff.	S.A.(Koeff.)	F-partial	p-Wert
Nullpunktordinate	5.4749	1.0682	26.2715	0.0000
Steigung(ALTER)	0.96361	0.03057	993.4689	0.0000

ANOVA

	F.G.	Summenquadrat	F-global	p-Wert
Regression	1	7661.0329	993.4689	0.0000
Residuen	92	709.4485		
Insgesamt	93	8370.4814		

Tabelle 1.2: Computer-Output zum Beispiel Wunschalter des Partners.

1.1.5 Lösungsvorschlag zum Beispiel

In unserem Beispiel über Kontaktinserate wollen wir die Regressionsgerade für Y= *Wunschalter des Partners* in Abhängigkeit von x=*Alter der Inserentin* berechnen. Anschliessend soll die Verträglichkeit des vorliegenden Datensatzes mit den Hypothesen

1. $H_0: \ \alpha = 0$
2. $H_0: \ \beta = 0$
3. $H_0: \ \beta = 1$

getestet werden.
Das Beispiel ist im Punkteschwarm in Abbildung 1.1 illustriert und die Resultate sind in den Tabellen 1.2 und 1.3 zusammengestellt. Die in diesen Tabellen angegebenen Resultate bilden den Kern einer Regressionsanalyse und sind auf ähnliche Weise in den Outputs der gebräuchlichsten Statistik-Softwarepakete zu finden.

Schätzung der Regressionsgeraden

Mit den Formeln aus Abschnitt 1.1.4 erhält man die geschätzte Regressionsgerade

$$\hat{\mu}_Y(x) = \underset{(1.07)}{5.47} \ + \underset{(0.0306)}{0.9636}\, x \,.$$

In Klammern unter den Parameterschätzungen stehen ihre geschätzten Standardabweichungen. Als Rundungsregel empfehlen wir, den Wert der Standardabweichungen der Parameterschätzungen auf drei gültige Stellen genau anzugeben und die Schätzwerte auf ebenso viele

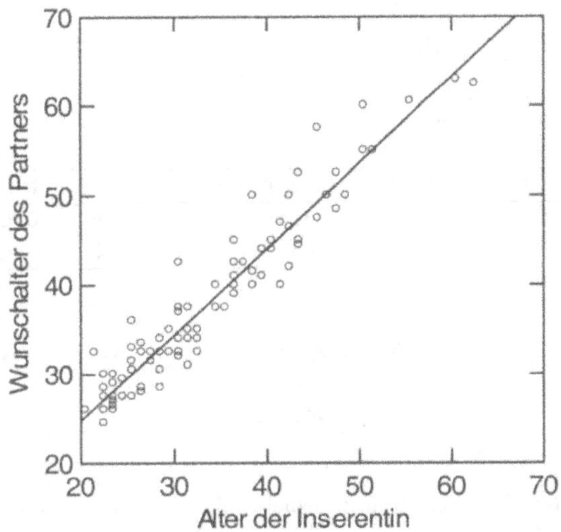

Abbildung 1.1: Punkteschwarm und Regressionsgerade im Beispiel über Wunschalter des Partners.

Dezimalen zu runden. Die Standardabweichung der Residuen wird auf

$$\hat{\sigma} = \sqrt{\frac{S_{Min}}{n-2}} = \sqrt{\frac{709.4485}{92}} = 2.777$$

geschätzt. Das Bestimmtheitsmass beträgt

$$R^2 = 0.915 \ ,$$

was den aus dem Bild ersichtlichen starken linearen Zusammenhang wiedergibt.

Tests

1. $\underline{H_0: \ \alpha = 0}$: Unter dieser Nullhypothese ist ein Modell der Form

   $$\mu_Y(x) = \beta x$$

   zulässig, d.h. das gewünschte Alter des Partners lässt sich als ein konstantes Vielfaches des Alters der Inserentin selbst beschreiben.
   Der Wert der Testgrösse,

   $$F(\alpha \neq 0) = 26.271,$$

   liegt über dem 95%-Quantil der F-Verteilung mit einem und $n-2 = 92$ Freiheitsgraden von $F_{0.95}(1,92) = 3.95$, d.h. H_0 wird verworfen und eine Modellvereinfachung dieser Form ist nicht geeignet.

Regression	
Zielgrösse	DIFFERENZ
Bestimmtheitsmass	0.123
Anzahl Beobachtungen	94

	Koeff.	S.A.(Koeff.)	F-partial	p-Wert
Nullpunktordinate	5.474914	1.068157	26.2715	0.0000
Steigung(ALTER)	-0.036391	0.030572	1.41693	0.23697

ANOVA

	F.G.	Summenquadrat	F-global	p-Wert
Regression	1	10.926477	1.41693	0.23697
Residuen	92	709.448523		
Insgesamt	93			

Tabelle 1.3: Computer-Output zum Beispiel mit der Variablen DIFFERENZ (= WUNSCH−ALTER) als Zielgrösse.

2. $H_0: \ \beta = 0$: Falls diese Nullhypothese zutrifft, reduziert sich das Modell (1.1) zu

$$\mu_Y(x) = \alpha,$$

was bedeuten würde, dass das Wunschalter des Partners bei den Inserentinnen aller Altersklassen identisch wäre. Wegen

$$F(\beta \neq 0) = 993.49 > F_{0.95}(1, 92) = 3.95$$

wird auch diese Hypothese abgelehnt.

3. $H_0: \ \beta = 1$: Diese Hypothese unterstellt, dass das gewünschte Alter des Partners um eine feste Anzahl Jahre vom Alter der Inserentin abweicht, d.h. dass die von der Inserentin gewünschte Altersdifferenz nicht von ihrem Alter abhängt.
Die geeignete Teststatistik ist dieselbe, die zur Überprüfung der Hypothese

$$H_0 : \beta' = \beta - 1 = 0$$

im Modell

$$\mu_{Y'}(x) = \alpha + \beta' x$$

mit der modifizierten Variablen

$$Y' = Y - x = \text{Wunschalter des Partners} - \text{Alter der Inserentin}$$

ermittelt würde. Es gilt (vgl. Tabelle 1.3)

$$F(\beta \neq 1) = F(\beta' \neq 0) = 1.42 < F_{0.95}(1, 92) = 3.95,$$

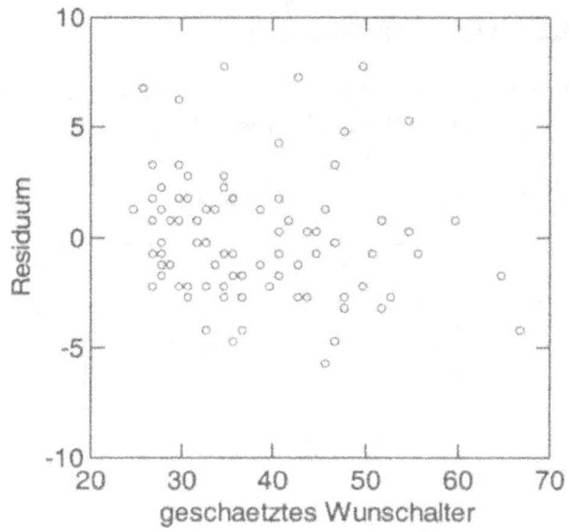

Abbildung 1.2: Residuenplot der Punkte $(\hat{y}_i, \hat{e}_i)$ im Beispiel über Wunschalter des Partners.

somit besteht kein Anlass, diese Hypothese zu verwerfen.
Nun muss der Parameter α neu geschätzt werden unter der Bedingung $\beta = 1$. Man findet das Modell

$$\mu_{\text{Wunschalter des Partners}} = \underset{(0.287)}{4.250} + \text{ Alter der Inserentin} \quad ,$$

was bedeutet, dass eine 'typische' Inserentin unabhängig von ihrem Alter einen um gut vier Jahre älteren Partner sucht.

Zur Überprüfung der Modellvoraussetzungen (für das Modell mit $\beta = 1$) ist in Abbildung 1.2 ein Punkteschwarm der Residuen $\hat{e}_i$ in Abhängigkeit der Schätzwerte $\hat{y}_i$ gezeichnet. Die Verteilung der Residuen erscheint leicht (rechts-) schief, also nicht normalverteilt. Diesem Umstand können wir Rechnung tragen, indem wir die Regressionsgerade so wählen, dass nicht das arithmetische Mittel der Residuen, sondern ihr Zentralwert den Wert 0 annimmt. Die Bestimmung der Parameter dieser Geraden geschieht folgendermassen: Der Steigungsparameter β wird normal mit der Methode der kleinsten Quadrate festgelegt. Um den Achsenabschnitt α zu bestimmen, nimmt man dann nicht den Mittelwert der $y_i - \beta x_i$, sondern deren Median. Die so definierte Gerade besitzt die oben erwähnte Eigenschaft.
In unserem Beispiel wählen wir das vereinfachte Modell mit Steigungsparameter $\beta = 1$ als Ausgangspunkt. So finden wir als Achsenabschnitt den Wert von $\alpha = 4$, was uns zu folgender Schätzungsgleichung führt:

$$\textit{Wunschalter des Partners} = 4 + \textit{Alter der Inserentin} \quad .$$

Diese Gerade verläuft etwas unterhalb der klassischen Regressionsgeraden.

1.1.6 Zusammenfassung von Abschnitt 1.1

Ausgangslage: Man interessiert sich für eine lineare Abhängigkeit einer (stochastischen) Zielgrösse Y von einer (nicht stochastischen) Einflussgrösse x.

Datenmatrix: Je nach zu untersuchender Nullhypothese

a)

x	Y
x_1	y_1
x_2	y_2
$\vdots$	$\vdots$
x_n	y_n

, b)

x	Y'
x_1	$y_1 - \alpha_0$
x_2	$y_2 - \alpha_0$
$\vdots$	$\vdots$
x_n	$y_n - \alpha_0$

oder c)

x	Y'
x_1	$y_1 - \beta_0 x_1$
x_2	$y_2 - \beta_0 x_2$
$\vdots$	$\vdots$
x_n	$y_n - \beta_0 x_n$

Regressionsmodelle und Hypothesen:

Regressionsmodell: $\mu_Y = \alpha + \beta x$

Hypothesen:

- $H_0 : \alpha = 0$ und $H_0 : \beta = 0$:
  Datenmatrix a): Zielgrösse: Y
  Einflussgrösse: x
  Testgrössen und p-Werte direkt aus Output.

- $H_0 : \alpha = \alpha_0$:
  Datenmatrix b): Zielgrösse: $Y' = Y - \alpha_0$
  Einflussgrösse: x
  Als Testgrösse nimmt man den Partialtest der Nullpunktordinate.

- $H_0 : \beta = \beta_0$:
  Datenmatrix c): Zielgrösse: $Y' = Y - \beta_0 x$
  Einflussgrösse: x
  Als Testgrösse nimmt man den Partialtest der Einflussgrösse x.

1.2 Regressionsgerade mit zwei gleichwertigen Variablen

1.2.1 Problemstellung

Im ersten Kapitel sind wir davon ausgegangen, dass von den beiden betrachteten Variablen eine nicht stochastisch ist und die Rolle einer Einflussgrösse hat, während es sich bei der zweiten um eine Zufallsvariable handelt, der die Rolle der Zielgrösse zukommt. In diesem Kapitel betrachten wir die Situation mit zwei zufälligen Variablen und fragen uns, welchen Effekt ein Vertauschen der beiden Variablen im Regressionsmodell (1.1) auf die Schätzung der Regressionsgerade und auf die Testgrösse $F(\beta \neq 0)$ hat.

1.2.2 Ein Zahlenbeispiel

Wir betrachten Körpergewicht X und Körpergrösse Y von 12 Frauen:

i	x_i	y_i	i	x_i	y_i
1	55.0	158	7	56.0	168
2	52.5	166	8	69.0	174
3	58.2	172	9	50.0	159
4	51.6	156	10	49.5	160
5	52.0	161	11	60.0	166
6	57.0	161	12	49.8	163

Tabelle 1.4: Körpergewicht X und Körpergrösse Y von 12 Frauen.

In diesem Beispiel ist, je nach Fragestellung, sowohl eine Regression mit der Körpergrösse als Einfluss- und dem Gewicht als Zielgrösse als auch eine mit vertauschten Rollen der beiden Variablen denkbar.

1.2.3 Modell und Hypothesen

Vergleich der beiden Regressionsgeraden

Wir können mit den vorliegenden Daten zwei Regressionsgeraden schätzen und führen die Parametrisierungen

$$\hat{\mu}_Y(x) = \hat{\alpha} + \hat{\beta} \cdot x$$

und

$$\hat{\mu}_X(y) = \hat{\gamma} + \hat{\delta} \cdot y$$

ein. Betrachtet man ein Koordinatensystem, in dem x auf der Abszisse und y auf der Ordinate abgetragen wird, so wird die zweite Gerade in diesem als

$$y = -\frac{\hat{\gamma}}{\hat{\delta}} + \frac{1}{\hat{\delta}} \cdot x.$$

dargestellt.
Die zwei Geraden sind nicht identisch, da sie nicht dasselbe Optimalitätskriterium erfüllen. Die erste Gerade ist diejenige, für welche die Summe der *vertikalen* Abstände zu allen Punkten am kleinsten ist, die zweite hingegen minimiert die Summe der *horizontalen* Abstände.
Die erste Gerade besitzt Steigung $\hat{\beta}$, die zweite $1/\hat{\delta}$. Die beiden geschätzten Geraden kreuzen sich im Schwerpunkt des Punkteschwarms mit Koordinaten $(\bar{x}, \bar{y})$. Sie fallen somit zusammen, falls

$$\hat{\beta} = \frac{1}{\hat{\delta}}.$$

Wie schon erwähnt trifft dies im Allgemeinen nicht zu. Es können aber dennoch einige etwas schwächere Aussagen getroffen werden:

- $\hat{\beta}$ und $1/\hat{\delta}$ besitzen immer das gleiche Vorzeichen.
- Die beiden Regressionsgeraden besitzen eine umso ähnlichere Steigung, je stärker die Korrelation ist. Nur im Grenzfall perfekter linearer Abhängigkeit (also falls $|r_{xy}| = 1$) fallen die beiden Geraden zusammen.
- Die Regressionsgerade mit Y als Zielgrösse hat dem Betrage nach immer die kleinere Steigung als die Gerade mit Zielgrösse X, erscheint also in einer Darstellung mit X als Abszisse und Y als Ordinate "flacher" (In einem Koordinatensystem mit vertauschten Achsen gilt die Umkehrung dieser Aussage).
- Das Bestimmheitsmass ist unabhängig von der Wahl der Zielgrösse und ist identisch mit dem Quadrat des empirischen Korrelationskoeffizienten von X und Y:

$$R^2 = r_{xy}^2 \ .$$

Vergleich der F-Tests

Die F-Teststatistik $F(\beta \neq 0)$ zur Überprüfung der Hypothese

$$H_0: \ \beta = 0$$

lässt sich laut dem vorangegangenen Kapitel schreiben als

$$F(\beta \neq 0) = \frac{S_{Min}^0 - S_{Min}}{S_{Min}/(n-2)}$$

mit $S_{Min}^0 = S_{yy}$ und $S_{Min} = S_{yy} - (S_{xy})^2/S_{xx}$. Es folgt

$$F(\beta \neq 0) = \frac{\frac{(S_{xy})^2}{S_{xx}}}{S_{yy} - \frac{(S_{xy})^2}{S_{xx}}} \cdot (n-2) = \frac{(S_{xy})^2}{S_{xx} \cdot S_{yy} - (S_{xy})^2} \cdot (n-2).$$

Dieser letzte Ausdruck ist symmetrisch in den Variablen X und Y, d.h. er ändert sich nicht, falls alle x_i und y_i vertauscht werden. Somit ist die Identität

$$F(\beta \neq 0) = F(\delta \neq 0) \tag{1.8}$$

gewährleistet. Die Tests für die Nullhypothesen

$$H_0: \quad \beta = 0 \quad \text{und} \quad H_0: \quad \delta = 0$$

stellen sich also als äquivalent heraus.
Man beachte, dass die Äquivalenz (1.8) der F-Tests in Modellen mit vertauschten Rollen von X und Y für andere Hypothesen (z.B. $\alpha = 0$ oder $\beta = \beta_0 \neq 0$) nicht gewährleistet ist.

1.2.4 Lösungsansatz

F-Test

Gemäss (1.8) führt das Testen der Hypothesen

$$H_0: \quad \beta = 0 \quad \text{und} \quad H_0: \quad \delta = 0$$

zur selben F-Testgrösse. Es spielt also keine Rolle, ob $F(\beta \neq 0)$ oder $F(\delta \neq 0)$ berechnet wird. Die Nullhypothese kann im Fall von zwei gleichwertigen Variablen X und Y auch als Hypothese der Unkorreliertheit von X und Y,

$$H_0: \quad \rho_{xy} = 0$$

formuliert werden. Mit ρ_{xy} wird dabei der Korrelationskoeffizient zwischen X und Y bezeichnet. Auf diese Weise wird der Symmetrie der Fragestellung in X und Y Rechnung getragen.

1.2.5 Lösungsvorschlag zum Beispiel

Aus den Tabellen 1.5 und 1.6 finden wir (mit X = Körpergewicht und Y = Körpergrösse) für die beiden Regessionsgeraden die Geradengleichungen

$$y = \underset{(11.7)}{122.6} + \underset{(0.212)}{0.745} \cdot x$$

und

$$x = \underset{(34.6)}{-66.4} + \underset{(0.211)}{0.742} \cdot y \quad .$$

Letztere Gleichung ist äquivalent zu

$$y = 89.5 + 1.35 \cdot x \quad .$$

Regression	
Zielgrösse	GRÖSSE
Bestimmtheitsmass	0.553
Anzahl Beobachtungen	12

	Koeff.	S.A.(Koeff.)	F-partial	p-Wert
Nullpunktordinate	122.6633	11.7220	109.4953	0.00000
Steigung(GEWICHT)	0.744838	0.211930	12.35199	0.00559

ANOVA

	F.G.	Summenquadrat	F-global	p-Wert
Regression	1	191.5723	12.35199	0.00559
Residuen	10	155.0943		
Insgesamt	11	207.0817		

Tabelle 1.5: Beispiel Gewicht und Grösse von Frauen: Computer-Output mit Körpergrösse als Zielgrösse.

Diese beiden Geraden sind in Abbildung 1.3 in den Punkteschwarm eingezeichnet. Sie weichen im Bereich, in dem die Mehrzahl der Punkte liegt, nicht massiv voneinander ab. Der Korrelationkoeffizient zwischen den beiden Grössen beträgt $r_{xy} = 0.743$. Beide Geraden besitzen positive Steigung und diejenige mit der Körpergrösse Y als Zielgrösse ist flacher.

Für die Nullhypothese

$$H_0: \quad \rho_{xy} = 0$$

berechnen wir die F-Testgrösse

$$F(\beta \neq 0) = F(\delta \neq 0) = F(\rho_{xy} \neq 0) = 12.35 > F_{0.95}(1, 43) = 4.07.$$

Der beobachtete F-Wert liegt über dem massgebenden Quantil. Der Zusammenhang zwischen den beiden Messgrössen ist somit stärker, als bei Unkorreliertheit erwartet würde.

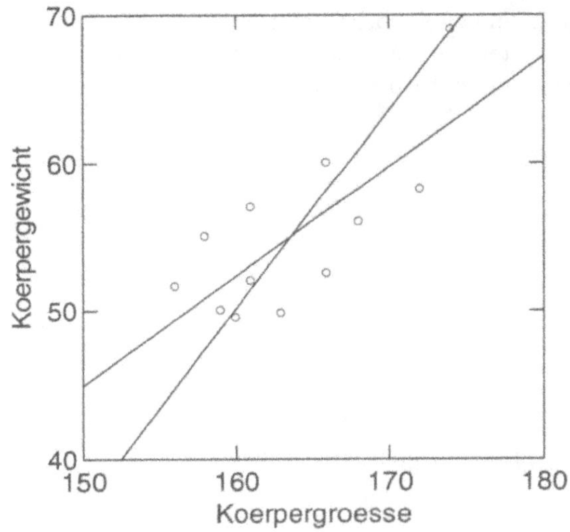

Abbildung 1.3: Punkteschwarm zum Beispiel Körpergrösse und Körpergewicht mit den beiden Regressionsgeraden.

Regression	
Zielgrösse	GEWICHT
Bestimmtheitsmass	0.553
Anzahl Beobachtungen	12

	Koeff.	S.A.(Koeff.)	F-partial	p-Wert
Nullpunktordinate	-66.37808	34.5688	3.68705	0.08379
Steigung(GRÖSSE)	0.741923	0.211101	12.35199	0.00559

ANOVA

	F.G.	Summenquadrat	F-global	p-Wert
Regression	1	190.8226	12.35199	0.00559
Residuen	10	154.4874		
Insgesamt	11	345.3100		

Tabelle 1.6: Beispiel Gewicht und Grösse von Frauen: Computer-Output mit Körpergewicht als Zielgrösse.

1.2.6 Zusammenfassung von Abschnitt 1.2

Ausgangslage: Gegeben sind zwei stochastische Variablen X und Y, zwischen denen eine lineare Abhängigkeit vermutet wird. Man interessiert sich dafür, welchen Effekt ein Vertauschen der Rollen von Einfluss- und Zielgrösse hat.

Datenmatrix:

X	Y
x_1	y_1
x_2	y_2
$\vdots$	$\vdots$
x_n	y_n

Regressionsmodelle und Hypothesen:

- Zielgrösse: Y
  Einflussgrösse: X

  Regressionsgleichung: $\mu_Y(x) = \alpha + \beta x$

- Zielgrösse: X
  Einflussgrösse: Y

  Regressionsgleichung: $\mu_X(y) = \gamma + \delta y \quad (\Leftrightarrow \; y = -\frac{\gamma}{\delta} + \frac{1}{\delta} \cdot \mu_X(y))$

Die beiden geschätzten Regressionsgleichungen sind im Allgemeinen verschieden. Für die F-Tests auf (lineare) Unabhängigkeit mit Nullhypothese

$$H_0: \; \beta = 0 \quad \text{bzw.} \quad H_0: \; \delta = 0$$

gilt

$$F(\beta \neq 0) = F(\delta \neq 0) \; .$$

1.3 t-Test für zwei, beziehungsweise eine Stichprobe

1.3.1 Problemstellung

Mit dem Zweistichproben-t-Test werden die Mittelwerte μ_1 und μ_2 eines Merkmals in zwei Stichproben untersucht. Im Zentrum des Interesses steht dabei die Hypothese $H_0 : \mu_1 = \mu_2$. Der Einstichproben-t-Test vergleicht den Mittelwert aus einer einzigen Stichprobe mit einem vorgegebenen hypothetischen Wert μ_0.
Beide Fälle können als Spezialfälle der einfachen linearen Regression betrachtet werden.

1.3.2 Ein Zahlenbeispiel

Solitäre Bienen benötigen zum Überleben geeignete Nistplätze. Zur Abklärung der Bedürfnisse einer Mauerbienenart der Gattung Osmia werden 18 Holzklötze mit je 60 Bohrungen als Nisthilfen angeboten. Dabei haben 8 Klötze Bohrungen mit einem Durchmesser von 4 mm und 10 Klötze Bohrungen mit einem Durchmesser von 6 mm. Im Herbst wird bei jedem ausgezählt, wieviele Bohrungen mit der Brut der Bienen belegt sind. Die Zählung ergibt folgende Werte:

Durchmesser	Anzahl belegte Bohrungen									
4 mm	30	27	48	26	18	33	45	39		
6 mm	48	55	37	51	35	22	45	53	37	49

Tabelle 1.7: Daten zum Beispiel Nistplätze von Bienen.

Man interessiert sich für zwei Fragen:

- Ist die mittlere Anzahl belegter Bohrungen bei den beiden Durchmessern verschieden?
- Kann die Hypothese, dass bei einem Durchmesser der Bohrungen von 6 mm im Mittel genau eine von zwei Bohrungen belegt ist, abgelehnt werden?

1.3.3 Modell und Hypothesen

Zweistichprobenfall

Wir nennen die n_1 Beobachtungen aus der ersten Stichprobe $Y_{11}, Y_{12}, \ldots, Y_{1n_1}$, diejenigen aus der zweiten Stichprobe, n_2 an der Zahl, bezeichnen wir mit $Y_{21}, Y_{22}, \ldots, Y_{2n_2}$. Unsere Betrachtungen basieren auf dem Modell, nach dem diese Zufallsgrössen unabhängig normalverteilt sind mit den Erwatungswerten μ_1 beziehungsweise μ_2 und mit gleicher Standardabweichung σ:

$$Y_{1i} \sim N(\mu_1, \sigma) \;\; (i = 1, \ldots, n_1), \qquad Y_{2j} \sim N(\mu_2, \sigma) \;\; (j = 1, \ldots, n_2).$$

Die zu testende Nullhypothese besagt, dass die beiden Stichproben den gleichen Erwartungswert besitzen, während die Alternativhypothese eine Abweichung der beiden Werte postuliert. Unser Testproblem lautet demnach

$$H_0 : \;\; \mu_1 = \mu_2 \quad \text{gegen} \quad H_1 : \;\; \mu_1 \neq \mu_2.$$

Unter Verwendung der Schätzer

$$\bar{y}_1 = \frac{1}{n_1}\sum_{i=1}^{n_1} y_{1i} \quad \text{und} \quad \bar{y}_2 = \frac{1}{n_2}\sum_{j=1}^{n_2} y_{2j}$$

für die Erwartungswerte der Stichproben, μ_1 und μ_2, und der gemeinsamen Schätzung der Standardabweichung

$$s_g = \sqrt{\frac{(n_1-1)s_1^2 + (n_2-1)s_2^2}{n_1+n_2-2}} \tag{1.9}$$

mit

$$s_1^2 = \frac{1}{n_1-1}\sum_{i=1}^{n_1}(y_{1i}-\bar{y}_1)^2 \quad \text{und} \quad s_2^2 = \frac{1}{n_2-1}\sum_{i=1}^{n_2}(y_{2i}-\bar{y}_2)^2$$

berechnet man die entsprechende t-Statistik als

$$t = \frac{\bar{y}_1 - \bar{y}_2}{s_g} \cdot \sqrt{\frac{n_1 n_2}{n_1+n_2}}. \tag{1.10}$$

Diese folgt unter H_0 einer t-Verteilung mit $n_1 + n_2 - 2$ Freiheitsgraden. Die Nullhypothese wird somit bei zweiseitiger Alternativhypothese abgelehnt, falls

$$|\, t\,| > t_{1-\frac{\alpha}{2}}(n_1+n_2-2),$$

wobei $t_{1-\frac{\alpha}{2}}(n_1+n_2-2)$ das $(1-\frac{\alpha}{2})$-Quantil der entsprechenden t-Verteilung angibt.

Ein relatives Mass für den Abstand zwischen zwei Gruppen ist gegeben in der so genannten **Standarddistanz**

$$D = \frac{|\bar{y}_1 - \bar{y}_2|}{s_g} \;.$$

Die t-Testgrösse (bis auf das Vorzeichen) für zwei Stichproben ergibt sich aus der Standarddistanz über die Identität

$$|\, t\,| = D \cdot \sqrt{\frac{n_1 n_2}{n_1+n_2}} \;.$$

Einstichprobenfall

In diesem Fall betrachten wir nur eine Stichprobe mit den unabhängigen Beobachtungen $Y_1, \ldots, Y_n$. Unser Modell lautet

$$Y_i \sim N(\mu, \sigma) \qquad (i = 1, \ldots, n)$$

und das zu untersuchende Testproblem

$$H_0: \ \mu = \mu_0 \quad \text{gegen} \quad H_1: \ \mu \neq \mu_0$$

für einen festen hypothetischen Parameterwert μ_0.
Wir bezeichnen den Stichprobenmittelwert respektive die Stichprobenstandardabweichung mit

$$\bar{y} = \frac{1}{n}\sum_{i=1}^{n} y_i \qquad \text{resp.} \qquad s = \sqrt{\frac{1}{n-1}\sum_{i=1}^{n}(y_i - \bar{y})^2}.$$

Aus diesen Grössen lässt sich die Testgrösse

$$t = \frac{\bar{y} - \mu_0}{s} \cdot \sqrt{n} \tag{1.11}$$

errechnen, deren Verteilung unter Annahme der Gültigkeit der Nullhypothese t mit $n-1$ Freiheitsgraden ist. Analog zu oben resultiert aus

$$|\, t \,| > t_{1-\frac{\alpha}{2}}(n-1)$$

die Ablehnung von H_0.

1.3.4 Lösungsansatz

Zweistichprobenfall

Das oben beschriebene Modell lässt sich formulieren als

$$\begin{aligned} Y_{1i} &= \quad \alpha + E_{1i} \qquad (i = 1, \dots, n_1) \\ Y_{2j} &= \alpha + \beta + E_{2j} \quad (j = 1, \dots, n_2) \end{aligned}$$

mit $\alpha = \mu_1$ und $\beta = \mu_2 - \mu_1$ und den $N(0, \sigma)$-verteilten Fehlertermen E_{1i} $(i = 1, \dots, n_1)$ und E_{2j} $(j = 1, \dots, n_2)$. Durch die Einführung der binären Variablen

$$z = \begin{cases} 0 & \text{falls die betreffende } Y\text{-Variable aus der ersten Stichprobe stammt} \\ 1 & \text{falls die betreffende } Y\text{-Variable aus der zweiten Stichprobe stammt} \end{cases}$$

können wir die beiden Stichproben zusammenlegen und das obige Modell beschreiben als

$$Y_k = \alpha + \beta z_k + E_k \quad (k = 1, \dots, n = n_1 + n_2),$$

wo wiederum $E_k \sim N(0, \sigma)$. Dies entspricht dem Modell (1.1) der einfachen linearen Regression mit der binären Variablen z als Einflussgrösse und die oben angesprochene Hypothese

$$H_0: \ \mu_1 = \mu_2$$

des t-Tests ist äquivalent zur Hypothese

$$H_0: \ \beta = 0$$

im Modell der linearen Regression. Diese Äquivalenz lässt sich übertragen auf die t-Testgrösse und die im ersten Kapitel eingeführte Teststatistik $F(\beta \neq 0)$: Es gilt $F(\beta \neq 0) = t^2$ und wird zu einem Signifikanzniveau von α getestet, so sind die beiden Ablehnungskriterien für H_0 gleichwertig:

$$|t| > t_{1-\frac{\alpha}{2}}(n-2) \quad \Longleftrightarrow \quad F(\beta \neq 0) > F_{1-\alpha}(1, n-2).$$

Die beiden Stichprobenmittel werden geschätzt als

$$\bar{y}_1 = \hat{\alpha} \quad \text{und} \quad \bar{y}_2 = \hat{\alpha} + \hat{\beta} \ ,$$

die gemeinsame Standardabweichung entspricht der Standardabweichung der Residuen im Modell, d.h.

$$s_g = \hat{\sigma} \ .$$

Die Standarddistanz zwischen den beiden Gruppen lässt sich aus dem Bestimmtheitsmass dieses Regressionsmodells berechnen als

$$D = \sqrt{\frac{(n_1 + n_2)(n_1 + n_2 - 2)}{n_1 n_2} \cdot \frac{R^2}{1 - R^2}} \ .$$

Einstichprobenfall

Der t-Test für eine Stichprobe lässt sich auf zwei Arten aus der Regressionsanalyse rekonstruieren:

- Die in diesem Fall vorliegende Situation lässt sich mit $\beta = \mu$ formulieren als

  $$Y_i = \beta + E_i \quad (i = 1, \ldots, n), \text{ mit } E_i \sim N(0, \sigma),$$

  was einem Regessionsmodell ohne Nullpunktordinate und mit der Einflussgrösse

  $$z_i = 1 \ \ (i = 1, \ldots, n)$$

  entspricht. Die Nullhypothese des t-Tests,

  $$H_0: \ \mu = \mu_0,$$

  wird in diesem Regressionsmodell zu

  $$H_0: \ \beta = \mu_0$$

und die entsprechende Testgrösse $F(\beta \neq \mu_0)$ ist wiederum aufgrund der Gleichung

$$|t| > t_{1-\frac{\alpha}{2}}(n-1) \iff F(\beta \neq \mu_0) > F_{1-\alpha}(1, n-1)$$

äquivalent zum Einstichproben-t-Test. Die Parameterschätzung für β entspricht hier dem arithmetischen Mittelwert der x_i:

$$\hat{\beta} = \bar{y} \ .$$

- Im diesem zweiten Ansatz fügen wir zu den n Beobachtetungen $y_1, \ldots, y_n$ eine hinzu mit dem Wert $y_{n+1} = \mu_0$. Zudem führen wir die binäre Variable z mit den Werten $z_1 = z_2 = \ldots = z_n = 0$ und $z_{n+1} = 1$ ein.
  Nun testen wir im Regressionsmodell

  $$Y_i = \alpha + \beta z_i + E_i$$

  die Hypothese

  $$H_0: \ \beta = 0 \ .$$

  Für die resultierende Teststatistik $F(\beta \neq 0)$ gilt:

  $$t^2 = (n+1) \cdot F(\beta \neq 0) \ ,$$

  wo t für die Testgrösse des Einstichproben-t-Tests steht. Auch in diesem Fall liefern beide Tests äquivalente Resultate: die Nullhypothese wird abgelehnt, falls

  $$|t| > t_{1-\frac{\alpha}{2}}(n-1) \quad \text{bzw.} \quad (n+1) \cdot F(\beta \neq 0) > F_{1-\alpha}(1, n-1).$$

Der Mittelwert der y_i ist bei diesem Ansatz identisch mit der Nullpunktordinate, es gilt somit

$$\bar{y} = \hat{\alpha} \ .$$

1.3.5 Lösungsvorschlag zum Beispiel

Zweistichprobenfall

Die Zweistichproben-t-Testgrösse lässt sich von Hand aus den Formeln (1.9) und (1.10) berechnen. Mit $n_1 = 8$, $n_2 = 10$, $\bar{y}_1 = 33.25$, $\bar{y}_2 = 43.2$, $s_1 = 10.1665$ und $s_2 = 10.2719$ findet man

$$\begin{aligned} s_g &= \sqrt{\frac{(n_1-1)s_1^2 + (n_2-1)s_2^2}{n_1+n_2-2}} \\ &= \sqrt{\frac{(8-1)\cdot 10.1665^2 + (10-1)10.2719^2}{8+10-2}} = 10.2259 \end{aligned}$$

und daraus

$$t = \frac{\bar{y}_1 - \bar{y}_2}{s_g} \cdot \sqrt{\frac{n_1 n_2}{n_1 + n_2}} = \frac{33.25 - 43.2}{10.2259} \cdot \sqrt{\frac{8 \cdot 10}{8 + 10}} = -2.0513 \ .$$

Da dieser Wert dem Betrage nach kleiner als das 97.5%-Quantil der t-Verteilung mit 16 Freiheitsgraden von 2.12 ist, wird die Nullhypothese nicht verworfen, das heisst die beiden Gruppenmittelwerte sind nicht signifikant voneinander verschieden.

Eine Regressionsrechnung mit der Variablen Anzahl Bohrungen als Zielgrösse und der Einflussgrösse Durchmesser mit dem Wert $z_k = 0$ für die erste Gruppe (Durchmesser = 4 mm) und $z_k = 1$ für die zweite Gruppe (Durchmesser = 6 mm) liefert den Output in Tabelle 1.8. Die geschätzte Regressionsgleichung lautet

$$\mu_{\text{Bohrungen}} = \underset{(3.62)}{33.25} + \underset{(4.85)}{9.95} \cdot \text{DURCHMESSER} \ ,$$

was bedeutet, dass die geschätzte Anzahl belegter Bohrungen für Holzklötze der ersten Gruppe dem Gruppenmittelwert von $\bar{y}_1 = \hat{\alpha} = 33.25$ entspricht, während sie für die zweite Gruppe $\bar{y}_2 = \hat{\alpha} + \hat{\beta} = 43.3$ beträgt. Die F-Teststatistik für die Hypothese, dass die Steigung im Regressionsmodell Null ist, nimmt den Wert

$$F = 4.20786 = (-2.0513)^2 = t^2$$

an und ist, wie oben erwähnt, äquivalent zum t-Test. Die Nullhypothese gleicher Gruppenmittelwerte wird nicht abgelehnt (das massgebende Quantil ist $F_{0.95}(1, 16) = 4.49$). Die Standarddistanz errechnet man aus $R^2 = 0.208$:

$$\begin{aligned} D &= \sqrt{\frac{(n_1 + n_2)(n_1 + n_2 - 2)}{n_1 n_2} \cdot \frac{R^2}{1 - R^2}} \\ &= \sqrt{\frac{(8 + 10)(8 + 10 - 2)}{8 \cdot 10} \cdot \frac{0.208}{1 - 0.208}} \\ &= \sqrt{\frac{18 \cdot 16}{80} \cdot 0.263} = 0.945 \ . \end{aligned}$$

Einstichprobenfall

Die in Abschnitt 1.3.2 angesprochene Frage, ob die Hypothese, dass bei einem Durchmesser der Bohrungen von 6 mm im Mittel genau eine von zwei Bohrungen belegt ist, mit den beobachteten Daten vereinbar ist, entspricht der Nullhypothese

$$H_0: \quad \mu = 30 \ ,$$

Regression	
Zielgrösse	BOHRUNG
Bestimmtheitsmass	0.208
Anzahl Beobachtungen	18

	Koeff.	S.A.(Koeff.)	F-partial	p-Wert
Nullpunktordinate	33.2500	3.61540	84.58076	0.00000
Steigung(DURCHMES)	9.9500	4.85056	4.20786	0.05698

ANOVA

	F.G.	Summenquadrat	F-global	p-Wert
Regression	1	440.0111	4.20786	0.05698
Residuen	16	1673.1000		
Insgesamt	17	2113.1111		

Tabelle 1.8: Beispiel Nistplätze von Bienen: Computer-Output zum Zweigruppenvergleich.

wobei nur die zweite Stichprobe, also die jeweilige Anzahl belegter Bohrungen bei einem Durchmesser von 6 mm, betrachtet wird. Für den Einstichproben-t-Test erhalten wir (vgl. Formel (1.11))

$$t = \frac{\bar{y} - \mu_0}{s} \cdot \sqrt{n} = \frac{43.2 - 30}{10.2719} \cdot \sqrt{10} = 4.0637\,.$$

Das 97.5%-Quantil der massgebenden t-Verteilung mit 9 Freiheitsgraden beträgt $t_{0.975}(9) = 2.26$. Der beobachtete Wert von t liegt dem Betrage nach darüber, d.h. die Nullhypothese wird abgelehnt.

Wie wir in Abschnitt 1.3.4 gesehen haben, sind zwei Ansätze möglich, um dieses Resultat über die Regressionsanalyse zu bekommen. Wir wollen sie beide für dieses Beispiel nachvollziehen.

- 1. Ansatz:

  Um im Modell

  $$Y_i = \beta z_i + E_i \quad \text{mit } z_i = 1 \;\; (i = 1, \ldots, n)$$

  die Hypothese $H_0 : \beta = 30$ zu überprüfen (was der interessierenden Hypothese $\mu = 30$ gleichkommt), müssen wir die neue Variable $Y' = Y - 30$ einführen. Dann rechnen wir eine Regression ohne Nullpunktordinate mit Y' als Zielgrösse und der konstanten Einflussgrösse z. Die Resultate sind der Tabelle 1.9 zu entnehmen (die Variable Y' heisst dort BOHRMIN30). Die Testgrösse für den Test auf $\beta = 30$ im Modell mit Zielgrösse Y entspricht derjenigen für die Hypothese Steigung = 0 im gerechneten Modell (also mit Y' als Zielgrösse). Sie nimmt einen Wert von $F = 16.5139$ an, liegt somit jenseits

Regression	
Zielgrösse	BOHRMIN30
Bestimmtheitsmass	0.647
Anzahl Beobachtungen	10

	Koeff.	S.A.(Koeff.)	F-partial	p-Wert
Steigung(DURCHMES)	13.200000	3.248247	16.513901	0.00283

ANOVA

	F.G.	Summenquadrat	F-global	p-Wert
Regression	1	1742.4000	16.513901	0.00283
Residuen	9	949.6000		
Insgesamt	10	2692.0000		

Tabelle 1.9: Beispiel Nistplätze von Bienen: Computer-Output zum Test $\mu = 30$ in der zweiten Gruppe, erster Ansatz.

des Quantils $F_{0.95}(1,9) = 5.12$, weshalb zugunsten der Alternativhypothese $\beta \neq 30$ entschieden wird. Man beachte, dass auch hier wieder die Identitäten

$$F = 16.5139 = 4.0637^2 = t^2$$

für die Testgrössen und

$$F_{0.95}(1,9) = 5.12 = 2.26^2 = t^2_{0.975}(9)$$

für die Quantile erfüllt sind.

- 2. Ansatz:

  Für diesen Ansatz muss eine zusätzliche (hypothestische) Beobachtung mit einem Wert von 30 in der Variablen Bohrung sowie eine neue Variable, die für alle alten Beobachtungen den Wert 0 und für die hypothetische den Wert 1 annimmt, eingeführt werden. Wir nennen die neue Variable INDEX. Als Regressionsgleichung erhalten wir aus Tabelle 1.10

$$\mu_{\text{Bohrung}} = \underset{(3.25)}{43.20} - \underset{(10.8)}{13.2} \cdot \text{INDEX} \ .$$

  Der Wert der F-Statistik von 1.501264 aus der Tabelle muss mit $(n+1) = 11$ multipliziert werden, um das zum t-Test äquivalente F zu finden:

$$F = 11 \cdot 1.501264 = 16.5139 \ .$$

  Dieses Resultat stimmt mit jenem überein, das wir mit dem ersten Ansatz erhalten haben.

Regression	
Zielgrösse	BOHRUNG
Bestimmtheitsmass	0.143
Anzahl Beobachtungen	11

	Koeff.	S.A.(Koeff.)	F-partial	p-Wert
Nullpunktordinate	43.200000	3.248247	176.8767	0.00000
Steigung(INDEX)	-13.200000	10.773218	1.501264	0.25157

ANOVA

	F.G.	Summenquadrat	F-global	p-Wert
Regression	1	158.4000	1.501264	0.25157
Residuen	9	949.6000		
Insgesamt	10	1108.0000		

Tabelle 1.10: Beispiel Nistplätze von Bienen: Computer-Output zum Test $\mu = 30$ in der zweiten Gruppe, zweiter Ansatz.

1.3.6 Zusammenfassung von Abschnitt 1.3

Zwei Stichproben

Ausgangslage: Gegeben sind zwei Stichproben mit Umfängen n_1 und n_2 und gleicher Standardabweichung. Es wird getestet, ob die Erwartungswerte der beiden Stichproben, μ_1 und μ_2, identisch sind.

Datenmatrix:

z	Y	
0	y_1	1. Stichprobe
0	y_2	
$\vdots$	$\vdots$	
0	y_{n_1}	
1	y_{n_1+1}	2. Stichprobe
1	y_{n_1+2}	
$\vdots$	$\vdots$	
1	$y_{n_1+n_2}$	

Regressionsmodell und Hypothesen:

Zielgrösse: Y
Einflussgrösse: z
Der Partialtest für die Einflussgrösse z ist äquivalent zum (zweiseitigen) t-Test mit Nullhypothese $H_0: \ \mu_1 = \mu_2$.

Eine Stichprobe

Ausgangslage: Gegeben ist eine normalverteilte Stichprobe vom Umfang n. Es wird getestet, ob der Mittelwert μ der Stichprobe mit einem hypothetischen Wert μ_0 übereinstimmt.

Datenmatrix: Je nach gewähltem Ansatz,

a)

z	$Y - \mu_0$
1	$y_1 - \mu_0$
1	$y_2 - \mu_0$
$\vdots$	$\vdots$
1	$y_n - \mu_0$

oder

b)

z	Y
0	y_1
0	y_2
$\vdots$	$\vdots$
0	y_n
1	μ_0

Regressionsmodelle und Hypothesen:

- 1.Ansatz: Datenmatrix a); Zielgrösse: $Y - \mu_0$
  Einflussgrösse: z
  Modell ohne Nullpunktordinate

  Der Partialtest für die Einflussgrösse z ist äquivalent zum (zweiseitigen) t-Test mit Nullhypothese $H_0: \ \mu = \mu_0$.

- 2.Ansatz: Datenmatrix b); Zielgrösse: Y
  Einflussgrösse: z

  Die partielle F-Testgrösse für die Einflussgrösse z multipliziert mit $n+1$ ist äquivalent zum (zweiseitigen) t-Test mit Nullhypothese $H_0: \ \mu = \mu_0$ und muss mit dem $(1-\alpha)$-Quantil der F-Verteilung mit einem und $n-2$ Freiheitsgraden verglichen werden.

1.4 Variablentransformationen

1.4.1 Problemstellung

Liegt zwischen zwei Variablen ein offensichtlicher funktionaler Zusammenhang vor, der jedoch nicht linear ist, oder ist die Voraussetzung konstanter Variabilität der Fehlerterme verletzt, so besteht oft die Möglichkeit, durch Transformation einer oder beider Variablen diese Mängel zu beheben, so dass das Problem mit der Methode der linearen Regression untersucht werden kann. Die geeignete Transformation kann dabei entweder durch theoretische Überlegungen (insbesondere bei naturwissenschaftlichen Untersuchungen) oder durch exploratives Vorgehen gefunden werden.

1.4.2 Ein Zahlenbeispiel

An einer Auktion wurden 120 verschiedene Kunstwerke versteigert. Zu diesem Anlass wurde eine Broschüre herausgegeben, in welcher die angebotenen Objekte vorgestellt und beschrieben wurden. Zudem wurde ein geschätzter Wert (in SFr.) für jeden Gegenstand angegeben. In Tabelle 1.11 sind diese Schätzungen sowie die Zuschlagspreise dieser 120 Objekte angegeben. Mit den Methoden der Regressionsrechnung soll der Zusammenhang zwischen dieser Schätzung (Zielgrösse) und dem Zuschlagspreis (Einflussgrösse) untersucht werden.

1.4.3 Modell und Hypothesen

Theoretischer Hintergrund und explorative Modellfindung

In vielen naturwissenschaftlichen Untersuchungen hat man von der Theorie her gewisse Annahmen, von welcher Form der Zusammenhang zwischen den beiden Variablen sein sollte. Beispielsweise ist aufgrund der Gesetze der Mechanik zu erwarten, dass der Zusammenhang zwischen $Y =$ Länge eines Sekundenpendels (d.h. eines Pendels, das genau einmal pro Sekunde schwingt) und $x =$geographische Breite des Ortes, an dem die Länge dieses Pendels ermittelt wurde, von der Form

$$\mu_Y(x) = \alpha + \beta \cdot \sin^2(x)$$

ist.

Liegt keine solche Vorkenntnis vor, so empfiehlt sich ein exploratives Vorgehen: man zeichnet einen Punkteschwarm der (x_i, y_i) in ein Koordinatensystem, beurteilt dann, ob die Modellvoraussetzung der linearen Regression erfüllt sind, und zieht nötigenfalls Konsequenzen, indem man eine geeignete Transformation einer oder beider Variablen wählt. Nach welchen Kriterien dabei vorgegangen werden kann, wird im folgenden beschrieben.

Transformationen der Einfluss- oder der Zielgrösse

Variablentransformationen werden durchgeführt, falls eine der Bedingungen

- lineare Abhängigkeit

Schätz.	*Zuschl.*	*Schätz.*	*Zuschl.*	*Schätz.*	*Zuschl.*	*Schätz.*	*Zuschl.*
2200	1100	5000	2800	5000	3600	900	500
840	700	2400	1900	1500	1000	2000	1300
840	700	900	600	1500	1400	1900	900
840	700	1000	750	8000	4400	3200	3000
1700	1000	800	900	2000	1000	1500	1400
2800	1900	1500	900	3500	2000	2000	1400
2000	1800	950	800	4000	3300	3000	1400
1800	1100	950	700	1800	1600	6000	3600
1200	850	950	750	20000	14000	1200	1800
1000	650	950	700	5000	3600	2500	2500
1400	900	1400	1000	3000	2100	1200	700
4000	2100	1300	750	4000	3400	800	400
1500	1100	1300	750	1600	850	3000	2000
1500	1300	3900	2400	1500	700	3000	1800
1800	950	4100	3100	1500	700	11000	8200
4000	2000	1200	700	1200	800	2000	1600
4200	2800	1600	1100	1000	2200	2000	1200
1500	900	3600	2600	2200	3100	2400	1600
9000	5800	18000	9600	5000	3100	1700	1200
5000	2600	1300	900	1200	600	7000	2000
4000	2300	1100	1000	4800	3000	1800	1400
8500	4600	900	500	4800	3100	2000	1300
4200	2600	7500	5500	3500	2200	2500	1500
5000	3600	3400	2100	2700	1600	24000	16000
3000	2200	3400	2200	12000	6000	2400	2100
1400	1200	6000	3400	4000	3500	2000	800
3000	1700	800	400	900	500	1000	800
2500	1600	1200	1100	900	500	8000	6000
2500	1400	1500	1400	6000	3200	1800	1300
9600	4800	1700	900	1600	1000	750	650

Tabelle 1.11: Schätzung und Zuschlagspreis von 120 Kunstgegenständen in SFr.

- konstante Variabilität
- Normalverteilung der Residuen

verletzt ist. Umformungen der Einfluss- und der Zielgrösse haben unterschiedliche Effekte:

- Betrachten wir zuerst die Situation, wo die Einflussgrösse mit einer stetigen nichtlinearen Funktion $f(\,.\,)$ transformiert wird: die Werte x_i werden durch $f(x_i)$ ersetzt und mit den erhaltenen Werten wird eine lineare Regression berechnet. Diese Transformation entspricht dem Modell

  $$Y_i = \alpha + \beta \cdot f(x_i) + E_i \ , \quad (i = 1, \ldots, n).$$

  Die Form der Abhängigkeit der Y_i von den x_i wird durch die Transformation verändert, nicht aber das Muster der Abweichungen der Y_i von ihrem Erwartungswert

  $$\mu_Y = \alpha + \beta \cdot f(x_i) \ .$$

Eine solche Transformation ist also bei nichtlinearer Abhängigkeit der Y_i von den x_i angebracht, falls die Streuung der Y nicht mit wachsendem x zu- oder abnimmt, sondern konstant bleibt.

- Wird eine Transformation der Zielgrösse, etwa $Y \to g(Y)$, wiederum mit einer stetigen, nichtlinearen Funktion $g(\,.\,)$ vollzogen, so entspricht dies dem Modell

$$g(Y_i) = \alpha + \beta x_i + E_i \ , \quad (i = 1, \dots, n),$$

was sich im Fall einer invertierbaren Funktion g (dies trifft insbesondere zu, falls g streng monoton steigt oder fällt) auch schreiben lässt als

$$Y_i = g^{-1}(\alpha + \beta x_i + E_i) \ , \quad (i = 1, \dots, n).$$

Diese Umformung hat einerseits den Effekt, dass sie die Form der Abhängigkeit der Y von den x verändert, andererseits ändert sich auch das Muster der Streuung der Residuen. Sie ist somit dann sinnvoll, wenn der Punkteschwarm nichtkonstante Streuung aufzeigt.

- In manchen Anwendungen erreicht man die Voraussetzungen der lineraren Regression durch Transformation beider Variablen. Man hat dann ein Modell von der Form

$$g(Y_i) = \alpha + \beta \cdot f(x_i) + E_i \ , \quad (i = 1, \dots, n). \tag{1.12}$$

Gleichung (1.12) ist die allgemeinste Form der hier besprochenen Art von Variablentransformationen und enthält die beiden oberen Transformationsmuster als Spezialfälle (mit $g(y) = y$ bzw. $f(x) = x$). Oft wird eine geeignete Umformung erst nach mehreren Versuchen gefunden. Man sollte allerdings darauf achten, dass die gewählte Abhängigkeitsstruktur von möglichst simpler Natur bleibt.

Einige häufige Transformationen

Kennt man die geeignete Transformation nicht, so kann man willkürlich verschiedene Ansätze versuchen und das Ergebnis aufgrund eines Punkteschwarms der transformierten Grössen beurteilen. Die häufigsten Erfolgsrezepte sind die logarithmische, die reziproke oder die Wurzeltransformation. In Tabelle 1.12 sind einige Transformationen mit den zugehörigen ursprünglichen Funktionstypen zusammengestellt. Eine weitere Transformationsmöglichkeit, die nicht als Spezialfall von (1.12) aufgefasst werden kann, wird in Abschnitt 1.4.4 besprochen.

1.4.4 Lösungsansatz

Hat man einmal zwei Funktionen f und g gefunden, für welche der Punkteschwarm der $(f(x_i), g(y_i))$ die Voraussetzungen der einfachen linearen Regression erfüllt (also insbesondere diejenigen der Linearität und der konstanten Variabilität), so kann man die Parameterschätzungen für das Modell (1.12),

$$g(Y_i) = \alpha + \beta \cdot f(x_i) + E_i,$$

Variablen-transformation	ursprünglicher Funktionstyp	anwendbar falls
$\ln y \quad , \quad x$	$\mu_Y = e^{\alpha} \cdot e^{\beta x} = \gamma \delta^x$	alle $y_i > 0$
$y \quad , \quad \ln x$	$\mu_Y = \alpha + \beta \ln x$	alle $x_i > 0$
$\ln y \quad , \quad \ln x$	$\mu_Y = e^{\alpha} x^{\beta} = \gamma x^{\beta}$	alle x_i und $y_i > 0$
$1/y \quad , \quad x$	$\mu_Y = (\alpha + \beta x)^{-1}$	alle $y_i \neq 0$
$y \quad , \quad 1/x$	$\mu_Y = \alpha + \beta \cdot \frac{1}{x} = \frac{\alpha x + \beta}{x}$	alle $x_i \neq 0$
$\sqrt{y} \quad , \quad x$	$\mu_Y = (\alpha + \beta x)^2$	alle $y_i > 0$

Tabelle 1.12: Einige Transformationen mit ursprünglichem Funktionstyp.

ermitteln und daraus die Form der ursprünglichen Funktion bestimmen.
Hypothesen über die Parameter α und β können analog zum Regressionsmodell ohne Transformation behandelt werden.

Quotiententransformation

Sind alle x_i und y_i positiv und verhält sich die Standardabweichung der Residuen proportional zur Einflussgrösse, geht zudem die Regressionsgerade durch den Koordinatenursprung, so ist eine Quotiententransformation angebracht. In diesem Fall liegen die Punkte etwa in einem nach rechts geöffneten Trichter, dessen Spitze sich im Koordinatenursprung befindet. Formal entspricht dies dem Modell

$$Y_i = \beta x_i + E_i \quad \text{mit} \quad E_i \sim N(0, x_i \sigma).$$

Wird diese Gleichung durch x_i geteilt, so erhält man

$$\frac{Y_i}{x_i} = \beta + E_i' \quad \text{mit} \quad E_i' \sim N(0, \sigma).$$

Der Parameter β kann als arithmetisches Mittel der Werte

$$z_i = \frac{y_i}{x_i} \ , \quad i = 1, \ldots , n$$

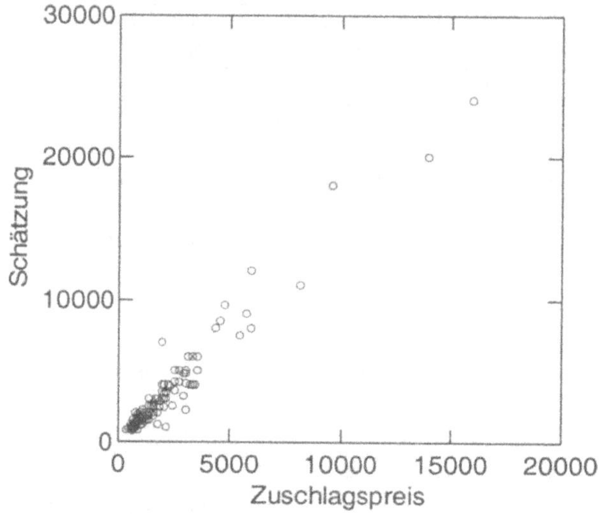

Abbildung 1.4: Punkteschwarm der Schätzung in Abhängigkeit vom Zuschlagspreis.

geschätzt werden, d.h. $\hat{\beta} = \bar{z}$. Die Standardabweichung von $\hat{\beta}$ erhält man aus der empirischen Standardabweichung der z_i als

$$\text{S.A.}\left(\hat{\beta}\right) = \frac{s_z}{\sqrt{n}} = \sqrt{\frac{1}{n(n-1)}\sum_{i=1}^{n}(z_i - \bar{z})^2} \ .$$

1.4.5 Lösungsvorschlag zum Beispiel

Aus Abbildung 1.4 ist zu erkennen, dass der Punkteschwarm der geschätzten Werte in Abhängigkeit des Zuschlagspreises den Anforderungen einer linearen Regression nicht genügt. Abbildung 1.5 zeigt den Punkteschwarm nach einer logarithmischen Transformationen beider Variablen. Die Voraussetzungen für die Berechnung einer Regressionsgeraden scheinen nun erfüllt.

Als Regressionsgerade ergibt sich laut Tabelle 1.13:

$$\mu_{\cdot\,\ln(\text{Schätzung})} = \underset{(0.236)}{0.654} + \underset{(0.0319)}{0.9656}\cdot \ln(\text{Zuschlag}) \ .$$

Die Rücktransformation dieser Gleichung ergibt einen funktionalen Zusammenhang zwischen den beiden ursprünglichen Variablen von der Form

$$\text{Schätzung} \approx e^{0.654} \cdot \text{Zuschlag}^{0.9656} = 1.92 \cdot \text{Zuschlag}^{0.9656} \ .$$

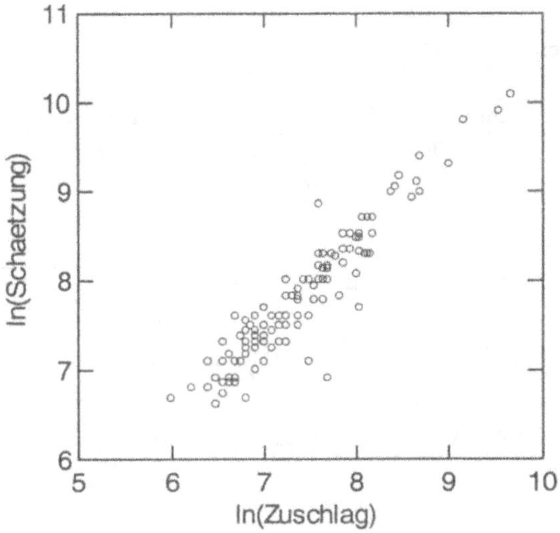

Abbildung 1.5: Punkteschwarm der Werte ln(Schätzung) in Abhängigkeit der ln(Zuschlag).

Regression	
Zielgrösse	LNSCHÄTZ
Bestimmtheitsmass	0.886
Anzahl Beobachtungen	120

	Koeff.	S.A.(Koeff.)	F-partial	p-Wert
Nullpunktordinate	0.654086	0.235931	7.68598	0.00647
Steigung(LNZUSCHL)	0.965634	0.031917	915.3386	0.00000

ANOVA

	F.G.	Summenquadrat	F-global	p-Wert
Regression	1	61.301477	915.3386	0.00000
Residuen	118	7.902622		
Insgesamt	119	69.204099		

Tabelle 1.13: Beispiel Auktion: Computer-Output für die Regression mit doppelt logarithmischer Transformation.

Regression	
Zielgrösse	LNQUOTIENT
Bestimmtheitsmass	0.010
Anzahl Beobachtungen	120

	Koeff.	S.A.(Koeff.)	F-partial	p-Wert
Nullpunktordinate	0.654086	0.235931	7.68598	0.00647
Steigung(LNZUSCHL)	-0.034366	0.031917	1.159383	0.28379

ANOVA

	F.G.	Summenquadrat	F-global	p-Wert
Regression	1	0.077645	1.159383	0.28379
Residuen	118	7.902622		
Insgesamt	119	7.980267		

Tabelle 1.14: Beispiel Auktion: Computer-Output für die Regression mit der Variablen LN-QUOTIENT als Zielgrösse.

An dieser Stelle kann man sich die Frage stellen, ob dieser Zusammenhang zu einer linearen Gleichung vereinfacht werden darf. Auf das Regressionsmodell der Form

$$\text{Schätzung} \approx e^{\alpha} \cdot \text{Zuschlag}^{\beta}$$

bezogen lautet diese Hypothese

$$H_0 : \; \beta = 1 \; .$$

Um diesen Test durchzuführen, definieren wir die neue Variable

$$\ln(\text{Quotient}) = \ln(\text{Schätzung}) - \ln(\text{Zuschlag}) = \ln\left(\frac{\text{Schätzung}}{\text{Zuschlag}}\right) \; .$$

Mit dieser Variablen als Zielgrösse und mit ln(Zuschlag) als Einflussgrösse wird nun eine weitere Regression gerechnet.
Wir entnehmen der Tabelle 1.14, dass $F(\beta \neq 1) = 1.159$. Das 95%-Quantil der F-Verteilung mit einem und 118 Freiheitsgraden beträgt $F_{0.95}(1, 118) = 3.92$, somit besteht kein Anlass die Nullhypothese zu verwerfen. Nun muss der Parameter α im linearen Regressionsmodell der beiden logarithmierten Grössen neu geschätzt werden unter der Nebenbedingung $\beta = 1$. Gemäss Abschnitt 1.1.4 (Absatz "Bedingte Parameterschätzung nach Annahme der Nullhypothese", Fall 2.b)) nimmt man als Kleinstquadratschätzer in diesem Fall das arithmetische Mittel der Variablen ln(Quotient). Dieses beträgt 0.401325, also ergibt sich die Beziehung

$$\mu_{\ln(\text{Schätzung})} = \underset{(0.0236)}{0.4013} + \ln(\text{Zuschlag}) \; ,$$

oder, nach Rücktransformation,

$$\text{Schätzung} \approx e^{0.4013} \cdot \text{Zuschlag} = 1.494 \cdot \text{Zuschlag} .$$

Als Quintessenz unserer Analyse erhalten wir also die Aussage, dass die vom Auktionshaus angegebenen Schätzungen gegenüber den tatsächlichen Zuschlagspreisen rund 50% zu hoch ausgefallen sind.

1.4.6 Zusammenfassung von Abschnitt 1.4

Ausgangslage: Zwischen der Einflussgrösse x und der Zielgrösse Y liegt ein nichtlinearer Zusammenhang vor. Mittels geeigneter Transformation einer oder beider Variablen soll das Problem auf eine lineare Regression zurückgeführt werden.

Datenmatrix:

x	Y	$f(x)$	$g(Y)$
x_1	y_1	$f(x_1)$	$g(y_1)$
x_2	y_2	$f(x_2)$	$g(y_2)$
$\vdots$	$\vdots$	$\vdots$	$\vdots$
x_n	y_n	$f(x_n)$	$g(y_n)$

Regressionsmodell und Hypothesen:

Zielgrösse:	Y oder $g(Y)$	(je nachdem, ob Zielgrösse transformiert)
Einflussgrösse:	x oder $f(x)$	(je nachdem, ob Einflussgrösse transformiert)

Geeignete Funktionen $f(\,.\,)$ bzw. $g(\,.\,)$ findet man entweder durch theoretische Überlegungen oder durch heuristisches Vorgehen und Betrachten des resultierenden Punkteschwarms (trial and error). Schätzungen und Tests für die Parameter α und β analog zur einfachen linearen Regression, Abschnitt 1.1.

1.5 Multiple Regression

1.5.1 Problemstellung

Will man den Erwartungswert einer Zielgrösse Y als lineare Funktion *mehrerer* Einflussgrössen $x_1, x_2, \ldots, x_p$ modellieren, so bedient man sich der **multiplen linearen Regression**. Es handelt sich hierbei um eine Verallgemeinerung der einfachen linearen Regression. Der Erwartungswert der Zielgrösse beträgt bei gegebenen Werten $x_1, x_2, \ldots, x_p$ der Einflussgrössen

$$\mu_Y(x_1, x_2, \ldots, x_p) = \alpha + \beta_1 x_1 + \beta_2 x_2 + \ldots + \beta_p x_p$$

mit in der Regel unbekannten Parametern α, β_1, β_2, ..., β_p.

1.5.2 Ein Zahlenbeispiel

Aufgrund der folgenden Einflussfaktoren sucht man eine lineare Formel zur Schätzung des pro-Kopf Benzinverbrauchs des Jahres 1972 (angegeben in Gallonen/Einwohner[1]) in den verschiedenen Bundesstaaten der USA:

- die Benzinsteuer in Cents/Gallone (STEUER),
- das jährliche pro-Kopf Einkommen in Dollars (EINKOMM),
- die Gesamtlänge des vom Bund finanzierten Strassennetzes in 1000 Meilen (STRASSEN),
- der Anteil der Bevölkerung, der einen Fahrausweis besitzt, in Prozenten (AUSWEIS).

Alle Daten stammen aus den Jahren 1971 und 1972. Diese Daten für die 50 US-Bundesstaaten finden sich in Tabelle 1.15.

1.5.3 Modell und Hypothesen

Der mehrfachen linearen Regressionsanalyse wird ein Modell der Form

$$Y_i = \alpha + \beta_1 x_{1i} + \beta_2 x_{2i} + \ldots + \beta_p x_{pi} + E_i \quad (i = 1, \ldots, n) \tag{1.13}$$

zugrundegelegt, wo die Residuen E_i wieder unabhängige und identisch $N(0, \sigma)$-verteilte Zufallsvariablen sind und n die Anzahl der beobachteten Werte-$(p+1)$-tupel

$$(y_i, x_{1i}, x_{2i}, \ldots, x_{pi})$$

angibt. Mit x_{ki} wird der Wert bezeichnet, der beim i-ten Element der beobachteten Gesamtheit in der k-ten Einflussgrösse gemessen wurde. Für $p = 1$ ergibt sich als Spezialfall das einfache lineare Regressionsmodell (1.1).

[1] 1 Amerikanische Gallone = 3.785 Liter

Staat	Steuer	Einkommen	Strassen	Ausweise	B.verbrauch
Maine	9	3571	1.976	52.5	541
New Hampshire	9	4092	1.250	57.2	524
Vermont	9	3865	1.586	58.0	561
Massachusetts	7.5	4870	2.351	52.9	414
Rhode Island	8	4399	0.431	54.4	410
Connecticut	10	5342	1.333	57.1	457
New York	8	5319	11.868	45.1	344
New Jersey	8	5126	2.138	55.3	467
Pennsylvania	8	4447	8.577	52.9	464
Ohio	7	4512	8.507	55.2	498
Indiana	8	4391	5.939	53.0	580
Illinois	7.5	5126	14.186	52.5	471
Michigan	7	4817	6.930	57.4	525
Wisconsin	7	4207	6.580	54.5	508
Minnesota	7	4332	8.159	60.8	566
Iowa	7	4318	10.340	58.6	635
Missouri	7	4206	8.508	57.2	603
North Dakota	7	3718	4.725	54.0	714
South Dakota	7	4716	5.915	72.4	865
Nebraska	8.5	4341	6.010	67.7	640
Kansas	7	4593	7.834	66.3	649
Delaware	8	4983	0.602	60.2	540
Maryland	9	4897	2.449	51.1	464
Virginia	9	4258	4.686	51.7	547
West Virginia	8.5	4574	2.619	55.1	460
North Carolina	9	3721	4.746	54.4	566
South Carolina	8	3448	5.399	54.8	577
Georgia	7.5	3846	9.061	57.9	631
Florida	8	4188	5.975	56.3	574
Kentucky	9	3601	4.650	49.3	534
Tennessee	7	3640	6.905	51.8	571
Alabama	7	3333	6.594	51.3	554
Mississippi	8	3063	6.524	57.8	577
Arkansas	7.5	3357	4.121	54.7	628
Louisiana	8	3528	3.495	48.7	487
Oklahoma	6.58	3802	7.834	62.9	644
Texas	5	4045	17.782	56.6	640
Montana	7	3897	6.385	58.6	704
Idaho	8.5	3635	3.274	66.3	648
Wyoming	7	4345	3.905	67.2	968
Colorado	7	4449	4.639	62.6	587
New Mexico	7	3656	3.985	56.3	699
Arizona	7	4300	3.635	60.3	632
Utah	7	3745	2.611	50.8	591
Nevada	6	5215	2.302	67.2	782
Washington	9	4476	3.942	57.1	510
Oregon	7	4296	4.083	62.3	610
California	7	5002	9.794	59.3	524
Alaska	8	5162	3.246	45.2	551
Hawaii	5	4995	0.602	64.8	345

Tabelle 1.15: Daten zum Beispiel pro Kopf-Benzinverbrauch in den 50 US-Bundesstaaten

Parameterschätzungen und ihre Standardabweichungen

Zur Schätzung der Modellparameter α, $\beta_1, \ldots, \beta_p$ wird analog zum Vorgehen in der einfachen linearen Regression die Methode der kleinsten Quadrate verwendet: man sucht diejenigen reellen Werte a, $b_1, \ldots, b_p$, für welche die Fehlerquadratsumme

$$S(a, b_1, \ldots, b_p) = \sum_{i=1}^{n} (y_i - a - b_1 x_{1i} - \ldots - b_p x_{pi})^2$$

minimal wird. Mathematisch lässt sich diese Minimierungsaufgabe auf ein lineares Gleichungssystem mit $p+1$ Gleichungen und ebensovielen Unbekannten $a, b_1, \ldots, b_p$ zurückführen, dessen Lösungen wir $\hat{\alpha}$, $\hat{\beta}_1, \ldots, \hat{\beta}_p$ nennen wollen. Dies sind die *Kleinstquadrateschätzer* der Parameter der mehrfachen linearen Regression. Im folgenden wird davon ausgegangen, dass der Leser über ein Software-Programm verfügt, das ihm diese liefern kann.

Durch Einsetzen der Kleinstquadrateschätzer in die Gleichung für die Fehlerquadratsumme erhält man das *minimale Summenquadrat*

$$S_{Min} = \sum_{i=1}^{n} \left(y_i - \hat{\alpha} - \hat{\beta}_1 x_{1i} - \ldots - \hat{\beta}_p x_{pi} \right)^2 \quad . \tag{1.14}$$

Die Zahl der Freiheitsgrade, die diese Fehlerquadratsumme besitzt, bestimmen wir anhand der für Fehlerquadratsummen allgemein gültigen Regel

$$\begin{aligned} \text{Zahl der Freiheitsgrade} \;=\; & \text{Anzahl Beobachtungen} \\ & - \text{Anzahl geschätzter Parameter im Modell} \quad . \end{aligned} \tag{1.15}$$

Aufgrund dieser Regel beträgt beispielsweise die Zahl der Freiheitsgrade der Fehlerquadratsumme in der einfachen linearen Regression $n-2$, da man aus n Beobachtungen zwei Parameter schätzt, nämlich Nullpunktordinate α und Steigung β der Regressionsgeraden. Im hier vorliegenden Fall der multiplen linearen Regression wird von der Anzahl Beobachtungen n die Anzahl geschätzter Parameter von $p+1$ (eine Nullpunktordinate und p Steigungskoeffizienten) subtrahiert, somit erhält man die Zahl von $n-p-1$ Freiheitsgraden.

Teilt man die Fehlerquadratsumme (1.14) durch die entsprechende Anzahl Freiheitsgrade $n-p-1$ und zieht daraus die Quadratwurzel, so erhält man eine Schätzung für die Standardabweichung der Residuen:

$$\hat{\sigma} = \sqrt{\frac{S_{Min}}{n-p-1}} \quad .$$

Wie in der einfachen linearen Regression sind die Kleinstquadrateschätzer der Modellparameter α, $\beta_1, \ldots, \beta_p$ erwartungstreu. Ihre Standardabweichung lässt sich analog zur einfachen linearen Regression (vgl. Gleichung (1.6)) aus dem Schätzwert und der weiter unten eingeführten F-Testgrössen berechnen als

$$\text{Standardabweichung der Schätzung} = \frac{|Schätzwert|}{\sqrt{F(Parameter \neq 0)}} \quad .$$

F-Tests

Nachdem die Schätzwerte im Regressionsmodell (1.13) bekannt sind, möchte man wissen, ob es nötig ist, alle p Einflussgrössen für die Schätzung des Erwartungswertes der Zielgrösse zu verwenden, oder ob ein Teil von ihnen ohne bedeutenden Informationsverlust aus dem Modell entfernt werden kann. Die entsprechende Nullhypothese setzt die β-Parameter derjenigen Einflussgrössen, von denen wir wissen möchten, ob sie aus dem Modell eliminiert werden dürfen, gleich Null. Zugunsten einer einfacheren Notation wollen wir annehmen, die Variablen seien so angeordnet, dass die nullzusetzenden Parameter gerade die letzten sind. Die Nullhypothese, dass die letzten q Einflussgrössen ($0 < q \leq p$) ignoriert werden dürfen, lautet also

$$H_0: \quad \beta_{p-q+1} = \beta_{p-q+2} = \ldots = \beta_p = 0$$

und wird der Alternativhypothese, dass mindestens einer dieser Parameter von Null verschieden ist, gegenübergestellt.
Der F-Test basiert wiederum auf einem Vergleich von Summenquadraten: das minimale Summenquadrat (1.11) aus dem vollen Modell wird verglichen mit demjenigen aus dem Modell

$$Y_i = \alpha + \beta_1 x_{1i} + \beta_2 x_{2i} + \ldots + \beta_{p-q} x_{p-q,i} + E_i \quad (i = 1, \ldots, n) \ ,$$

in dem die letzten q Einflussgrössen nicht figurieren und die Residuen E_i unabhängig identisch normalverteilt sind mit Erwartungswert 0 und Standardabweichung σ. Das minimale Summenquadrat aus diesem Modell bezeichnen wir mit S^0_{Min}. Die Teststatistik F wird nun berechnet gemäss

$$F = \frac{(S^0_{Min} - S_{Min})/q}{S_{Min}/(n-p-1)} \tag{1.16}$$

und folgt bei Gültigkeit der Nullhypothese einer F-Verteilung mit q Freiheitsgraden im Zähler und $n-p-1$ Freiheitsgraden im Nenner. Die Nullhypothese wird somit verworfen, falls F grösser ausfällt als das $(1-\alpha)$-Quantil aus dieser Verteilung:

$$\text{Verwerfe } H_0, \text{ falls } F > F_{1-\alpha}(q, n-p-1) \ .$$

Man beachte, dass sich der Test $F(\beta \neq 0)$ (1.2) im einfachen linearen Regressionsmodell als Spezialfall von (1.16) mit $p = q = 1$ ergibt.

1.5.4 Lösungsansatz

Globalhypothese

Will man testen, ob die Einflussgrössen x_1, x_2, ..., x_p eine Information liefern über den Mittelwert der Zielgrösse Y, so entspricht dies dem obigen Test mit $q = p$. Die entsprechende Nullhypothese lautet

$$H_0: \quad \beta_1 = \beta_2 = \ldots = \beta_p = 0$$

und wird auch *Globalhypothese* genannt. Im Nullmodell lautet die Formel für den Erwartungswert von Y einfach

$$\mu_Y(x_1, \ldots, x_p) = \mu_Y = \alpha \ .$$

Diesem wird das vollständige Modell (1.13) gegenübergestellt. Die Grössen

$$S^0_{Min} = \sum_{i=1}^{n}(y_i - \bar{y})^2 \quad \text{und} \quad q = p$$

werden in Formel (1.16) eingesetzt und das resultierende F muss mit dem $(1-\alpha)$-Quantil der F-Verteilung mit p und $n-p-1$ Freiheitsgraden verglichen werden: falls die F-Statistik grösser ist als dieses, wird die Nullhypothese abgelehnt, was heisst, dass unter den p X-Variablen mindestens eine einen signifikanten Zusammenhang mit Y aufweist.

Partialhypothese

Betrachten wir nun den Fall wo $q = 1$ ist: in diesem Fall wird das volle Modell mit dem reduzierten Modell

$$\mu_Y(x_1, \ldots, x_{p-1}) = \alpha + \beta_1 x_1 + \ldots + \beta_{p-1} x_{p-1}$$

verglichen, d.h. es wird untersucht, ob der partielle Regressionskoeffizient β_p im vollen Modell ohne Informationsverlust nullgesetzt werden kann. Dies kann in zwei Fällen eintreten:

1. Ein Einfluss von X_p auf Y ist nicht vorhanden.
2. Der Einfluss von X_p auf Y ist durch andere Variablen gewährleistet. Dies kann dann der Fall sein, wenn verschiedene Einflussgrössen untereinander korrelieren.

Mit (1.12) und $q = 1$ wird die in dieser Situation verwendete Teststatistik zu

$$F = \frac{(S^0_{Min} - S_{Min})}{S_{Min}/(n-p-1)} \ ,$$

wobei das Summenquadrat S^0_{Min} aus dem reduzierten Modell mit $p-1$ Einflussgrössen berechnet werden muss. Diese Testgrösse wird auch *partieller F-Wert* genannt und spielt im weiter unten vorgestellten Variablenauswahlverfahren der Rückwärtselimination eine zentrale Rolle.

Analyse der Residuen und Bestimmtheitsmass

Wie im Fall der einfachen linearen Regression müssen die Modellvoraussetzungen mittels graphischer Darstellung der beobachteten Residuen $\hat{e}_i$ und einem Punktediagramm der Punkte $(\hat{y}_i, \hat{e}_i)$ überprüft werden. Zusätzlich müssen auch die Punktediagramme der Residuen in Abhängigkeit der einzelnen Einflussgrössen, also die p Diagramme der Punkte $(x_{ki}, \hat{e}_i)$, $k =$

$1, \ldots, p$ gezeichnet werden. Dabei sollten die $\hat{e}_i$ wiederum ohne erkennbares systematisches Muster um 0 herum verstreut sein.

Das Bestimmtheitsmass dient auch in Regressionsmodellen mit mehreren Einflussgrössen als ein Mass für die Qualität des Modells. Es gibt den Varianzanteil der Zielgrösse an, der durch die Einflussgrössen erklärt wird. Es kann mit der Formel

$$R^2 = 1 - \frac{\sum_{i=1}^n (y_i - \hat{y}_i)^2}{\sum_{i=1}^n (y_i - \bar{y})^2}$$

berechnet werden. Wie bei der einfachen linearen Regression besteht ein direkter Zusammenhang zur Korrelation: das Bestimmtheitsmass ist das Quadrat des Korrelationskoeffizienten zwischen den beobachteten und den aus dem Modell geschätzten Werten der Zielgrösse Y:

$$R^2 = r_{y\hat{y}}^2 \quad .$$

Auswahl einer Teilmenge von Einflussgrössen

Die Auswahl einer geeigneten Teilmenge von Einflussgrössen ist oft nicht einfach. Verschiedene Algorithmen liefern unter Umständen verschiedene Resultate. In der Literatur sind zahlreiche schrittweise Verfahren vorgeschlagen worden, welche ihre Vor- und Nachteile besitzen. Wir empfehlen die Methode der **Rückwärtselimination**, die im folgenden kurz vorgestellt werden soll.
Ausgehend vom Modell mit p Variablen eliminiert man bei diesem Ansatz zunächst die Variable mit dem kleinsten partiellen F-Wert. Im resultierenden Modell mit $p-1$ Einflussgrössen betrachten wir wiederum die partiellen F-Werte der verbleibenden Einflussgrössen, d.h. wir vergleichen das Modell mit $p-1$ Variablen mit allen Modellen, die durch Elimination einer weiteren Variablen entstehen. Wiederum wird die Variable mit dem kleinsten partiellen F-Wert eliminiert, und so wird fortgefahren bis zum Schluss alle Einflussgrössen aus dem Modell eliminiert sind. Dem Anwender obliegt nun der wichtige Entscheid, wieviele Einflussgrössen er in sein Modell aufnehmen möchte. Es existieren zahlreiche Abbruchkriterien für dieses Vorgehen, von denen wir zwei anführen möchten:

- Beim ersten Ansatz betrachten wir die partiellen F-Werte bloss im deskriptiven Sinne zur Festlegung einer Reihenfolge unter den Einflussgrössen. Als Abbruchkriterium verwendet man die schrittweise Veränderung des Bestimmtheitsmasses: die Elimination wird fortgesetzt, solange sich das Bestimmtheitsmass nur unwesentlich verändert. Folgt aus einer Variablenelimination ein bedeutender Abfall des Bestimmtheitsmasses, so wird das Verfahren vor diesem Schritt abgebrochen. Dies ist natürlich kein exaktes Kriterium zur Festlegung des definitiven Modells, doch es lässt dem Anwender auch einen gewissen Spielraum, um seine Fachkenntnis einzubringen und auf weitere Umstände wie z.B. die Kosten der Erhebung einer Variablen Rücksicht zu nehmen.

- Ein exaktes Kriterium basiert auf den p-Werten der verschiedenen Partialtests. Da wir im ersten Schritt p verschiedene Tests gleichzeitig betrachten, ist die Wahrscheinlichkeit, bei Gültigkeit der globalen Nullhypothese eine der Partialhypothesen zu verwerfen, grösser als α, falls die partiellen F-Werte mit dem $(1-\alpha)$-Quantil der entsprechenden F-Verteilung verglichen werden, d.h. die geforderte Fehlerwahrscheinlichkeit erster Art wird nicht eingehalten. Aus diesem Grund führen wir eine Anpassung des Testniveaus nach Bonferroni (oder *Bonferroni-Korrektur*) durch, indem wir die jeweiligen p-Werte anstatt mit α mit α' vergleichen, wobei

$$\alpha' = \frac{\alpha}{p} \ .$$

Die Elimination wird mit unverändertem α' weitergeführt, bis alle partiellen p-Werte kleiner sind als α'.

1.5.5 Lösungsvorschlag zum Beispiel

Wir stellen nun ein multiples Regressionsmodell auf gemäss

$$\mu_{\text{Benzin}} = \alpha + \beta_1 \cdot \text{Steuer} + \beta_2 \cdot \text{Einkommen} + \beta_3 \cdot \text{Strassen} + \beta_4 \cdot \text{Ausweise} \ .$$

Wir wollen nun für dieses Beispiel das Verfahren der Rückwärtselimination anwenden. Dabei konzentrieren wir uns als Abbruchkriterium auf das Bestimmtheitsmass. Das Abbruchkriterium mit den p-Werten und Bonferroni-Korrektur führt in diesem Beispiel zu demselben Resultat, wie der Leser anhand der Tabellen 1.16 bis 1.19 nachvollziehen kann.

Der erste Schritt ergibt die in Tabelle 1.16 dargestellten Resultate. Die Variable STEUER wird mit dem tiefsten partiellen F-Wert ausgeschieden. Der Output für das Modell mit drei Einflussgrössen (Tabelle 1.17) weist ein nur geringfügig tieferes Bestimmheitsmass von 0.474 (gegnüber 0.477 im vollen Modell) auf. Die Elimination wird also fortgesetzt: im zweiten Schritt wird die Variable STRASSE aus dem Modell genommen. Das Bestimmheitsmass beträgt nun 0.460, ist also noch immer von ähnlicher Grössenordnung (vgl. Tabelle 1.18). Im dritten Schritt (Tabelle 1.19) wird ein Modell mit AUSWEIS als einziger Einflussgrösse gerechnet, nachdem die Variable EINKOMMEN eliminiert worden ist. An dieser Stelle fällt das Bestimmtheitsmass auf 0.337 ab, woraus wir folgern, dass die letzte Variablenelimination nicht zulässig war. Wir erhalten also das Modell

$$\mu_{\text{Benzinverbrauch}} = \underset{(143)}{168} - \underset{(21.1)}{68.7} \cdot \text{Einkommen} + \underset{(2.13)}{12.24} \cdot \text{Ausweis} \ .$$

Wir haben also gefunden, dass sich das durchschnittliche Einkommen und der prozentuale Anteil der Bevölkerung, der einen Fahrausweis besitzt, von den vorhandenen Grössen am besten eignen, um den pro-Kopf Benzinverbrauch zu schätzen. Konkreter kann gesagt werden, dass mit abnehmendem Durchschnittseinkommen bzw. zunehmendem Anteil der Besitzer eines Fahrausweises der Benzinverbrauch im betreffenden Staat tendenziell wächst. Es bleibt allerdings zu überprüfen, ob die Residuen das in der Regressionsrechnung verlangte Verhalten

Regression	
Zielgrösse	BENZIN
Bestimmtheitsmass	0.477
Anzahl Beobachtungen	50

	Koeff.	S.A.(Koeff.)	F-partial	p-Wert
Nullpunktordinate	235.535	228.059	1.06664	0.30723
Steigung(STEUER)	-8.17060	14.5965	0.313331	0.57842
Steigung(EINKOMM)	-68.7882	21.1802	10.5479	0.00220
Steigung(STRASSEN)	2.86791	3.95531	0.525741	0.47216
Steigung(AUSWEIS)	11.88554	2.337991	25.843497	0.00001

ANOVA

	F.G.	Summenquadrat	F-global	p-Wert
Regression	4	306081	10.26842	0.00001
Residuen	45	335340		
Insgesamt	49	641421		

Tabelle 1.16: Computer-Output zum Beispiel Benzinverbrauch: volles Modell.

Regression	
Zielgrösse	BENZIN
Bestimmtheitsmass	0.474
Anzahl Beobachtungen	50

	Koeff.	S.A.(Koeff.)	F-partial	p-Wert
Nullpunktordinate	137.791	145.599	0.895616	0.34890
Steigung(EINKOMM)	-68.6754	21.0206	10.6737	0.00206
Steigung(STRASSEN)	3.86961	3.50092	1.22171	0.27477
Steigung(AUSWEIS)	12.4046	2.130192	33.9098	0.00000

ANOVA

	F.G.	Summenquadrat	F-global	p-Wert
Regression	3	303746	13.792670	0.000002
Residuen	46	337675		
Insgesamt	49	641421		

Tabelle 1.17: Computer-Output zum Beispiel Benzinverbrauch: zweiter Schritt.

Regression	
Zielgrösse	BENZIN
Bestimmtheitsmass	0.460
Anzahl Beobachtungen	50

	Koeff.	S.A.(Koeff.)	F-partial	p-Wert
Nullpunktordinate	168.242	143.306	1.37830	0.24631
Steigung(EINKOMM)	-68.7024	21.0701	10.6319	0.00207
Steigung(AUSWEIS)	12.2401	2.13000	33.0228	0.00000

ANOVA

	F.G.	Summenquadrat	F-global	p-Wert
Regression	2	294778	19.9839	0.000001
Residuen	47	346644		
Insgesamt	49	641421		

Tabelle 1.18: Computer-Output zum Beispiel Benzinverbrauch: dritter Schritt.

Regression	
Zielgrösse	BENZIN
Bestimmtheitsmass	0.337
Anzahl Beobachtungen	50

	Koeff.	S.A.(Koeff.)	F-partial	p-Wert
Nullpunktordinate	-81.3028	132.760	0.375046	0.54316
Steigung(AUSWEIS)	11.4644	2.3193	24.4330	0.00001

ANOVA

	F.G.	Summenquadrat	F-global	p-Wert
Regression	1	216364	24.4330	0.000010
Residuen	48	425058		
Insgesamt	49	641421		

Tabelle 1.19: Computer-Output zum Beispiel Benzinverbrauch: vierter Schritt.

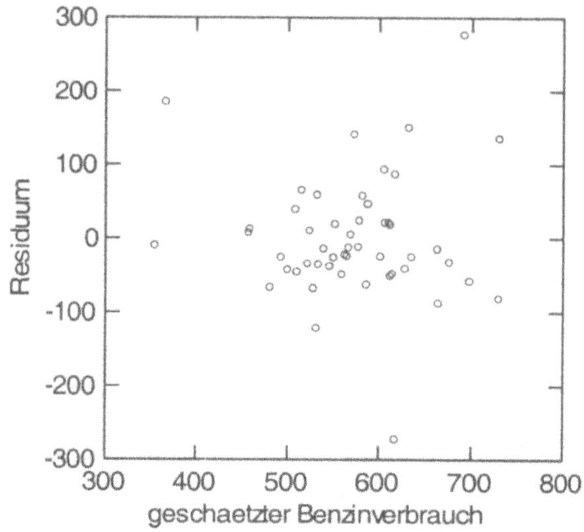

Abbildung 1.6: Residuen aus dem Modell in Tabelle 1.18 in Abhängigkeit der geschätzten Erwartungswerte der Zielgrösse.

aufweisen.

Abbildung 1.6 zeigt die Residuen aus dem obigen Modell in Abhängigkeit der Schätzung der Zielgrösse Benzinverbrauch. Es fällt auf, dass einige extreme Werte vorhanden sind, wie sie in einer Normalverteilung nicht auftreten sollten. Es sind dies insbesondere die Residuen für die Staaten Hawaii ($\hat{e}_i = -273.2$), Wyoming ($\hat{e}_i = 275.7$) und Alaska ($\hat{e}_i = 184.1$). Bei Hawaii und Alaska könnte man sich vorstellen, dass die ausserordentlichen klimatischen Bedingungen von Bedeutung sind, was sich auch durch den hohen negativen Wert des Residuums von Hawaii und den entsprechend positiven bei Alaska zu bestätigen scheint. In diesem Zusammenhang wäre es interessant zu untersuchen, ob sich eine Kovariable, die das Klima charakterisiert (z.B. die durchschnittliche Jahrestemperatur), als einflussreiche Zusatzinformation herausstellen würde. Bei Wyoming erscheint eine solche Erklärung weniger wahrscheinlich, denn die geographische Lage dieses Staats ist nicht grundsätzlich verschieden von derjenigen anderer Staaten.
Eine mögliche Art, der Frage nachzugehen, ob und wie diese drei Staaten die oben gemachten Auswertungen beeinflussen, besteht darin, die ganze Rechnung nur mit den 47 übrigen Staaten durchzuführen. Diese Thematik wird im Abschnitt 1.13 über Extremwerte behandelt, wo auch das vorliegende Beispiel wieder aufgegriffen wird.

1.5.6 Zusammenfassung von Abschnitt 1.5

Ausgangslage: Man interessiert sich für eine lineare Abhängigkeit einer Zielgrösse Y von den Einflussgrössen $x_1, x_2, \ldots, x_p$.

Datenmatrix:

x_1	x_2	$\ldots$	x_p	Y
x_{11}	x_{21}	$\ldots$	x_{p1}	y_1
x_{12}	x_{22}	$\ldots$	x_{p2}	y_2
$\vdots$	$\vdots$		$\vdots$	$\vdots$
x_{1n}	x_{2n}	$\ldots$	x_{pn}	y_n

Regressionsmodell und Hypothesen:

(volles) Regressionsmodell: $\mu_Y = \alpha + \beta_1 x_1 + \beta_2 x_2 + \ldots + \beta_p x_p$

Zielgrösse: Y
Einflussgrössen: $x_1, x_2, \ldots, x_p$

- **Globalhypothese:** $H_0: \beta_1 = \beta_2 = \ldots = \beta_p = 0$
  Der globale F-Test vergleicht das volle Modell
  $$\mu_Y = \alpha + \beta_1 x_1 + \beta_2 x_2 + \ldots + \beta_p x_p$$
  mit dem globalen Nullmodell
  $$\mu_Y = \alpha \ .$$

- **Partialhypothesen:** $H_0: \beta_k = 0 \quad (1 \leq k \leq p)$
  Der k-te parielle F-Test vergleicht das volle Modell
  $$\mu_Y = \alpha + \beta_1 x_1 + \beta_2 x_2 + \ldots + \beta_p x_p$$
  mit dem um die k-te Einflussgrösse reduzierten Modell
  $$\mu_Y = \alpha + \beta_1 x_1 + \ldots + \beta_{k-1} x_{k-1} + \beta_{k+1} x_{k+1} + \ldots + \beta_p x_p \ .$$

- **Rückwärtselimination:** Nehme jeweils diejenige Einflussgrösse aus dem Modell, die den kleinsten partiellen F-Wert aufweist. Das Verfahren wird entweder so lange fortgesetzt, bis alle partiellen F-Tests einen p-Wert kleiner als $\frac{\alpha}{p}$ (nach Bonferroni) aufweisen, oder solange sich das Bestimmtheitsmass nur unbedeutend verringert.

1.6 Einweg-Varianzanalyse (ANOVA)

1.6.1 Problemstellung

Liegt die Situation vor, dass die Werte einer Zufallsvariablen Y in verschiedenen Gruppen verglichen werden sollen, so bedient man sich der Methode der *Varianzanalyse* (englisch *Analysis Of Variance* oder kurz *ANOVA*) . Wir betrachten in diesem Kapitel den Fall, wo die Gruppen anhand *einer* kategoriellen Gruppenvariablen gebildet werden, die sogenannte *Einweg-Varianzanalyse.* Liegen der Gruppenbildung zwei kategorielle Grössen zugrunde, so spricht man von *Zweiweg-Varianzanalyse.* Diese soll in einem späteren Kapitel behandelt werden. Wir stellen neben den klassischen Schätz- und Testmethoden ein Verfahren zur schrittweisen Gruppenzusammenlegung vor.

1.6.2 Ein Zahlenbeispiel

Wir betrachten eine Stichprobe von 27 byzantinischen Münzen. Von diesen ist bekannt, dass sie in vier verschiedenen Zeitabschnitten, wir nennen diese I, II, III und IV, geprägt wurden und wollen nun den Silbergehalt der Münzen in den vier Gruppen vergleichen. Die Daten sind in Tabelle 1.20 gegeben.

Prägung			
I	II	III	IV
5.9	6.9	4.9	5.3
6.8	9.0	5.5	5.6
6.4	6.6	4.6	5.5
7.0	8.1	4.5	5.1
6.6	9.3		6.2
7.7	9.2		5.8
7.2	8.6		5.8
6.9			
6.2			

Tabelle 1.20: Silbergehalt in Prozenten von byzantischen Münzen aus vier verschiedenen Zeitabschnitten.

1.6.3 Modell und Hypothesen

Das Modell der Einweg-Varianzanalyse lässt sich in seiner einfachsten Form schreiben als

$$Y_{ji} = \mu_j + E_{ji} \quad (j = 1, \ldots, k;\ i = 1, \ldots, n_j) \quad \text{mit } E_{ji} \text{ i.i.d.} \sim N(0, \sigma). \tag{1.17}$$

k ist dabei die Anzahl der Gruppen und in der j-ten Gruppe figurieren n_j Beobachtungen. Mit Y_{ji} bezeichnen wir den i-ten Wert der Zielgrösse in der j-ten Gruppe und mit

$$n = \sum_{j=1}^{k} n_j$$

die totale Anzahl beobachteter Werte. Es wird also unterstellt, dass die Beobachtungen aus den verschiedenen Gruppen mit gleicher Standardabweichung um ihren jeweiligen Gruppenmittelwert normalverteilt sind.

Die **Schätzung** der Modellparameter $\mu_1, \ldots, \mu_k$ und σ erfolgt anhand der Methode der kleinsten Quadrate und führt zu den Formeln

$$\hat{\mu}_j = \bar{y}_j = \frac{1}{n_j} \sum_{i=1}^{n_j} y_{ji} \tag{1.18}$$

und

$$\hat{\sigma} = \sqrt{\frac{\sum_{j=1}^{k} (n_j - 1)\, s_j^2}{n-k}} \quad \text{mit} \quad s_j^2 = \frac{1}{n_j - 1} \sum_{i=1}^{n_j} (y_{ji} - \bar{y}_j)^2 \quad (j = 1, \ldots, k)\,. \tag{1.19}$$

Als Schätzungen der Erwartungswerte in den verschiedenen Gruppen werden also naheliegenderweise die gruppenweisen arithmetischen Mittel herangezogen und zur Schätzung der gemeinsamen Varianz wird ein gewichtetes Mittel der Varianzen innerhalb der Gruppen verwendet.

Globaltest

Zur Abklärung der Frage, ob sich die k Gruppen bezüglich ihrer mittleren Lage überhaupt unterscheiden, wird der Globaltest mit der Nullhypothese

$$H_0: \quad \mu_1 = \mu_2 = \ldots = \mu_k$$

durchgeführt. Der Test basiert wiederum auf einem Vergleich der Fehlerquadratsummen aus dem Modell (1.17) und dem Nullmodell, das sich bei Gültigkeit der obigen Nullhypothese daraus ergibt, dem Modell

$$Y_{ji} = \mu + E_{ji} \quad (j = 1, \ldots, k;\; i = 1, \ldots, n_j)\ .$$

Die Fehlerquadratsumme lautet im allgemeinen Modell

$$S_{Min} = \sum_{j=1}^{k} (n_j - 1)\, s_j^2$$

und besitzt aufgrund von Regel (1.15) $n - k$ Freiheitsgrade. Als Fehlerquadratsumme des beschränkten Modells findet man

$$S_{Min}^0 = \sum_{j=1}^{k} \sum_{i=1}^{n_j} (y_{ji} - \bar{y})^2 = (n-1) \cdot s_y^2$$

mit

$$s_y^2 = \frac{1}{n-1} \sum_{j=1}^{k} \sum_{i=1}^{n_j} (y_{ji} - \bar{y})^2 \quad \text{und} \quad \bar{y} = \frac{1}{n} \sum_{j=1}^{k} \sum_{i=1}^{n_j} y_{ji} \ .$$

S_{Min}^0 besitzt $n - 1$ Freiheitsgrade, da in diesem Modell der Gesamtmittelwert μ als einziger Parameter geschätzt werden muss. Die Testgrösse

$$F = \frac{\left(S_{Min}^0 - S_{Min}\right) / (k-1)}{S_{Min} / (n-k)}$$

folgt dann bei Gültigkeit der Nullhypothese einer F-Verteilung mit $k - 1$ Freiheitsgraden im Zähler und $n - k$ im Nenner. Liegt der beobachtete Wert der Testgrösse jenseits des entsprechenden $(1 - \alpha)$-Quantils, so müssen wir annehmen, dass mindestens zwei der k Gruppen sich in ihrer mittleren Lage unterscheiden.

Paarweise Gruppenvergleiche

Resultierte aus dem Globaltest die Verwerfung der obigen Hypothese, so genügt einem in der Regel diese Information nicht. Man möchte wissen, welche Paare von Gruppenmittelwerten man als signifikant verschieden voneinander betrachten darf und welche nicht. Bei k Gruppen sind

$$\binom{k}{2} = \frac{k\,(k-1)}{2}$$

paarweise Zweigruppenvergleiche möglich. Diese können durch ebensoviele Zweistichproben-t-Tests erfolgen. Es ergeben sich jedoch dabei Probleme mit der Einhaltung des vorgegebenen α-Niveaus. Zudem ist es schwierig, die Abhängigkeit der verschiedenen t-Testgrössen zu erfassen. Verschiedene Wege wurden vorgeschlagen, um diesen Schwierigkeiten zu begegnen, die aber nicht vollauf zu befriedigen vermögen. Wir stellen im folgenden Abschnitt eine schrittweise Methode zur Handhabung dieser Problematik vor.

1.6.4 Lösungsansatz

Das Modell (1.17) lässt sich als Spezialfall der linearen Regression schreiben, indem man die n Beobachtungen von y_1 bis y_n durchnummeriert und sogenannte *Dummy-Variablen* einführt, d.h. binäre Codierungsvariablen $z_1, z_2, \ldots, z_k$, die als

$$z_{jh} = \begin{cases} 1 & \text{falls die } h\text{-te Beobachtung aus der } j\text{-ten Gruppe stammt} \\ 0 & \text{falls sie aus einer andern Gruppe stammt} \end{cases}$$

(für $j = 1, \ldots, k$) definiert werden. Wird nun eine multiple lineare Regression mit Y als Zielgrösse und den ersten $k-1$ dieser k Dummy-Variablen als Einflussgrössen berechnet, so lautet das entsprechende Regressionsmodell

$$Y_h = \alpha + \beta_1 z_{1h} + \ldots + \beta_{k-1} z_{k-1,h} + E_h \quad (h = 1, \ldots, n). \tag{1.20}$$

Dieses Modell kann als eine Umparametrisierung des Modells der Einweg-Varianzanalyse (1.17) betrachtet werden, wie aus den Identitäten

$$\mu_j = \alpha + \beta_j \quad (j = 1, \ldots, k-1) \qquad \text{und} \qquad \mu_k = \alpha$$

in den Parametern sowie

$$h(j,i) = \sum_{m=1}^{j-1} n_m + i$$

in den Indizes ersichtlich wird. Anstelle der Dummy-Variablen der k-ten Gruppe kann auch eine beliebige andere Dummy-Variable ausgelassen werden. Die Gruppe, deren Codierungsvariable im Modell fehlt, nennen wir *Referenzgruppe*. Die Parameter in (1.20) besitzen also folgende Interpretation: α ist der Gruppenmittelwert der Referenzgruppe und β_j ist die Mittelwertsdifferenz der entsprechenden Gruppe zur Referenzgruppe.

Die Nullhypothese des Globaltests der Varianzanalyse, die gleiche Mittelwerte in den k Gruppen postuliert, lautet bezüglich der Parametrisierung (1.20)

$$H_0: \ \beta_1 = \beta_2 = \ldots = \beta_{k-1} = 0 \ .$$

Dieser Test ist somit identisch mit dem Globaltest in Modell (1.20) aufgefasst als multiples lineares Regressionsmodell.

Überprüfung der Modellvoraussetzungen

Wie bei der Regressionsanalyse muss auch bei der Durchführung einer Varianzanalyse abgeklärt werden, ob die getroffenen Modellannahmen erfüllt sind. Zwei Bedingungen müssen insbesondere unter die Lupe genommen werden, nämlich

1. diejenige gleicher Standardabweichung in allen Gruppen und
2. diejenige normalverteilter Residuen.

Der erste Punkt kann mit einem Punktediagramm untersucht werden. Bei grösseren Stichprobenumfängen innerhalb der Gruppen stellt sich eine Darstellung anhand von Boxplots als geeigneter heraus. Die Normalität der Residuen beurteilt man anhand eines Histogramms oder eines Quantil-Plots (Q-Q-Plot).

Deuten diese Graphiken auf Verletzungen der Modellannahmen hin, so hilft manchmal eine Transformation der Zielgrösse weiter. Dem Problem ungleicher Streuungen kann mit einer sogenannten *gewichteten Varianzanalyse* begegnet werden, die im nächsten Kapitel vorgestellt wird.

Schrittweise Zusammenlegung von Gruppen

Wir stellen im folgenden ein Verfahren zur schrittweisen Zusammenlegung von Gruppen vor, welches gewisse Ähnlichkeiten mit der Methode der Rückwärtselimination in der multiplen linearen Regression aufweist. Dabei geht man wie folgt vor:

- Das vorgegebene α-Niveau wird aufgrund der Problematik des multiplen Testens einer Bonferroni-Korrektur unterzogen (vgl. Abschnitt 1.5.4). Wir definieren

$$\alpha' = \frac{\alpha}{\binom{k}{2}} = \frac{2\alpha}{k\,(k-1)} \; .$$

- Als erstes wird k-mal ein Varianzanalysemodell der Form (1.20) gerechnet, wobei jede Gruppe einmal als Referenzgruppe gewählt wird. Wie weiter oben erwähnt, entspricht jeder Parameter β_j einer Mittelwertsdifferenz zwischen zwei Gruppen. In den k Modellen kommt jeder der $\binom{k}{2}$ Mittelwertsvergleiche zweimal vor (jeweils mit umgekehrtem Vorzeichen bei der Parameterschätzung). Wir suchen nun dasjenige Paar von Gruppen, dessen Mittelwertsvergleich den höchsten p-Wert aufweist. Ist dieser p-Wert grösser als α', so werden die beiden betreffenden Gruppen zusammengefasst zu einer neuen Gruppe. Es liegen somit noch $k-1$ Gruppen vor und das Verfahren wird mit der Berechnung von $k-1$ neuen Varianzanalysemodellen fortgeführt. Die p-Werte aus diesem zweiten Schritt werden wiederum mit dem (unverändert beibelassenen) Wert α' verglichen. Je nachdem erfolgt eine weitere Gruppenzusammenlegung und es werden in einem dritten Schritt die Modelle mit noch $k-2$ Gruppen untersucht, usw.

- Sobald in einem Schritt sämtliche p-Werte kleiner sind als α', wird das Verfahren abgebrochen.

Die übriggebliebenen Gruppen können als paarweise signifikant voneinander verschieden angesehen werden.

1.6.5 Lösungsvorschlag zum Beispiel

In Abbildung 1.7 ist die Lage der Beobachtungen aus den vier Gruppen graphisch dargestellt. Unser Ziel ist es, ein Modell zu finden, in dem alle Gruppen signifikant voneinander verschieden sind. Dazu wenden wir das oben vorgestellte Verfahren an.
Wir rechnen das Modell der Varianzanalyse (1.17) viermal, wobei wir die in (1.20) angegebene Parametrisierung wählen und als Referenzgruppe die erste, zweite, dritte und vierte Gruppe (in dieser Reihenfolge) setzen. Die Dummy-Variablen für die 4 Gruppen wurden mit G1, G2, G3 und G4 benannt. Das Bestimmtheitsmass und die Varianzzerlegung sind in den vier Fällen identisch, es genügt also, sie nur einmal anzugeben. Diese sind, wie auch die Parameterschätzungen und ihre Standardabweichungen sowie die zugehörigen partiellen F- und p-Werte aus den vier Modellen, in der Tabelle 1.21 zusammengefasst. Bei einem

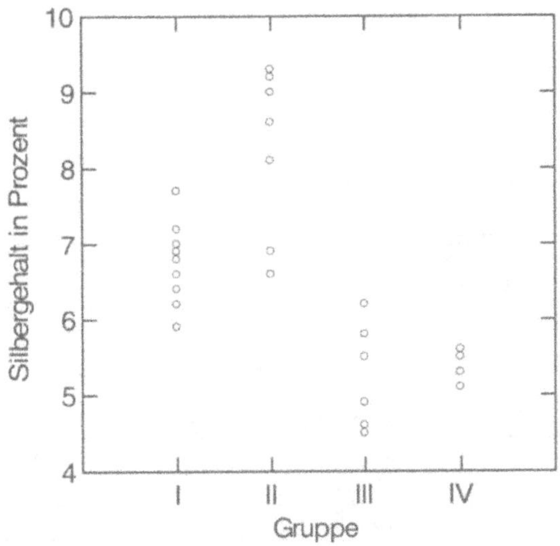

Abbildung 1.7: Lage der Beobachtungen aus den Gruppen I-IV.

vorgegebenen globalen α von 5% müssen die p-Werte in der letzten Spalte nach Bonferroni mit dem Wert

$$\alpha' = \frac{\alpha}{\binom{4}{2}} = \frac{0.05}{6} = 0.00833$$

verglichen werden. Der einzige p-Wert, der grösser ist als α', ist derjenige für die Differenz der Gruppen III und IV. Somit müssen diese beiden Gruppen zusammengelegt werden zu einer. Die Dummy-Variable der neuen Gruppe wird als

$$\text{G34} = \text{G3} + \text{G4}$$

definiert. Im zweiten Schritt rechnen wir noch drei Regressionmodelle, wobei von den drei Einflussgrössen G1, G2 und G34 jeweils eine weggelassen wird. Tabelle 1.22 zeigt, dass jetzt alle paarweisen Mittelwertsdifferenzen zwischen den Gruppen auf dem α'-Niveau signifikant von 0 verschieden sind.

Zielgrösse	SILBER
Bestimmtheitsmass	0.774
Anzahl Beobachtungen	27

ANOVA				
	F.G.	Summenquadrat	F-global	p-Wert
Regression	3	37.748	26.272	0.000
Residuen	23	11.015		
Insgesamt	26	48.763		

	Koeff.	S.A.(Koeff.)	F-partial	p-Wert
Nullpunktordinate	6.744	0.231	854.80	0.000
Steigung(G2)	1.498	0.349	18.456	0.000
Steigung(G3)	-1.869	0.416	20.205	0.000
Steigung(G4)	-1.130	0.349	10.504	0.004
Nullpunktordinate	8.243	0.262	993.07	0.000
Steigung(G1)	-1.498	0.349	18.456	0.000
Steigung(G3)	-3.368	0.434	60.280	0.000
Steigung(G4)	-2.629	0.370	50.495	0.000
Nullpunktordinate	4.875	0.346	198.50	0.000
Steigung(G1)	1.869	0.416	20.205	0.000
Steigung(G2)	3.368	0.434	60.280	0.000
Steigung(G4)	0.739	0.434	2.9036	0.102
Nullpunktordinate	5.614	0.262	460.70	0.000
Steigung(G1)	1.130	0.349	10.504	0.004
Steigung(G2)	2.629	0.370	50.495	0.000
Steigung(G3)	-0.739	0.434	2.9036	0.102

Tabelle 1.21: Beispiel Silbergehalt von Münzen: Output 1. Schritt.

Zielgrösse	SILBER
Bestimmtheitsmass	0.746
Anzahl Beobachtungen	27

ANOVA				
	F.G.	Summenquadrat	F-global	p-Wert
Regression	2	36.356	35.165	0.000
Residuen	24	12.407		
Insgesamt	26	48.763		

	Koeff.	S.A.(Koeff.)	F-partial	p-Wert
Nullpunktordinate	6.744	0.240	791.92	0.000
Steigung(G2)	1.498	0.362	17.098	0.000
Steigung(G34)	-1.399	0.323	18.740	0.000
Nullpunktordinate	8.243	0.272	920.03	0.000
Steigung(G1)	-1.498	0.362	17.098	0.000
Steigung(G34)	-2.897	0.348	69.472	0.000
Nullpunktordinate	5.345	0.217	608.02	0.000
Steigung(G1)	1.399	0.323	18.740	0.000
Steigung(G2)	2.897	0.348	69.472	0.000

Tabelle 1.22: Beispiel Silbergehalt von Münzen: Output 2. Schritt.

1.6.6 Zusammenfassung von Abschnitt 1.6

Ausgangslage: Man interessiert sich für eine Abhängigkeit einer Zielgrösse Y von einer kategoriellen Einflussgrösse mit k Stufen, d.h. es liegen Beobachtungen aus k Gruppen vor.

Symbole:

n_j $(1 \leq j \leq k)$	Anzahl der Beobachtungen in der j-ten Gruppe.
y_{ji}	Wert der Zielgrösse bei der i-ten Beobachtung in der j-ten Gruppe.
z_j	Dummy-Variable der j-ten Gruppe.

Datenmatrix:

z_1	z_2	$\ldots$	z_k	Y	
1	0	$\ldots$	0	y_{11}	1. Gruppe
$\vdots$	$\vdots$		$\vdots$	$\vdots$	
1	0	$\ldots$	0	y_{1n_1}	
0	1	$\ldots$	0	y_{21}	2. Gruppe
$\vdots$	$\vdots$		$\vdots$	$\vdots$	
0	1	$\ldots$	0	y_{2n_2}	
$\vdots$	$\vdots$	$\ddots$	$\vdots$	$\vdots$	$\vdots$
0	0	$\ldots$	1	y_{k1}	k-te Gruppe
$\vdots$	$\vdots$		$\vdots$	$\vdots$	
0	0	$\ldots$	1	y_{kn_k}	

Regressionsmodell und Hypothesen:

Zielgrösse: Y
Einflussgrössen: $k - 1$ der k Dummy-Variablen $z_1, z_2, \ldots, z_k$

Die Gruppe, deren Dummy-Variable nicht im Modell figuriert, heisst Referenzgruppe.

Der **Globaltest** des obigen Modells postuliert identische Erwartungswerte der Zielgrösse in allen k Gruppen.
Der **Partialtest** für die j-te Dummy-Variable untersucht, ob sich der Erwartungswert in der j-ten Gruppe von demjenigen in der Referenzgruppe unterscheidet.

1.7 Gewichtete Regression

1.7.1 Problemstellung

In allen Modellen, die wir bisher betrachtet haben, sind wir davon ausgegangen, dass die Residuen i.i.d. sind, also unabhängig und identisch verteilt. Als Verteilung wurde immer eine Normalverteilung mit Erwartungswert 0 und einer zu schätzenden Standardabweichung σ gewählt. Diese Annahme soll in diesem Kapitel etwas gelockert werden: zwar sollen die Residuen immer noch unabhängig und normalverteilt mit Erwartungswert 0 sein, jedoch dürfen sie unterschiedliche Streuungen aufweisen. Diese Streuungen sollten allerdings bis auf einen festen, aber unbekannten Faktor bekannt sein, d.h. die Proportionalitätsverhältnisse zwischen den Streuungen der verschiedenen Residuen sollte vorgegeben sein.

1.7.2 Ein Zahlenbeispiel

Bei einer Untersuchung des Strassenverkehrs wurde die Anhaltestrecke von Autos in Abhängigkeit der Geschwindigkeit gemessen. Die Messwerte sind aus dem englischen Massystem umgerechnet.

G.	A.	G.	A.	G.	A.	G.	A.	G.	A.
6.4	0.6	17.7	8.5	22.5	11.0	27.4	15.2	32.2	15.8
6.4	3.0	19.3	4.3	22.5	18.3	29.0	12.8	32.2	17.1
11.3	1.2	19.3	6.1	22.5	24.4	29.0	17.1	32.2	19.5
11.3	6.7	19.3	7.3	24.1	6.1	29.0	23.2	35.4	20.1
12.9	4.9	19.3	8.5	24.1	7.9	29.0	25.6	37.0	16.5
14.5	3.0	20.9	7.9	24.1	16.5	30.6	11.0	38.6	21.3
16.1	5.5	20.9	10.4	25.7	9.8	30.6	14.0	38.6	28.0
16.1	7.9	20.9	10.4	25.7	12.2	30.6	20.7	38.6	28.3
16.1	10.4	20.9	14.0	27.4	9.8	32.2	9.8	38.6	36.6
17.7	5.2	22.5	7.9	27.4	12.2	32.2	14.6	40.2	25.9

Tabelle 1.23: Anhalteweg (A.) von Autos bei verschiedenen Geschwindigkeiten (G.).

Die Anhaltestrecke lässt sich in die während der Reaktionszeit zurückgelegte Strecke (Reaktionsweg) und den Bremsweg zerlegen. Aus physikalischen Gesetzen erwarten wir Proportionalität zwischen Reaktionsweg und Fahrgeschwindigkeit sowie zwischen Bremsweg und dem Quadrat der Fahrgeschwindigkeit, so dass als Modell des Mittelwerts der Anhaltestrecke

$$\mu_y(x) = \beta_1 x + \beta_2 x^2$$

postuliert werden kann, wobei x für die Fahrgeschwindigkeit steht und y für den Anhalteweg. Das Punktediagramm in Abbildung 1.8 lässt erkennen, dass mit zunehmender Fahrgeschwindigkeit die Standardabweichungen der Residuen nicht konstant bleiben, sondern etwa proportional anwachsen. Wir können somit annehmen, dass das Verhältnis der Streuungen zweier

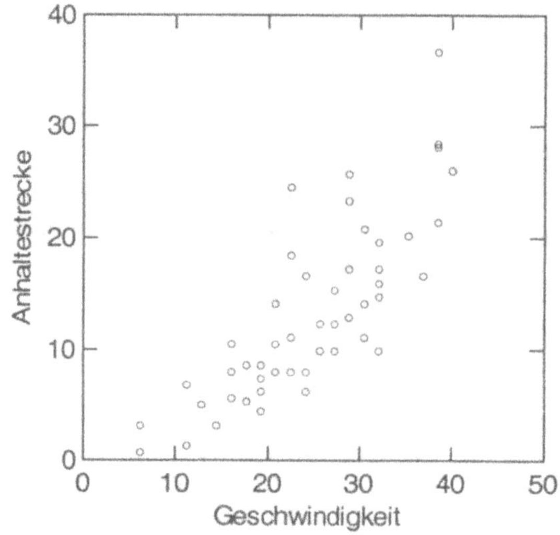

Abbildung 1.8: Punkteschwarm des Anhalteweges in Abhängigkeit der Fahrgeschwindigkeit.

Residuen mit demjenigen der Geschwindigkeiten übereinstimmt, womit die Aufgabenstellung der in 1.7.1 geschilderten Situation entspricht.

1.7.3 Modell und Hypothesen

Im allgemeinsten Fall können wir ein Modell der multiplen linearen Regression betrachten, in dem das i-te Residuum normalverteilt ist mit Erwartungswert 0 und Standardabweichung $\sigma \cdot g_i$, wo σ eine zu schätzende Konstante und g_i ein von Beobachtung zu Beobachtung verschiedenener und im Voraus bekannter Wert ist: die Modellgleichung lautet für $i = 1, \ldots, n$:

$$Y_i = \alpha + \beta_1 x_{1i} + \ldots + \beta_p x_{pi} + E_i \quad \text{mit} \quad E_i \text{ unabhängig} \sim N(0, \sigma g_i). \tag{1.21}$$

Das in dieser Situation angebrachte Schätzverfahren ist eine *gewichtete Kleinstquadrateschätzung*. Diese minimiert die gewichtete Fehlerquadratsumme

$$S(a, b_1, \ldots, b_p) = \sum_{i=1}^{n} \frac{1}{g_i^2} (y_i - a - b_1 x_{1i} - \ldots - b_p x_{pi})^2 \quad . \tag{1.22}$$

Der Vorfaktor $\frac{1}{g_i^2}$ kann intuitiv so interpretiert werden, dass Beobachtungen mit kleinem g_i, d.h. solche mit relativ geringer Streuung, als zuverlässiger gelten, weshalb sie in der Fehlerquadratsumme (1.22) stärkeres Gewicht erhalten.
Für dieses Modell will man nun Tests für Hypothesen wie z.B. die Globalhypothese

$$H_0: \quad \beta_1 = \beta_2 = \ldots = \beta_p = 0$$

oder die Partialhypothesen

$$H_0: \ \beta_k = 0 \quad \text{für ein bestimmtes } k \quad (1 \le k \le p)$$

finden. Im nächsten Abschnitt werden wir sehen, dass man die Tests für diese Hypothesen durch eine einfache Transformation auf den in Abschnitt 1.5 beschriebenen Fall mit unabhängig und identisch $N(0,\sigma)$-verteilten Residuen zurückführen kann.

1.7.4 Lösungsansatz

Parameterschätzungen und partielle F-Tests

Dividiert man die Modellgleichung (1.21) durch g_i, so erhält man als äquivalente Modellbeschreibung:

$$\frac{Y_i}{g_i} = \alpha \frac{1}{g_i} + \beta_1 \frac{x_{1i}}{g_i} + \ldots + \beta_p \frac{x_{pi}}{g_i} + E_i' \quad \text{mit } E_i' \text{ i.i.d.} \sim N(0,\sigma). \tag{1.23}$$

Statt der Regression (1.21) mit Zielgrösse Y, Einflussgrössen x_1,x_2,... ,x_p und den Gewichten der Standardabweichungen g_i kann man also ein Modell der Form (1.23), d.h. eine Regression mit Zielgrösse Y/g, mit den Einflussgrössen $1/g$, x_1/g, x_2/g, ... , x_p/g aber ohne Nullpunktordinate und mit identisch und unabhängig verteilten (i.i.d.-)Residuen rechnen. Die Parameterschätzungen, deren Standardabweichungen und die partiellen F-Tests sind dann für beide Modelle identisch.

Globaler F-Test

Der globale F-Test stellt dem vollen Modell, je nach Formulierung (1.21) oder (1.23), das Nullmodell mit der Beschränkung

$$\beta_1 = \beta_2 = \ldots = \beta_p = 0$$

gegenüber. Deshalb muss ein Modell ohne Nullpunktordinate und mit der Variablen $1/g$ als einzige Einflussgrösse bestimmt werden, welches mit Modell (1.23) verglichen wird. Von diesen beiden Modellen braucht man das minimale Summenquadrat: wir nennen dasjenige aus dem vollen Modell S_{Min} und dasjenige aus dem Nullmodell S^0_{Min}. Die F-Testgrösse des Globaltests erhält man dann als

$$F = \frac{(S^0_{Min} - S_{Min})/p}{S_{Min}/(n-p-1)} \quad .$$

Diese folgt bei Gültigkeit der globalen Nullhypothese einer F-Verteilung mit p Freiheitsgraden im Zähler und $n-p-1$ im Nenner.

Mittelwertsvergleich von zwei Gruppen mit bekanntem Verhältnis der Standardabweichungen

Ein einfacher Spezialfall des geschilderten Problems ist gegeben, falls die Mittelwerte von zwei Stichproben mit unterschiedlichen Streuungen verglichen werden sollen, wobei man das Verhältnis der beiden Standardabweichungen im Voraus kennen muss. Dieser Fall lässt sich mit den Begriffen der Regressionsanalyse beschreiben, indem wir wie in Abschnitt 1.3 die Einflussgrösse

$$x = \begin{cases} 0 & \text{falls die betreffende } Y\text{-Variable aus der ersten Stichprobe stammt} \\ 1 & \text{falls die betreffende } Y\text{-Variable aus der zweiten Stichprobe stammt} \end{cases}$$

einführen. Als Gewichtungsvariable g setzen wir

$$g = \begin{cases} 1 & \text{falls die betreffende } Y\text{-Variable aus der ersten Stichprobe stammt} \\ q & \text{falls die betreffende } Y\text{-Variable aus der zweiten Stichprobe stammt} \end{cases} ,$$

wobei q das im Voraus bekannte Verhältnis der beiden Standardabweichungen,

$$q = \frac{\text{Standardabweichung in der zweiten Gruppe}}{\text{Standardabweichung in der ersten Gruppe}} ,$$

bezeichnet. Man betrachtet also als Modell den folgenden Spezialfall der Gleichung (1.21)

$$Y_i = \alpha + \beta x_i + E_i \quad \text{mit} \quad E_i \text{ unabhängig} \sim N(0, \sigma g_i).$$

Die Schätzung der Parameter und die Durchführung des (der Fragestellung des Zweigruppen-t-Tests entsprechenden) Globaltests erfolgt dann auf gleiche Weise, wie dies für den allgemeinen Fall geschildert wurde.

Auf analoge Art kann auch eine Varianzanalyse mit mehr als zwei Gruppen durchgeführt werden, wo die Standardabweichung von Y in den Gruppen zwar unterschiedlich, aber bis auf einen konstanten Faktor bekannt sind.

1.7.5 Lösungsvorschlag zum Beispiel

Aufgrund der in Abschnitt 1.7.2 angestellten Überlegungen setzen wir

$$g_i = x_i \quad (i = 1, \ldots, n) ,$$

d.h. wir nehmen an, dass das Verhältnis der Streuungen zweier Residuen mit demjenigen der Geschwindigkeiten x übereinstimmt. Nun teilen wir das weiter oben aus physikalischen Überlegungen angesetzte Modell

$$\mu_Y(x) \;=\; \beta_1 x \;+\; \beta_2 x^2$$

durch $x\,(= g)$ und erhalten als Modell mit i.i.d.-verteilten Residuen

$$\mu_Z(x) \;=\; \beta_1 + \beta_2 x \;,$$

Regression	
Zielgrösse	QUOTIENT
Bestimmtheitsmass	0.194
Anzahl Beobachtungen	50

	Koeff.	S.A.(Koeff.)	F-partial	p-Wert
Nullpunktordinate	0.23903	0.08067	8.779	0.0047
Steigung(GESCHW)	0.010490	0.003082	11.581	0.0014

ANOVA

	F.G.	Summenquadrat	F-global	p-Wert
Regression	1	0.39031	11.581	0.0014
Residuen	48	1.61767		
Insgesamt	49	2.00798		

Tabelle 1.24: Computer-Output zum Beispiel Anhalteweg bei verschiedenen Geschwindigkeiten.

wobei wir die Variable

$$Z = \frac{Y}{x}$$

als den Quotienten des Anhalteweges Y zur Geschwindigkeit x definieren. Den Computer-Output zu diesem einfach linearen Regressionsmodell kann man der Tabelle 1.24 entnehmen. Demnach lautet die geschätzte Regressionsbeziehung mit den Standardabweichungen der Parameterschätzer

$$\mu_Y(x) = \underset{(0.0807)}{0.2390} \cdot x + \underset{(0.00308)}{0.01049} \cdot x^2 \ .$$

Beide Parameter sind signifikant von Null verschieden. Die Standardabweichung des Anhalteweges bei einer Geschwindigkeit von x Stundenkilometern wird geschätzt auf

$$x \cdot \hat{\sigma} = x \cdot \sqrt{\frac{1.618}{48}} = x \cdot 0.184 \ .$$

Man könnte sich nun fragen, ob die beschriebene Beziehung

$$\mu_Y(x) \ = \ \beta_1 x \ + \ \beta x^2$$

tatsächlich durch den Koordinatenursprung verläuft. Zu diesem Zweck testet man im allgemeineren Modell

$$\mu_Y(x) \ = \alpha + \ \beta_1 x \ + \ \beta_2 x^2$$

Regression	
Zielgrösse	QUOTIENT
Bestimmtheitsmass	0.196
Anzahl Beobachtungen	50

	Koeff.	S.A.(Koeff.)	F-partial	p-Wert
Nullpunktordinate	0.29060	0.22145	1.7213	0.1958
Steigung(INVGESCHW)	-0.45373	1.8120	0.0625	0.8034
Steigung(GESCHW)	0.009287	0.005724	2.6309	0.1114

ANOVA

	F.G.	Summenquadrat	F-global	p-Wert
Regression	2	0.39246	5.709	0.0060
Residuen	47	1.61552		
Insgesamt	49	2.00798		

Tabelle 1.25: Computer-Output zum Beispiel Anhalteweg bei verschiedenen Geschwindigkeiten: Modell mit Nullpunktordinate.

die Nullhypothese

$$H_0: \quad \alpha = 0 \ ,$$

müssen dabei nach wie vor auf die nichtkonstante Streuung der Residuen Rücksicht nehmen. Wieder dividieren wir das obige Modell durch x und erhalten die Modellgleichung

$$\mu_Z(x) = \alpha \cdot \frac{1}{x} + \beta_1 + \beta_2 \cdot x \ ,$$

wobei immer noch $Z = \frac{Y}{x}$ gilt. In dieser Regressionsbeziehung können wir gemäss der obigen Herleitung die Residuen als unabhängig und identisch verteilt betrachten. Eine Regressionsrechnung mit dem Quotienten Z als Zielgrösse und den Einflussgrössen $1/x$ =INVGESCHW und x =GESCHW liefert die Resultate in Tabelle 1.25. Dem Output entnehmen wir die geschätzte Regressionsbeziehung

$$\mu_Y(x) = \underset{(1.81)}{-0.45} + \underset{(0.221)}{0.291} \cdot x + \underset{(0.00572)}{0.00929} \cdot x^2 \ .$$

Der p-Wert für den Test $\alpha = 0$ lautet 0.8034, d.h. die Nullhypothese wird angenommen, was bedeutet, dass unsere physikalischen Überlegungen in diesem Beispiel mit den beobachteten Daten übereinstimmen.

1.7.6 Zusammenfassung von Abschnitt 1.7

Ausgangslage: Wir betrachten die Situation einer multiplen Regression, in der die Residuen normalverteilt sind, jedoch nicht mit konstanter Streuung, sondern mit einer Standardabweichung, die sich proportional zu einer bekannten Grösse g verhält.

Datenmatrix:

x_1	...	x_p	Y	g	$1/g$	x_1/g	...	x_p/g	Y/g
x_{11}	...	x_{p1}	y_1	g_1	$1/g_1$	x_{11}/g_1	...	x_{p1}/g_1	y_1/g_1
x_{12}	...	x_{p2}	y_2	g_2	$1/g_2$	x_{12}/g_2	...	x_{p2}/g_2	y_2/g_2
⋮	⋮		⋮	⋮	⋮	⋮		⋮	⋮
x_{1n}	...	x_{pn}	y_n	g_n	$1/g_n$	x_{1n}/g_n	...	x_{pn}/g_n	y_n/g_n

Regressionsmodell und Hypothesen:

Ursprüngliches Regressionsmodell mit $N(0, \sigma g)$-Residuen:

$$\mu_Y = \alpha + \beta_1 x_1 + \ldots + \beta_p x_p$$

Transformiertes Regressionsmodell mit i.i.d.-$N(0, \sigma)$-Residuen:

$$\mu_{\frac{Y}{g}} = \alpha \cdot \frac{1}{g} + \beta_1 \cdot \frac{x_1}{g} + \ldots + \beta_p \cdot \frac{x_p}{g}$$

Sämtliche Schätzungen und Tests für die Parameter α, $\beta_1, \ldots, \beta_p$, die aus dem transformierten Modell erhalten werden, sind auch für das ursprüngliche Modell gültig.

somit: Zielgrösse: Y/g
Einflussgrössen: $1/g$, x_1/g, x_2/g, ... , x_p/g
Modell ohne Nullpunktordinate

Partielle F-Tests werden analog zur multiplen Regression (Abschnitt 1.5) durchgeführt und interpretiert. Es kann auch eine Variablenselektion mittels Rückwärtselimination vorgenommen werden.

1.8 Parallelität und Abstand

1.8.1 Problemstellung

Können für zwei oder mehr Gruppen von Versuchseinheiten aus denselben Variablen Regressionsgeraden berechnet werden, so kann sich die Frage nach einer eventuell bestehenden Parallelität und nach dem Abstand der individuellen Regessionsgeraden stellen. Die Frage nach dem Abstand von Regressionsgeraden ist erst dann zu stellen, wenn Parallelität gegeben ist oder wenigstens postuliert werden kann. Wir betrachten in diesem Kapitel den Fall mit zwei Regressionsgeraden. Die vorgestellten Verfahren lassen sich entsprechend auf mehrere Gruppen erweitern.

1.8.2 Ein Zahlenbeispiel

Von 60 Frauen und 77 Männern wurden die Messwerte Grösse in cm und Gewicht in kg ermittelt (Daten siehe Tabellen 1.26 und 1.27). Es stellt sich die Frage, ob Frauen und Männer bei gleicher Körpergrösse auch dasselbe Gewicht aufweisen oder ob bei einer Gruppe das Gewicht signifikant höher ist.

Grösse	Gewicht	Grösse	Gewicht	Grösse	Gewicht	Grösse	Gewicht
172	56	181	61.3	168	71.5	175	64
174	58.7	178	63	189	77.9	182	74.6
180	64.6	176	80.1	172	70.7	180	65
182	75.7	181	77.2	174	60	181	68
180	80	178	71	181	63.5	173	81.3
173	77	183	74	176	74.2	175	83
171	63	182	68	179	68.5	179	72
190	93.1	176	62	187	71.2	177	71.3
179	64.5	180	62	186	80	174	70.6
181	73.3	173	64	180	73.2	180	71.2
180	67.2	186	77.7	174	70.5	178	69.7
180	74.2	178	72.7	173	60.2	182	68
181	65	182	69	171	66.2	174	67.8
186	77.5	185	82.7	178	59	173	64.8
179	83	183	88	187	75	181	73
181	75	179	65	188	80	183	69.9
174	69.5	176	64.1	180	74.1	178	70.1
169	59	182	69	182	65.5	180	70.5
178	72	179	68.5	183	75	170	69
186	74.5						

Tabelle 1.26: Körpergrösse und -gewicht von 77 Männern.

Grösse	Gewicht	Grösse	Gewicht	Grösse	Gewicht	Grösse	Gewicht
172	70.9	177	68	168	68	157	53.1
167	57	159	48	161	55	160	57
169	65	166	52	161	63.5	181	69.8
161	47	168	53	165	47	161	51.5
158	55	161	52	159	50	156	51.6
167	58	166	49.5	170	65	164	62
165	63	170	53	153	58	159	52
161	50	165	56	163	45.5	167	79
160	53	168	68.2	162	60.1	163	60.7
166	52.5	161	57	160	49.5	163	49.8
154	47.5	169	59.4	164	62.5	168	50
160	62	177	67	160	76	166	67.5
159	48	164	59	164	68	173	84.8
173	68	162	54	161	58	161	47
172	58.2	168	56	166	60	174	69

Tabelle 1.27: Körpergrösse und -gewicht von 60 Frauen.

1.8.3 Modell und Hypothesen

Volles Modell

Gegeben seien zwei bivariate Stichproben

$$\begin{array}{ll} \left((x_{11},y_{11}),\, (x_{12},y_{12}),\, \ldots ,\, (x_{1n_1},y_{1n_1}) \right) & \text{und} \\ \left((x_{21},y_{21}),\, (x_{22},y_{22}),\, \ldots ,\, (x_{2n_2},y_{2n_2}) \right) & . \end{array}$$

Wir betrachten weiterhin die x-Werte als fest und die Y als stochastisch. Innerhalb jeder dieser beiden Stichproben unterstellen wir eine lineare Abhängigkeit der Y von den x. Unser Modell lautet also

$$\begin{array}{rl} Y_{1i} = & \alpha_1 + \beta_1 x_{1i} + E_{1i}, \quad i = 1, \ldots , n_1 \ , \\ Y_{2j} = & \alpha_2 + \beta_2 x_{2j} + E_{2j}, \quad j = 1, \ldots , n_2 \ , \end{array} \tag{1.24}$$

wobei die E_{1i} und E_{2j} unabhängig und identisch normalverteilt sind mit identischer Standardabweichung σ, d.h.

$$E_{1i},\ E_{2j} \text{ i.i.d.} \sim N(0,\sigma) \quad (i = 1, \ldots , n_1;\ j = 1, \ldots , n_2) \ .$$

Die Minimum-Quadrat-Parameterschätzungen sind diejenigen Werte α_1, α_2, β_1 und β_2, welche die Fehlerquadratsumme

$$S(a_1, a_2, b_1, b_2) = \sum_{i=1}^{n_1} (y_{1i} - a_1 - b_1 x_{1i})^2 + \sum_{j=1}^{n_2} (y_{2j} - a_2 - b_2 x_{2j})^2$$

minimieren. Man findet analog zum Fall einer einzigen Regressionsgeraden

$$\hat{\beta}_1 = S_{xy}(1)/S_{xx}(1), \quad \hat{\alpha}_1 = \bar{y}_1 - \hat{\beta}_1\bar{x}_1,$$
$$\hat{\beta}_2 = S_{xy}(2)/S_{xx}(2), \quad \hat{\alpha}_2 = \bar{y}_2 - \hat{\beta}_2\bar{x}_2,$$

wo

$$S_{xx}(k),\ S_{yy}(k),\ S_{xy}(k),\ \bar{y}_k,\ \bar{x}_k \quad (k = 1, 2)$$

die Kreuzproduktsummen respektive Mittelwerte innerhalb der Gruppen bezeichnen (genaue Definitionen siehe vorne unter Abschnitt 1.1.4). Das minimale Summenquadrat S_{Min} findet man durch einfache Addition der entsprechenden Terme innerhalb der beiden Gruppen:

$$S_{Min} = S_{Min}(1) + S_{Min}(2)$$

mit

$$S_{Min}(k) = S_{yy}(k) - \left(S_{xy}(k)\right)^2/S_{xx}(k) \qquad (k = 1, 2).$$

Die Standardabweichung σ schätzt man wie üblich als Wurzel des Quotienten

$$\frac{\text{minimales Summenquadrat}}{\text{Freiheitsgrade}} .$$

Die Anzahl der Freiheitsgrade des minimalen Summenquadrates erhält man wiederum als Summe der entsprechenden Zahlen bei einer separaten Bestimmung der beiden Regressionsgeraden:

$$\text{Anzahl Freiheitsgrade} = (n_1 - 2) + (n_2 - 2) = n_1 + n_2 - 4 .$$

Man findet also

$$\hat{\sigma} = \sqrt{\frac{S_{Min}}{n_1 + n_2 - 4}} .$$

Parallelität

Als erstes interessieren wir uns für die Parallelität der beiden Regressionsgeraden. In den Parametern ausgedrückt lautet diese Hypothese

$$H_0 : \ \beta_1 = \beta_2 .$$

Das entsprechende Nullmodell lautet

$$\begin{aligned} Y_{1i} &= \alpha_1 + \beta x_{1i} + E_{1i}, \quad i = 1, \ldots, n_1 , \\ Y_{2j} &= \alpha_2 + \beta x_{2j} + E_{2j}, \quad j = 1, \ldots, n_2 , \end{aligned} \tag{1.25}$$

welches mit dem allgemeinen Modell in (1.24) verglichen werden soll. Im Nullmodell wird nach Methode der kleinsten Quadrate die Fehlerquadratsumme

$$S(a_1, a_2, b) = \sum_{i=1}^{n_1} (y_{1i} - a_1 - bx_{1i}) + \sum_{j=1}^{n_2} (y_{2j} - a_2 - bx_{2j})$$

minimiert, was zu den Parameterschätzungen

$$\hat{\beta} = \frac{S_{xy}(1) + S_{xy}(2)}{S_{xx}(1) + S_{xx}(2)} \quad , \quad \hat{\alpha}_1 = \bar{y}_1 - \hat{\beta}\bar{x}_1 \quad \text{und} \quad \hat{\alpha}_2 = \bar{y}_2 - \hat{\beta}\bar{x}_2$$

führt. Als minimales Summenquadrat erhält man

$$S_{Min}^P = S_{xy}(1) + S_{xy}(2) - \frac{[S_{xy}(1) + S_{xy}(2)]^2}{S_{xx}(1) + S_{xx}(2)} \quad .$$

Der F-Test auf Parallelität basiert dann auf der Testgrösse

$$F(\beta_1 \neq \beta_2) = \frac{S_{Min}^P - S_{Min}}{S_{Min}/(n_1 + n_2 - 4)} \quad .$$

Unter der Nullhypothese folgt diese einer F-Verteilung mit einem beziehungsweise $n_1 + n_2 - 4$ Freiheitsgraden.

Abstand zweier paralleler Regressionsgeraden

Wurde im Test auf Parallelität die Nullhypothese angenommen, so kann man sich fragen, ob der Abstand zwischen den beiden parallelen Geraden von Null verschieden ist. Man testet also im Modell (1.25) die Nullhypothese

$$H_0: \quad \alpha_1 = \alpha_2 \ .$$

Das entsprechende Nullmodell lautet

$$Y_{ki} = \alpha + \beta x_{ki} + E_{ki}, \quad E_{ki} \sim N(o, \sigma) \quad (i = 1, \ldots, n_k;\ k = 1, 2) \ .$$

Die Bestimmung von Parameterschätzungen und minimalem Summenquadrat reduziert sich auf die Situation einer einzigen Regressionsgeraden für eine Stichprobe von $n_1 + n_2$ Zahlenpaaren, weshalb die Formeln an dieser Stelle nicht mehr explizit aufgeführt werden sollen. Nennen wir das minimale Summenquadrat aus dem Modell mit einer Regressionsgeraden S_{Min}^0, so testet man die obige Nullhypothese mit der Teststatistik

$$F(\alpha_1 \neq \alpha_2) = \frac{S_{Min}^0 - S_{Min}^P}{S_{Min}^P/(n_1 + n_2 - 3)} \quad .$$

Zu vergleichen ist der beobachtete Wert dieser Statistik mit dem $(1 - \alpha)$-Quantil der F-Verteilung mit einem und $n_1 + n_2 - 3$ Freiheitsgraden.

1.8.4 Lösungsansatz

Um die Modelle mit zwei Regressionsgeraden als multiple Regressionsmodelle ausdrücken zu können, ist eine Umindexierung nötig: Wir nummerieren die $n = n_1 + n_2$ Versuchseinheiten durch, und zwar zuerst die erste dann die zweite Gruppe. Somit haben wir n Zahlenpaare (x_i, y_i). Wir definieren die Hilfsvariablen z_1 und z_2 als

$$z_{1i} = \begin{cases} 0 & i = 1, \ldots, n_1 \\ 1 & i = n_1 + 1, \ldots, n = n_1 + n_2 \end{cases}$$

und

$$z_{2i} = x_i \cdot z_{1i} = \begin{cases} 0 & i = 1, \ldots, n_1 \\ x_i & i = n_1 + 1, \ldots, n = n_1 + n_2 \end{cases}$$

Dann lässt sich das Modell (1.24) als multiples Regressionsmodell ausdrücken in der Form

$$Y_i = \gamma_0 + \gamma_1 x_i + \gamma_2 z_{1i} + \gamma_3 z_{2i} + E_i \qquad (1.26)$$

mit $i = 1, \ldots, n$ und E_i i.i.d. $\sim N(0, \sigma)$ oder, in den Parametern aus (1.24) geschrieben,

$$Y_i = \alpha_1 + \beta_1 x_i + (\alpha_2 - \alpha_1) z_{1i} + (\beta_2 - \beta_1) z_{2i} + E_i \ .$$

Der *Parallelitätstest* hat als Nullhypothese

$$H_0: \ \gamma_3 = \beta_2 - \beta_1 = 0 \ .$$

Er entspricht also einem partiellen F-Test im Modell (1.26).

Den Test auf *Identität zweier paralleler Regressionsgeraden* erhält man dann im vereinfachten, zu (1.25) äquivalenten Modell

$$Y_i = \gamma_0 + \gamma_1 x_i + \gamma_2 z_{1i} + E_i \qquad (1.27)$$

als partiellen F-Test für die Nullhypothese

$$H_0: \ \gamma_2 = \alpha_2 - \alpha_1 = 0 \ .$$

Man beachte, dass dieser Test nur dann sinnvoll ist, falls er im vereinfachten Modell ohne die Einflussgrösse z_2 durchgeführt wird, d.h. falls die Hypothese der Parallelität angenommen worden ist, und falls sich der Parameter γ_1 als signifikant von 0 verschieden herausstellt. Letztere Eigenschaft testet man im Modell (1.27) ebenfalls mittels partiellem F-Test, und zwar als Test für die Nullhypothese

$$H_0: \ \gamma_1 = 0 \ .$$

Dies entspricht der Fragestellung, ob die Steigung zweier paralleler Regressionsgeraden von Null verschieden ist. In der Parametrisierung von (1.25) ausgedrückt lautet diese Hypothese

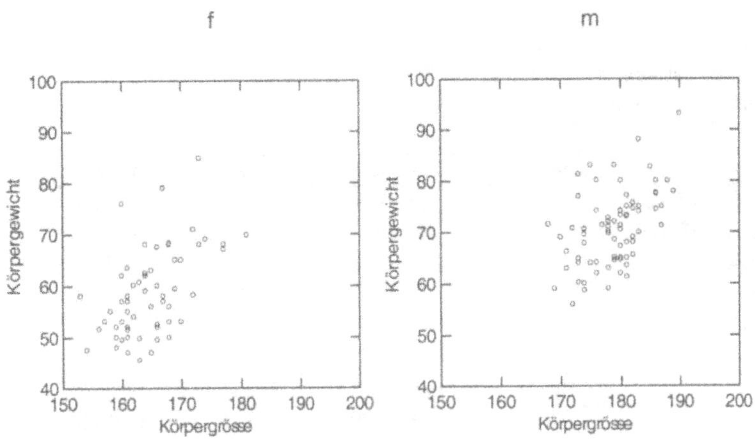

Abbildung 1.9: Punkteschwärme des Körpergewichts in Abhängigkeit der Körpergrösse für Frauen (links) und Männer (rechts).

$H_0: \beta = 0.$

Mit analoger Einführung von Codierungsvariablen lässt sich der hier vorgestellte Ansatz verallgemeinern auf die Fragestellung der Parallelität von drei oder mehr Regressionsgeraden. Wird die Hypothese der Parallelität nicht verworfen, so kann auch wieder getestet werden, ob sämtliche Regressionsgeraden identisch sind. Ebenso ist eine Verallgemeinerung auf Modelle mit polynomialen Abhängigkeitsmustern denkbar.

1.8.5 Lösungsvorschlag zum Beispiel

Die Punkteschwärme in Abbildung 1.9 weisen dieselbe Achsenskala auf, wodurch gut zu erkennen ist, dass die untersuchten Männer generell grösser und schwerer waren als die Frauen. Das volle Modell in der Parametrisierung (1.26), wobei die 77 Männer als erste Stichprobe aufgefasst werden, liefert den Output in Tabelle 1.28. Die geschätzte Regressionsbeziehung lautet demnach

$$\mu_{\text{Gewicht}} = \underset{(28.6)}{-56.5} + \underset{(0.160)}{0.711} \cdot \text{Grösse} - \underset{(38.3)}{23.3} \cdot z_1 + \underset{(0.223)}{0.128}\, z_2 \ .$$

Geschrieben als zwei Regressionsgeraden ergibt dies:

für die Männer: $\mu_{\text{Gewicht}} = -56.5 + 0.711 \cdot \text{Grösse}$
für die Frauen: $\mu_{\text{Gewicht}} = -79.8 + 0.839 \cdot \text{Grösse}$

Die F-Testgrösse für die Parallelitätshypothese entspricht dem partiellen F-Wert der Einflussgrösse z_2. Aus Tabelle 1.28 finden wir $F = 0.33$ (1 und 133 Freiheitsgrade), der zugehörige p-Wert von 0.565 liegt über 5%, was heisst, dass wir die beiden Geraden als parallel

Regression	
Zielgrösse	GEWICHT
Bestimmtheitsmass	0.551
Anzahl Beobachtungen	137

	Koeff.	S.A.(Koeff.)	F-partial	p-Wert
Nullpunktordinate	-56.450	28.648	3.8809	0.051
Steigung(GROESSE)	0.711	0.160	19.701	0.000
Steigung(Z1)	-23.328	38.344	0.3701	0.544
Steigung(Z2)	0.128	0.223	0.3323	0.565

ANOVA

	F.G.	Summenquadrat	F-global	p-Wert
Regression	3	7387.301	54.380	0.0000
Residuen	133	6022.475		
Insgesamt	136	13409.78		

Tabelle 1.28: Computer-Output zum Beispiel Körpergrösse und -gewicht: volles Modell.

betrachten dürfen. Somit müssen wir im nächsten Schritt das Modell mit zwei parallelen Regressionsgeraden rechnen. Aus Tabelle 1.29 finden wir die Gleichung

$$\mu_{\text{Gewicht}} = \underset{(19.9)}{-68.3} + \underset{(0.111)}{0.777} \cdot \text{Grösse} - \underset{(1.97)}{1.24} \cdot z_1 \ .$$

Die beiden parallelen Regressionsgeraden haben also einen vertikalen Abstand von -1.24 kg, was laut dem F-Test für die Nullhypothese, dass dieser Abstand Null beträgt ($F = 0.39$; p-Wert: 0.53), nicht signifikant von Null verschieden ist.
Wir kommen also aufgrund der vorliegenden Stichproben zum Schluss, dass die Beziehung zwischen Körpergrösse und Körpergewicht für beide Geschlechter mit derselben Regressionsgeraden beschrieben werden kann. Diese lautet

$$\mu_{\text{Gewicht}} = \underset{(11.2)}{-78.6} + \underset{(0.0651)}{0.8333} \cdot \text{Grösse} \ .$$

Der Computer-Output für diese letzte Gleichung wird nicht explizit aufgeführt.

Als interessante Besonderheit an diesem Beispiel soll noch erwähnt werden, dass man mit vertauschten Rollen von Einfluss- und Zielgrösse, also mit einem Modell, das die Körpergrösse in Abhängigkeit vom Gewicht beschreibt, ein unterschiedliches Resultat erhält: zwar wird die Hypothese der Parallelität angenommen, der Abstand der beiden Geraden stellt sich dann jedoch als signifikant von 0 verschieden heraus. Dem Leser sei es als Übung überlassen, diese Aussage nachzuvollziehen.

Regression	
Zielgrösse	GEWICHT
Bestimmtheitsmass	0.550
Anzahl Beobachtungen	137

	Koeff.	S.A.(Koeff.)	F-partial	p-Wert
Nullpunktordinate	-68.328	19.872	11.8198	0.001
Steigung(GROESSE)	0.777	0.111	49.000	0.000
Steigung(Z1)	-1.235	1.967	0.39438	0.531

ANOVA

	F.G.	Summenquadrat	F-global	p-Wert
Regression	2	7372.228	81.811	0.0000
Residuen	134	6037.548		
Insgesamt	136	13409.78		

Tabelle 1.29: Computer-Output zum Beispiel Körpergrösse und -gewicht: Modell mit zwei parallelen Regressionsgeraden.

1.8.6 Zusammenfassung von Abschnitt 1.8

Ausgangslage: Man untersucht die Abhängigkeit einer Zielgrösse Y von einer Einflussgrösse x in zwei Gruppen mit Umfängen n_1 und n_2. Von Interesse sind insbesondere die Fragen der Parallelität und des Abstandes der entsprechenden Regressionsgeraden.

Datenmatrix:

x	Y	z_1	z_2	
x_1	y_1	0	0	1. Gruppe
x_2	y_2	0	0	
$\vdots$	$\vdots$	$\vdots$	$\vdots$	
x_{n_1}	y_{n_1}	0	0	
x_{n_1+1}	y_{n_1+1}	1	x_{n_1+1}	2. Gruppe
x_{n_1+2}	y_{n_1+2}	1	x_{n_1+2}	
$\vdots$	$\vdots$	$\vdots$	$\vdots$	
$x_{n_1+n_2}$	$y_{n_1+n_2}$	1	$x_{n_1+n_2}$	

Es gilt $z_2 = z_1 \cdot x$.

Regressionsmodell und Hypothesen:

Schrittweises Vorgehen:

- Volles Modell: Zielgrösse: Y
  Einflussgrössen: x, z_1, z_2

  Parallelitätstest: Partialtest für die Einlussgrösse z_2.

- Falls Parallelitätshypothese nicht verworfen wird:
  Modell mit zwei parallelen Geraden: Zielgrösse: Y
  Einflussgrössen: x, z_1

  Test für Identität zweier paralleler Regressionsgeraden: Partialtest für die Einflussgrösse z_1.

- Falls Abstand nicht signikikant von 0 verschieden:
  Modell mit zwei identischen Geraden: Zielgrösse: Y
  Einflussgrössen: x

1.9 Mangel an Anpassung

1.9.1 Problemstellung

Wir führen in diesem Kapitel einen Test ein, der auf formell äquivalente Weise in zwei verschiedenen Situationen angewandt werden kann:

- Es liegt ein Regressionsproblem vor, in dem die Werte der Einflussgrösse x jeweils mehrmals auftreten. Nun stellt man sich die Frage, ob die Abhängigkeit des Erwartungswertes der Zielgrösse Y von der Einflussgrösse x lineare Form besitzt.
- Durch die Versuchsanordnung kann es vorkommen, dass jeweils einige Beobachtungen mit identischen x-Werten unter gleichen Umständen erhoben wurden, etwa dann, wenn mit demselben Versuchsmaterial – charakterisiert durch die Einflussgrösse x – wiederholte Messungen gemacht werden, oder wenn Störgrössen wie Temperatur oder Versuchsleiter die Ergebnisse von mehreren Messungen im gleichen Sinne beeinflussen. In diesem Fall kann man den möglichen Mangel an Anpassung der Abhängigkeitsfunktion $\mu_Y(x)$ an eine Gerade analog zur Problemlage im ersten Fall messen und diesen nicht als Effekt der Nichtlinearität, sondern als durch diese Gruppenvariable erklärten Varianzanteil im Sinne einer Varianzanalyse interpretieren.

1.9.2 Ein Zahlenbeispiel

An zehn verschiedenen Tagen wurden Flugeinsätze aus derselben Richtung gegen ein festes Ziel geflogen (Daten in Tabelle 1.30). An einem Flugtag flog der Pilot das Ziel mehrmals an. Je nach Flugtag wechselten die Bedingungen: die Piloten, die Sichtverhältnisse, die Schneebedeckung des Bodens, etc. , somit liegt eindeutig der zweite Fall vor. Bei jedem Anflug wurde gemessen, aus welcher Entfernung der Pilot das Zielgebiet erkannte. In diesem Beispiel kann man sich fragen, ob ein varianzanalytisches Modell für die Erkennungsdistanz an den verschiedenen Flugtagen zu einer signifikant besseren Anpassung führt als ein lineares Regressionsmodell mit der Sichtweite als Einflussgrösse.

1.9.3 Modell und Hypothesen

Sei k die Anzahl der Gruppen von zusammengehörenden Beobachtungen. Wir betrachten das Modell einer Einweg-Varianzanalyse

$$Y_{ji} = \mu_j + E_{ji} \quad (j = 1, \ldots, k;\ i = 1, \ldots, n_j) \tag{1.28}$$

mit E_{ji} i.i.d. $\sim N(0, \sigma)$. Die n_j Beobachtungen in einer Gruppe j $(1 \leq j \leq k)$ besitzen identische Werte der Einflussgrösse x. Es gilt also

$$x_{j1} = \ldots = x_{jn_j} \quad \text{für } j = 1, \ldots, k\ .$$

Führen wir die Bezeichnung

$$x_j = x\text{-Wert der } j\text{-ten Gruppe} = x_{j1} = \ldots = x_{jn_j}; \quad j = 1, \ldots, k$$

Tag	Sicht-weite	Erkennungs-distanz	Tag	Sicht-weite	Erk.-distanz	Tag	Sicht-weite	Erk.-distanz
1	20 km	3920 m	4	60 km	7700 m	7	40 km	6150 m
		3980 m			6600 m			5350 m
		3940 m			7000 m			6100 m
		3810 m			8050 m			6000 m
		5030 m			8380 m			
		5000 m			8050 m	8	50 km	7400 m
		4720 m						7380 m
		4720 m						7940 m
			5	25 km	5220 m			7020 m
2	30km	6300 m			5170 m			
		5800 m			5300 m	9	20 km	6100 m
		6000 m			6590 m			6100 m
		5230 m						6180 m
		5780 m						
		5430 m	6	12 km	4910 m	10	50 km	6460 m
					3410 m			6300 m
3	40 km	6350 m			5030 m			5200 m
		6470 m						5500 m
		7100 m						

Tabelle 1.30: Daten zum Beispiel Erkennungsdistanzen.

ein, so lässt sich die Nullhypothese formulieren als

$$H_0: \quad \mu_j = \alpha + \beta x_j \qquad j = 1, \ldots, k \ .$$

Das Nullmodell lautet also

$$Y_{ji} = \alpha + \beta x_{ji} + E_{ji} \quad (j = 1, \ldots, k; \ i = 1, \ldots, n_j) \ , \tag{1.29}$$

wiederum mit E_{ji} i.i.d. $\sim N(0, \sigma)$.

Bevor wir uns dem Testverfahren, das Null- und Alternativmodell vergleicht, näher zuwenden, müssen wir uns davon vergewissern, dass (1.29) ein Spezialfall von (1.28) ist. Wir tun dies vorerst nur für den Fall, dass alle x_j voneinander verschieden sind: dann kann man sich dies vor Augen führen, indem man für die Parameter in (1.28), den Gruppenmittelwerten μ_j, die lineare Restriktion

$$\frac{\mu_2 - \mu_1}{x_2 - x_1} = \frac{\mu_3 - \mu_2}{x_3 - x_2} = \ldots = \frac{\mu_k - \mu_{k-1}}{x_k - x_{k-1}}$$

betrachtet. Nun kann man sich überlegen, dass Modell (1.28) unter Berücksichtigung der obigen Bedingung äquivalent ist mit (1.29), dem Modell linearer Abhängigkeit der μ_Y von den x. Auch wenn Gruppen mit identischen x-Werten vorkommen, ist (1.29) ein Spezialfall von (1.28), nur lässt sich dann die lineare Restriktion nicht wie oben mit Quotienten beschreiben, da dies sonst zu Divisionen durch Null führen kann. Falls die Gruppen mit Index j bzw. j'

gleiche x-Werte besitzen (d.h. es gilt $x_j = x_{j'}$), lautet die entsprechende Restriktion einfach $\mu_j = \mu_{j'}$.

Wie zahlreiche Tests, die wir schon betrachtet haben, beruht der Test, der die Modellansätze (1.28) und (1.29) einander gegenüberstellt, auf einem Vergleich der minimalen Fehlerquadratsummen für beide Modellansätze. Die beiden Quadratsummen sind in früheren Kapiteln bereits angeführt. Das minimale Summenquadrat für das volle Modell (1.28) lautet gemäss den Ausführungen in Abschnitt 1.6.3

$$S_{Min} = \sum_{j=1}^{k}(n_j - 1)s_j^2$$

mit $n - k$ Freiheitsgraden, und diejenige für das Nullmodell (1.29) berechnet sich laut Formel (1.3), als

$$S_{Min}^0 = S_{yy} - \frac{S_{xy}^2}{S_{xx}}$$

mit $n - 2$ Freiheitsgraden. Die Symbole s_j^2, S_{yy}, S_{xy} und S_{xx} wurden alle in den Abschitten 1.6.4 und 1.1.4 eingeführt.

Die Testsgrösse lautet nun

$$F(\text{Mangel an Anpassung}) = \frac{\left(S_{Min}^0 - S_{Min}\right)/(k-2)}{S_{Min}/(n-k)} \tag{1.30}$$

und ist unter Annahme der Gültigkeit der Nullhypothese F-verteilt mit $k - 2$ und $n - k$ Freiheitsgraden.

1.9.4 Lösungsansatz

Die Testgrösse F(Mangel an Anpassung) lässt sich mit den Standardfunktionen eines Programms der linearen Regression (globale und partielle F-Tests) nicht direkt berechnen. Man muss die beiden Modelle (1.28) und (1.29) separat rechnen lassen, die minimalen Summenquadrate dann für die beiden Ansätze aus den Outputs herauslesen und in Formel (1.30) einsetzen. Der resultierende Wert ist dann mit dem $(1-\alpha)$-Quantil der massgebenden F-Verteilung zu vergleichen, das einer Tabelle entnommen werden muss. Falls F(Mangel an Anpassung) über diesem Quantil liegt, muss die Nullhypothese abgelehnt werden, was bedeuten würde, dass die Form der Abhängigkeit der μ_Y von x durch eine lineare Beziehung nicht hinreichend gut beschrieben wird.

Als Alternative zum eben geschilderten Vorgehen bietet sich folgende Möglichkeit an: Zuerst wird das Regressionsmodell (1.29) gerechnet. Mit den resultierenden Residuen

$$\hat{e}_{ji} = y_{ji} - \hat{\alpha} - \hat{\beta}x_{ji}$$

als Zielgrösse wird nun eine Varianzanalyse

$$\hat{e}_{ji} = \nu_j + E'_{ji} \quad (j = 1, \ldots, k;\ i = 1, \ldots, n_j)$$

gerechnet. Aus dem globalen F-Wert F(global) aus diesem Modell erhält man die gesuchte Testgrösse

$$F(\text{Mangel an Anpassung}) = \frac{k-1}{k-2} \cdot F(\text{global}) \ , \tag{1.31}$$

die dann anhand einer Tabelle mit dem $(1-\alpha)$-Quantil der F-Verteilung mit $k-2$ und $n-k$ Freiheitsgraden verglichen wird.

Auf analoge Weise lassen sich Tests für den Mangel an Anpassung an eine Kurve konstruieren, beispielsweise an Polynome. Falls dabei der Ansatz mit der Varianzanalyse für die Zielgrösse Residuen gewählt wird, muss der Korrekturfaktor $\frac{k-1}{k-2}$ in (1.31) durch $\frac{k-p+1}{k-p}$ ersetzt werden, wobei p die Anzahl der im Nullmodell zu schätzenden Parameter angibt.

1.9.5 Lösungsvorschlag zum Beispiel

Wir betrachten zuerst das varianzanalytische Modell, in dem die Erkennungsdistanz als Zielgrösse an den zehn verschiedenen Tagen beschrieben wird:

$$\mu_{\text{Erkennungsdistanz}} = \mu_j \quad (j = \text{ Nummer des Flugtags}) \ .$$

Die globale Nullhypothese

$$H_0: \ \mu_1 = \mu_2 = \ldots = \mu_{10}$$

liefert einen F-Wert von 20.36 mit 9 resp. 35 Freiheitsgraden, was deutlich im signifikanten Bereich liegt. Die Erkennungsdistanzen waren also von Tag zu Tag verschieden. Das minimale Summenquadrat in diesem Modell ist $S_{Min} = 10\,365\,800$.

Das lineare Regressionmodell mit der Sichtweite als Einflussvariable und der Erkennungsdistanz als Zielgrösse lautet mit den Kleinstquadrate-Schätzern

$$\mu_{\text{Erkennungsdistanz}} = \underset{(280)}{3716} + \underset{(7.33)}{62.80} \cdot \text{Sichtweite} \ .$$

Abbildung 1.10 illustriert diesen Zusammenhang. Tage mit identischer Sichtweite sind dabei durch verschiedene Symbole auseinandergehalten. Der Test auf $\beta = 0$ liefert eine F-Variable von 73.39 bei einem und 43 Freiheitsgraden, was uns erlaubt, diese Hypothese abzulehnen. Das minimale Summenquadrat aus diesem Modell entspricht im Test für Mangel an Anpassung dem minimalen Summenquadrat unter der Nullhypothese. Es beträgt $S^0_{Min} = 23\,883\,141$.

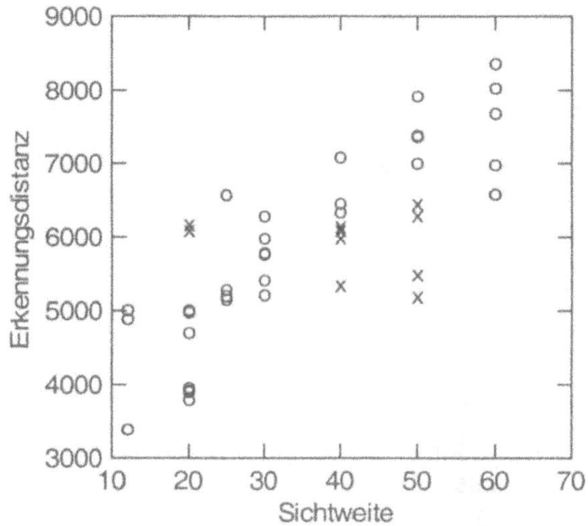

Abbildung 1.10: Erkennungsdistanzen an verschiedenen Tagen in Abhängigkeit der Sichtweite.

Für den Test für Mangel an Anpassung, der die beiden Modelle vergleicht, setzen wir die obigen Resultate in (1.30) ein und erhalten:

$$\begin{aligned} F(\text{Mangel an Anpassung}) &= \frac{\left(S^0_{Min} - S_{Min}\right)/(k-2)}{S_{Min}/(n-k)} \\ &= \frac{(23883141 - 10365800)/(10-2)}{10365800/(45-10)} = 5.705 \ , \end{aligned}$$

was bei einer 95%-Schranke von 2.22 im Ablehnungsbereich des Tests liegt. Das bedeutet, dass an den verschiedenen Tagen neben der Sichtweite weitere Faktoren auf die Erkennungsdistanz einwirkten, die nicht zu vernachlässigen sind.

Mit dem zweiten Ansatz, der die Residuen aus dem linearen Regressionsmodell als Zielgrösse einer Varianzanalyse verwendet, kommt man folgendermassen zum selben Resultat: Der Output aus dieser Varianzanalyse ist in Tabelle 1.31 dargestellt, wobei die Dummy-Variablen für die ersten neun Gruppen mit T1 bis T9 bezeichnet werden. Dem Output entnehmen wir den globalen F-Wert $F(\text{global}) = 5.0712$. Mit der Gleichung (1.31) und $k = 10$ bekommt man in Übereinstimmung mit oben

$$F(\text{Mangel an Anpassung}) = \frac{k-1}{k-2} \cdot F(\text{global}) = \frac{9}{8} \cdot 5.0712 = 5.7051 \ .$$

Regression	
Zielgrösse	RESIDUUM
Bestimmtheitsmass	0.566
Anzahl Beobachtungen	45

	Koeff.	S.A.(Koeff.)	F-partial	p-Wert
Nullpunktordinate	-990.454	272.106	13.2493	0.0009
Steigung(T1)	408.921	333.260	1.50560	0.2280
⋮	⋮	⋮	⋮	⋮
Steigung(T9)	2145.59	415.648	26.6466	0.0000

ANOVA

	F.G.	Summenquadrat	F-global	p-Wert
Regression	9	13517341	5.0712	0.00021
Residuen	35	10365800		
Insgesamt	44	23883141		

Tabelle 1.31: Computer-Output zum Beispiel Erkennungsdistanz.

1.9.6 Zusammenfassung von Abschnitt 1.9

Ausgangslage: In einem Datensatz, in dem die Beobachtungen gruppiert und mit identischen Werten einer quantitativen Einflussgrösse x innerhalb jeder Gruppe auftreten, will man prüfen, ob das Varianzanalyse-Modell mit dieser Gruppierung sich zu einem linearen Regressionsmodell, in dem die Zielgrösse Y linear von x abhängt, vereinfachen lässt.

Symbole:

k	Anzahl der Gruppen.
n_j $(1 \leq j \leq k)$	Anzahl der Beobachtungen in der j-ten Gruppe.
z_j	Dummy-Variable der j-ten Gruppe.
y_{ji}	Wert der Zielgrösse bei der i-ten Beobachtung in der j-ten Gruppe.
x_j	Wert der Einflussgrösse x in der j-ten Gruppe.

Datenmatrix:

x	z_1	z_2	$\ldots$	z_k	Y	
x_1	1	0	$\ldots$	0	y_{11}	1. Gruppe
$\vdots$	$\vdots$	$\vdots$		$\vdots$	$\vdots$	
x_1	1	0	$\ldots$	0	y_{1n_1}	
x_2	0	1	$\ldots$	0	y_{21}	2. Gruppe
$\vdots$	$\vdots$	$\vdots$		$\vdots$	$\vdots$	
x_2	0	1	$\ldots$	0	y_{2n_2}	
$\vdots$	$\vdots$	$\vdots$	$\ddots$	$\vdots$	$\vdots$	$\vdots$
x_k	0	0	$\ldots$	1	y_{k1}	k-te Gruppe
$\vdots$	$\vdots$	$\vdots$		$\vdots$	$\vdots$	
x_k	0	0	$\ldots$	1	y_{kn_k}	

Regressionsmodell und Hypothesen:

Volles Modell: Einweg-Varianzanalyse,
d.h. Zielgrösse: Y
Einflussgrössen: $k-1$ der k Dummy-Variablen $z_1, z_2, \ldots, z_k$
Fehlerquadratsumme aus diesem Modell $= S_{Min}$.

Nullmodell: lineares Regressionsmodell,
d.h. Zielgrösse: Y
Einflussgrösse: x
Fehlerquadratsumme aus diesem Modell $= S^0_{Min}$.

$$\longrightarrow \textbf{Testgrösse:}\quad F(\text{Mangel an Anpassung}) = \frac{\left(S^0_{Min} - S_{Min}\right)/(k-2)}{S_{Min}/(n-k)},$$

zu vergleichen mit dem $(1-\alpha)$-Quantil der F-Verteilung mit $k-2$ und $n-k$ Freiheitsgraden.

Alternative Vorgehensweise:

1. Rechne die lineare Regression
   Zielgrösse: Y
   Einflussgrösse: x

   und speichere die Residuen $\hat{e}_i$ aus diesem Modell

2. Rechne das Varianzanalyse-Modell mit den Residuen aus Schritt 1 als Zielgrösse:
   Zielgrösse: $\hat{e}$
   Einflussgrössen: $k-1$ der k Dummy-Variablen $z_1, z_2, \ldots, z_k$

   Sei F(global) der globale F-Wert aus diesem Modell

3. **Testgrösse:**

$$F(\text{Mangel an Anpassung}) = \frac{k-1}{k-2} \cdot F(\text{global}) ,$$

   zu vergleichen mit dem $(1-\alpha)$-Quantil der F-Verteilung mit $k-2$ und $n-k$ Freiheitsgraden.

1.10 Polynomiale Regression

1.10.1 Problemstellung

Ist die Abhängigkeit einer Zielgrösse Y von einer Einflussgrösse x glatt, aber nicht linear, so haben wir in Abschnitt 1.4 gesehen, dass man die gewünschte Eigenschaft der Linearität manchmal durch Transformation einer oder beider Variablen erreichen kann. Eine alternative Methode ist gegeben in der polynomialen Regression, in der für $\mu_Y(x)$ anstelle einer linearen Funktion ein Polynom von der Ordnung ≥ 2 gewählt wird. Da es sich um eine Transformation der Einflussgrösse handelt, ist dieser Ansatz nur dann angebracht, wenn die Beobachtungen mit gleichbleibender Streuung um eine gekrümmte Kurve verteilt sind (vgl. dazu Abschnitt 1.4.3). Polynome können auch dazu verwendet werden, einen in der Form einer Regression beschriebenen Verlauf zu glätten.

1.10.2 Ein Zahlenbeispiel

Tabelle 1.32 enthält die Resultate aus einer Untersuchung über die Zugfestigkeit von Papier (Einheit: Psi), das aus Brei mit unterschiedlichem Hartholzanteil produziert wurde. Ein Blick auf die Daten zeigt, dass die Abhängigkeit der Zugfestigkeit vom Hartholzanteil nicht monoton ist, also auch nicht linear sein kann. Es soll deshalb versucht werden, die Form dieser Abhängigkeit mit einem Polynom zu beschreiben.

Hartholz-anteil in %	Zugfestig-keit in Psi	Hartholz-anteil in %	Zugfestig-keit in Psi	Hartholz-anteil in %	Zugfestig-keit in Psi
1.0	6.3	5.5	34.0	11.0	52.5
1.5	11.1	6.0	38.1	12.0	48.0
2.0	20.0	6.5	39.9	13.0	42.8
3.0	24.0	7.0	42.0	14.0	27.8
4.0	26.1	8.0	46.1	15.0	21.9
4.5	30.0	9.0	53.1		
5.0	33.8	10.0	52.0		

Tabelle 1.32: Daten im Beispiel Zugfestigkeit von Papier bei unterschiedlichem Hartholzanteil.

1.10.3 Modell und Hypothesen

Das volle Modell einer polynomialen Regression lautet

$$Y_i = \alpha + \beta_1 x_i + \beta_2 x_i^2 + \ldots + \beta_p x_i^p + E_i \; ; \quad i = 1, \ldots, n \, , \tag{1.32}$$

wo die E_i unabhängig identisch $N(0, \sigma)$-verteilt sind. Die Ordnung p wird in der Regel aufgrund optischer Betrachtung des Punkteschwarmes der Punkte (x_i, y_i) festgelegt. Man beachte, dass keine übermässige Anpassung der Funktion $\mu_Y(x)$ (englisch *Overfitting*) vorgenommen wird, d.h. es sollte ein natürlicher Verlauf des Abhängigkeitsmusters beschrieben

werden und nicht eine künstliche Annäherung an die beobachteten Punkte. Liegt etwa eine Stichprobe von n Zahlenpaaren vor, in der kein Wert x_i doppelt vorkommt, so ist es immer möglich, ein Polynom der Ordnung $p = n - 1$ zu bestimmen, dessen Graph durch alle diese Punkte geht. Dieser Extremfall eines Overfittings kann natürlich nicht das Ziel einer statistischen Untersuchung sein.
Es kann versucht werden, das volle Modell (1.32) zu vereinfachen, indem eine oder mehrere der Potenzen auf der rechten Seite weggelassen werden. Dazu muss vorweg abgeklärt werden, ob sie sich als redundant herausstellen, d.h. ob das Weglassen des entsprechenden additiven Terms $\beta_k x^k$ die Güte der Anpassung von $\mu_Y(x)$ an die Punkte (x_i, y_i) nicht wesentlich beeinträchtigt. Manche Autoren schlagen dabei ein *hierarchisches* Vorgehen vor, was bedeutet, dass jeweils nur der zur höchsten Potenz im Modell gehörende Parameter gegebenenfalls nullgesetzt werden darf. Unserer Ansicht nach ist es nicht notwendig sich streng an diese Vorgabe zu halten, da auch durch das Weglassen anderer Koeffizienten eine Vereinfachung des Modells erreicht wird.

1.10.4 Lösungsansatz

Das Modell (1.32) entspricht einem multiplen Regressionsmodell mit den p Einflussgrössen x, x^2, ... ,x^p. Es wird somit analog zu einem Problem der multiplen Regression behandelt. Die Redundanz der k-ten Potenz in der Regressionsgleichung

$$\mu_Y(x) = \alpha + \beta_1 x + \beta_2 x^2 + \ldots + \beta_p x^p$$

testet man mit dem entsprechenden partiellen F-Test für die Nullhypothese $H_0 : \beta_k = 0$. Zur schrittweisen Reduktion empfehlen wir das Verfahren der Rückwärtselimination (vgl. Abschnitt 1.5.4).

Falls die Werte der Einflussgrösse wiederholt auftreten, kann mit einem Test für Mangel an Anpassung untersucht werden, ob die Form der Abhängigkeit durch das verwendete Modell hinreichend gut beschrieben wird (vgl. Abschnitt 1.9).

Bei der Verwendung des Ansatzes einer polynomialen Regression sollten die folgenden Punkte nicht vergessen werden:

- Falls das Verfahren der Rückwärtselimination eingesetzt wird, hängt die Form der schlussendlich resultierenden Gleichung in hohem Masse vom Grad des ursprünglich angesetzten Polynoms ab.

- Wird die Nullpunktordinate eliminiert, so beachte man, dass das Bestimmtheitsmass von Modellen ohne Nullpunktordinate nicht direkt mit demjenigen aus Modellen mit einer Nullpunktordinate vergleichbar ist (vgl. dazu die diesbezügliche Bemerkung im Abschnitt 1.1.4, Seite 17).

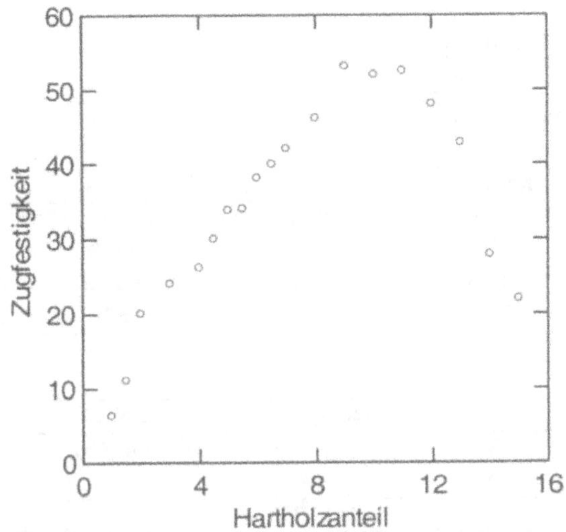

Abbildung 1.11: Punkteschwarm zum Beispiel Zugfestigkeit von Papier bei unterschiedlichem Hartholzanteil.

1.10.5 Lösungsvorschlag zum Beispiel

Abbildung 1.11 zeigt die Form der Abhängigkeit der Zielgrösse Zugfestigkeit von der Einflussgrösse Hartholzanteil. Man könnte sich vorstellen, dass eine Parabel den Zusammenhang zu beschreiben vermag. Um eine eventuelle polynomiale Abhängigkeit dritten Grades zu überprüfen, wählen wir den Ansatz eines kubischen Polynoms, also mit $p = 3$. Man findet den entsprechenden Output in Tabelle 1.33. Die erwartete Zugfestigkeit beträgt demnach

$$\mu_{\text{Zugfestigkeit}} = \underset{(2.96)}{5.65} + \underset{(1.57)}{3.58} \cdot x + \underset{(0.231)}{0.654} \cdot x^2 - \underset{(0.00979)}{0.05519} \cdot x^3 \ ,$$

wobei x den Hartholzanteil angibt. Die p-Werte der partiellen F-Tests der Regressionskoeffizienten lassen eine Vereinfachung der Regressionsgleichung im Sinne der Rückwärtselimination zu. In einem ersten Schritt scheidet die Nullpunktordinate mit einem p-Wert von rund 7.5% aus. Das im folgenden Schritt berechnete Modell hat als Einflussgrössen weiterhin die Variablen x, x^2 und x^3, geht aber durch den Koordinatenursprung. Es besitzt ein Bestimmtheitsmass von 0.995, das jedoch nicht mit demjenigen von 0.971 im vollen Modell verglichen werden darf. Der zum quadratischen Term gehörende Koeffizient β_2 wird ebenfalls nullgesetzt ($p = 0.0598$). Schliesslich findet man die reduzierte Regressionsbeziehung

$$\mu_{\text{Zugfestigkeit}} = \underset{(0.189)}{7.661} \cdot x - \underset{(0.00124)}{0.02713} \cdot x^3 \ .$$

Die Computer-Outputs zum zweiten und dritten Modell werden hier nicht explizit aufgeführt. Hätte man in diesem Beispiel als Ausgangspunkt ein Modell mit einer polynomialen

Regression	
Zielgrösse	ZUGFEST
Bestimmtheitsmass	0.971
Anzahl Beobachtungen	19

	Koeff.	S.A.(Koeff.)	F-partial	p-Wert
Nullpunktordinate	5.64840	2.95466	3.65456	0.0752
Steigung(HOLZ)	3.57849	1.56585	5.22273	0.0373
Steigung(HOLZ2)	0.653635	0.231330	7.98379	0.0128
Steigung(HOLZ3)	-0.055188	0.009789	31.7849	0.0001

ANOVA

	F.G.	Summenquadrat	F-global	p-Wert
Regression	3	3316.648	165.440481	0.00000
Residuen	15	100.236		
Insgesamt	18	3416.885		

Tabelle 1.33: Computer-Output zum Beispiel Zugfestigkeit von Papier: polynomiale Regression dritten Grades.

Abhängigkeit vierten oder fünften Grades gewählt, so hätte man nach der Durchführung einer Rückwärtselimination ein ganz anderes Modell erhalten.

1.10.6 Zusammenfassung von Abschnitt 1.10

Ausgangslage: Die Abhängigkeit einer Zielgrösse Y von einer Einflussgrösse x ist nicht linear und soll durch ein Polynom der Ordnung $p \geq 2$ modelliert werden.

Datenmatrix:

x	x^2	$\ldots$	x^p	Y
x_1	x_1^2	$\ldots$	x_1^p	y_1
x_2	x_2^2	$\ldots$	x_2^p	y_2
$\vdots$	$\vdots$		$\vdots$	$\vdots$
x_n	x_n^2	$\ldots$	x_n^p	y_n

Regressionsmodell und Hypothesen:

Zielgrösse: Y
Einflussgrössen: $x, x^2, \ldots, x^p$

Mit Rückwärtselimination (siehe Abschnitt 1.5.4) kann die Regressionsfunktion vereinfacht werden.

1.11 Periodische Regression

1.11.1 Problemstellung

Ist die Abhängigkeit der Y von den x von periodisch zu- und abnehmender Gestalt so kann versucht werden, diese Erscheinung als sinusförmige Schwingung zu modellieren. Durch eine mathematische Umwandlung lässt sich dieses Problem auf eine Regression mit zwei Einflussgrössen zurückführen.

1.11.2 Ein Zahlenbeispiel

Wir betrachten für jeden Monat von September 1945 bis August 1955 die Rate der Todesfälle infolge Lungenentzündung pro 100 000 in der Population der Versicherten einer Lebensversicherungsgesellschaft (vgl. Tabelle 1.34). Die Werte sind auf eine jährliche Basis umgerechnet, d.h. sie geben an, wieviele Personen aus einer Gruppe von 100 000 beim im entsprechenden Monat vorliegenden Risiko innerhalb eines Jahres an Lungenentzündung sterben würden. In diesem Beispiel erwartet man einen sich jährlich wiederholenden Verlauf der Todesraten. Diese sollen mit den Methoden dieses Kapitels beschrieben werden.

1.11.3 Modell und Hypothesen

Als Grundmodell einer Sinus–Schwingung setzen wir

$$\mu_Y = \alpha + A \cdot \sin(\omega x + \varphi) \ .$$

Dabei gibt α die mittlere Lage der Y-Werte an. φ ist ein Parameter für die Lage der Kurve in horizontaler Richtung, d.h. eine Veränderung von φ hat eine Verschiebung der Kurve in horizontaler Richtung zur Folge. Der Parameter ω hängt von der Länge T einer Periode (gemessen in gleichen Masseinheiten wie x) ab. Man errechnet ω als

$$\omega = \frac{2\pi}{T} \ .$$

T muss im Voraus bekannt sein, wogegen die Parameter A und φ zu schätzen sind. A steht für die Amplitude und bestimmt somit die Stärke der periodischen Schwankungen. Es kann nun gezeigt werden, dass

$$A \cdot \sin(\omega x + \varphi) = \beta_1 \sin(\omega x) + \beta_2 \cos(\omega x) \tag{1.33}$$

mit $A^2 = \beta_1^2 + \beta_2^2$ und $\varphi = \arctan(\frac{\beta_2}{\beta_1})$. Man sieht, dass diese Transformation zu einer linearen Beziehung zwischen der Zielgrösse Y und den aus x berechenbaren Ausdrücken $\sin(\omega x)$ und $\cos(\omega x)$ führt:

$$\mu_Y = \alpha + \beta_1 \sin(\omega x) + \beta_2 \cos(\omega x) \ .$$

Die Einflussgrösse x beschreibt in den allermeisten Fällen, wo eine periodische Regression angebracht ist, die Zeit. Dann wird häufig statt x auch t geschrieben.

	45/46	46/47	47/48	48/49	49/50
Sept.	3.350	3.228	3.111	3.111	2.974
Okt.	3.532	3.611	3.193	3.016	3.053
Nov.	3.673	3.680	3.452	3.212	3.174
Dez.	4.332	3.931	3.827	3.350	3.394
Jan.	5.307	4.362	4.477	4.007	3.600
Feb.	4.802	4.067	4.170	3.877	3.483
März	4.707	4.297	4.375	3.850	3.773
April	4.284	4.604	3.920	3.939	3.865
Mai	3.618	3.885	3.877	3.673	3.575
Juni	3.796	3.360	3.476	3.043	3.184
Juli	3.540	3.228	3.139	2.915	2.718
Aug.	3.203	2.915	3.004	3.102	2.560

	50/51	51/52	52/53	53/54	54/55
Sept.	2.570	2.356	2.519	2.942	2.743
Okt.	2.898	2.821	2.787	2.596	2.821
Nov.	2.843	3.068	3.184	2.718	2.821
Dez.	3.307	3.421	3.261	3.287	3.108
Jan.	3.466	3.842	3.550	3.297	3.607
Feb.	3.550	3.466	4.183	3.370	3.568
März	4.362	4.059	4.200	3.476	3.508
April	3.916	3.666	3.593	3.251	3.360
Mai	3.476	3.414	3.047	2.942	2.855
Juni	2.933	2.995	2.995	2.898	2.729
Juli	2.843	2.809	2.962	2.776	2.910
Aug.	2.694	2.633	2.494	2.776	2.843

Tabelle 1.34: Rate der Todesfälle infolge Lungenentzündung pro 100 000 Personen von September 1945 bis August 1955.

1.11.4 Lösungsansatz

Wie bereits im vorangehenden Abschnitt erwähnt, lässt sich das Grundmodell einer Sinus-Schwingung aufgrund der Gleichung (1.33) als ein Regressionsmodell mit zwei Einflussgrössen

$$Y_i = \alpha + \beta_1 \sin(\omega x_i) + \beta_2 \cos(\omega x_i) + E_i \qquad i = 1, \ldots, n \tag{1.34}$$

formulieren. Die Residuen E_i sind dabei wieder unabhängig identisch normalverteilt mit Erwartungswert Null und Standardabweichung σ.

Bemerkung: Im Modell (1.34) wird davon ausgegangen, dass die Y bei zunehmenden x-Werten keine trendförmige, sich über mehrere Zyklen erstreckende Entwicklung aufweisen. Andernfalls müsste die Konstante α durch eine Trendkomponente ersetzt werden, beispielsweise durch einen linearen Term $\alpha + \gamma x_i$.

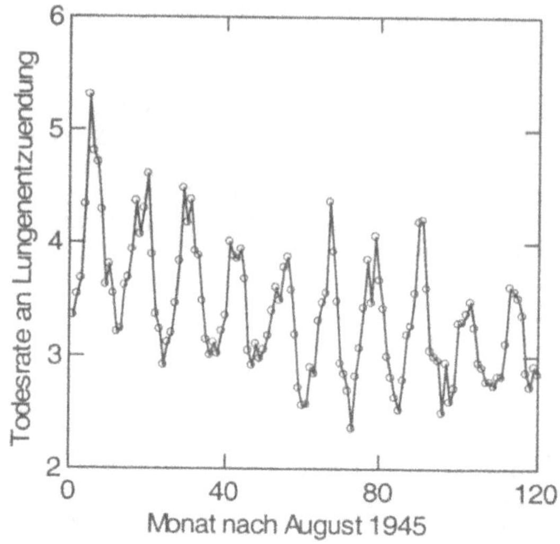

Abbildung 1.12: Zeitlicher Verlauf der Todesrate an Lungenentzündung.

Die in diesem Modell interessierende Hypothese wirft die Frage auf, *ob tatsächlich periodische Schwankungen vorliegen*, oder ob die Y-Werte in den verschiedenen "Saisons", d.h. in den verschiedenen Phasen des von x beschriebenen Zyklus der Länge T, konstant bleiben. Bezogen auf die eingangs von 1.11.3 eingeführte Form des Modells würde diese Nullhypothese H_0 : $A = 0$ lauten. Wegen der Identität $A^2 = \beta_1^2 + \beta_2^2$ ist dies äquivalent zur Hypothese

$$H_0 : \quad \beta_1 = \beta_2 = 0 \ ,$$

ausgedrückt in den Parametern in (1.34). Falls das betrachtete Modell keine Trendkomponente enthält, entspricht diese Hypothese dem globalen F-Test in diesem Regressionsmodell.

1.11.5 Lösungsvorschlag zum Beispiel

Abbildung 1.12 zeigt, dass in der zeitlichen Abfolge der Daten ein Trend vorliegt, der nicht linearer Natur ist, sondern eine sichtbare Krümmung aufweist. Deshalb erweitern wir das Modell (1.34) zu

$$Y_i = \alpha + \gamma_1 x_i + \gamma_2 x_i^2 + \beta_1 \sin(\omega x_i) + \beta_2 \cos(\omega x_i) + E_i \qquad i = 1, \ldots, n \ ,$$

mit der Todesfallrate als Zielgrösse Y und der chronologischen Nummerierung der Beobachtungsmonate von 1 bis 120 als Einflussgrösse x . $\alpha + \gamma_1 x_i + \gamma_2 x_i^2$ gibt die parabelförmige Trendkomponente an, während $\beta_1 \sin(\omega x_i) + \beta_2 \cos(\omega x_i)$ die Schwingung um diese Trendkurve beschreibt. Da ein Zyklus (=Jahr) zwölf monatlichen Beobachtungszeitpunkten entspricht,

Regression	
Zielgrösse	RATE
Bestimmtheitsmass	0.854
Anzahl Beobachtungen	120

	Koeff.	S.A.(Koeff.)	F-partial	p-Wert
Nullpunktordinate	4.108539	0.060671	4585.86	0.0000
Steigung(NUMMER)	-0.018775	0.002313	65.8980	0.0000
Steigung(NUMMER2)	0.000087	0.000019	21.8377	0.0000
Steigung(SINUS)	-0.152015	0.028178	29.1051	0.0000
Steigung(COSINUS)	-0.572315	0.028103	414.733	0.0000

ANOVA

	F.G.	Summenquadrat	F-global	p-Wert
Regression	4	31.92536	168.520	0.00000
Residuen	115	5.44658		
Insgesamt	119	37.37194		

Tabelle 1.35: Computer-Output zum Beispiel Todesfälle an Lungenentzündung: volles Modell.

muss $T = 12$ gesetzt werden, und man erhält

$$\omega = \frac{2\pi}{T} = \frac{\pi}{6} \ .$$

In Tabelle 1.35 findet man den Computer-Output zu diesem Modell.
Der Test für die Hypothese

$$H_0: \ \beta_1 = \beta_2 = 0$$

entspricht nicht dem globalen F-Test, da $\mu_Y(x)$ neben einem periodischen Anteil noch eine Trendkomponente enthält. Um die obige Hypothese zu testen, müssen wir das minimale Summenquadrat aus dem vollen Modell, $S_{Min} = 5.44658$ mit 115 Freiheitsgraden, vergleichen mit demjenigen aus dem Modell mit der gleichen Trendkomponente, jedoch ohne periodische Komponente. Dieses Modell lautet

$$Y_i = \alpha + \gamma_1 x_i + \gamma_2 x_i^2 + E_i \qquad i = 1, \ldots, n \ ,$$

und liefert den Output in Tabelle 1.36.
Dem Output entnehmen wir $S^0_{Min} = 26.48386$ mit 117 Freiheitsgraden. Die F-Testgrösse für die Hypothese, dass keine sinusförmigen periodischen Schwankungen vorhanden sind, berechnet man gemäss (1.16) (siehe Abschnitt 1.5.3, Seite 52) als

$$F = \frac{(S^0_{Min} - S_{Min})/(117-115)}{S_{Min}/115} = \frac{(26.48386 - 5.44658)/2}{5.44658/115} = 222.09 \ .$$

Regression	
Zielgrösse	RATE
Bestimmtheitsmass	0.291
Anzahl Beobachtungen	120

	Koeff.	S.A.(Koeff.)	F-partial	p-Wert
Nullpunktordinate	4.099544	0.132497	957.346	0.0000
Steigung(NUMMER)	-0.018329	0.005055	13.1462	0.0004
Steigung(NUMMER2)	0.000083	0.000040	4.18636	0.0430

ANOVA

	F.G.	Summenquadrat	F-global	p-Wert
Regression	2	10.88808	24.0506	0.00000
Residuen	117	26.48386		
Insgesamt	119	37.37194		

Tabelle 1.36: Computer-Output zum Beispiel Todesfälle an Lungenentzündung: Modell ohne periodische Komponente.

Dieser Wert liegt natürlich im Ablehnungsbereich von H_0, d.h. es sind periodische Schwankungen vorhanden, die sich mit einer sinusförmigen Schwingung beschreiben lassen. Aus Tabelle 1.35 ist zudem ersichtlich, dass die Trendfunktion nicht vereinfacht werden kann, da die partiellen F-Tests sowohl für den linearen als auch für den quadratischen Koeffizienten sehr kleine p-Werte besitzen. Die Regressionsgleichung für das volle Modell lautet

$$\begin{aligned}\mu_{\text{Rate}} &= \underset{(0.0607)}{4.1085} - \underset{(0.00231)}{0.18775} \cdot \text{Nummer} + \underset{(0.000019)}{0.000087} \cdot \text{Nummer}^2 \\ &\quad - \underset{(0.0282)}{0.1520} \cdot \text{Sinus} - \underset{(0.0281)}{0.5723} \cdot \text{Cosinus}\end{aligned}$$

$$\begin{aligned}\text{mit} \quad \text{Sinus} &= \sin(\omega \cdot \text{Nummer}) = \sin(\tfrac{\pi}{6} \cdot \text{Nummer}) \\ \text{und} \quad \text{Cosinus} &= \cos(\omega \cdot \text{Nummer}) = \sin(\tfrac{\pi}{6} \cdot \text{Nummer}).\end{aligned}$$

Die Residuen aus dem obigen Modell sind nicht unabhängig und identisch verteilt. Aus Abbildung 1.13 ist zu erahnen, dass der zeitliche Verlauf nicht rein zufällig ist (man spricht hier von Autokorrelation). Der vorliegende Datensatz sollte daher eher mit Methoden der Zeitreihenanalyse untersucht werden, die auf diese Art von Daten zugeschnitten sind.

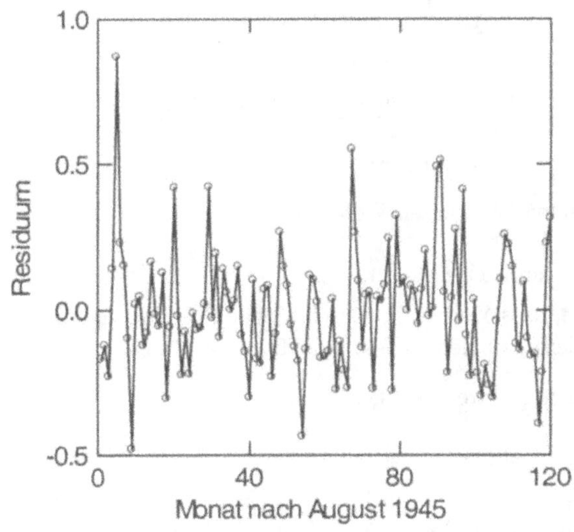

Abbildung 1.13: Zeitlicher Verlauf der Residuen aus dem Beispiel Todesfälle an Lungenentzündung.

1.11.6 Zusammenfassung von Abschnitt 1.11

Ausgangslage: Die Abhängigkeitsstruktur der Zielgrösse Y von einer Einflussgrösse x weist periodische Zu- und Abnahmeerscheinungen auf, welche innerhalb eines Regressionsmodells durch eine sinusförmige Schwingung beschrieben werden sollen.

Symbole: Sei T die (bekannte) Periodenlänge der Schwingung. Dann ist

$$\omega = \frac{2\pi}{T} \ .$$

Datenmatrix:

x	x^2	$\sin(\omega x)$	$\cos(\omega x)$	Y
x_1	x_1^2	$\sin(\omega x_1)$	$\cos(\omega x_1)$	y_1
x_2	x_2^2	$\sin(\omega x_2)$	$\cos(\omega x_2)$	y_2
$\vdots$	$\vdots$	$\vdots$	$\vdots$	$\vdots$
x_n	x_n^2	$\sin(\omega x_n)$	$\cos(\omega x_n)$	y_n

Regressionsmodell und Hypothesen:

- Schwingung um einen konstanten Wert α:
  Zielgrösse: Y
  Einflussgrössen: $\sin(\omega x)$, $\cos(\omega x)$

  Die Nullhypothese, dass Y über die verschiedenen Schwingungsphasen hinweg konstant bleibt, wird mit dem globalen F-Test geprüft.

- Schwingung um eine lineare Trendgerade:
  Zielgrösse: Y
  Einflussgrössen: x, $\sin(\omega x)$, $\cos(\omega x)$

  Die Nullhypothese, dass keine Schwingung vorliegt, prüft man, indem man die Fehlerquadratsumme aus diesem Modell, S_{Min}, mit derjenigen aus dem Modell der einfachen linearen Regression von Y auf x, S_{Min}^0, vergleicht:

  $$F = \frac{(S_{Min}^0 - S_{Min})/2}{S_{Min}/(n-4)} \ ,$$

  zu vergleichen mit dem $(1-\alpha)$-Quantil der F-Verteilung mit 2 und $n-4$ Freiheitsgraden.

- Schwingung um eine quadratische Trendkurve (siehe das Beispiel in 1.11.5):
  Zielgrösse: Y
  Einflussgrössen: x, x^2, $\sin(\omega x)$, $\cos(\omega x)$

  Die Nullhypothese, dass keine Schwingung vorliegt, prüft man, indem man die Fehlerquadratsumme aus diesem Modell, S_{Min}, mit derjenigen aus dem Modell einer quadratischen Regression (Zielgrösse Y, Einflussgrössen x und x^2), S_{Min}^0, vergleicht:

  $$F = \frac{(S_{Min}^0 - S_{Min})/2}{S_{Min}/(n-5)} \ ,$$

zu vergleichen mit dem $(1-\alpha)$-Quantil der F-Verteilung mit 2 und $n-5$ Freiheitsgraden.

1.12 Phasenregression

1.12.1 Problemstellung

Liegt ein Hinweis vor, dass sich die Form der linearen Funktion $\mu_Y(x)$ an einer bekannten Stelle ändern könnte, und sucht man deshalb zwei verschiedene Funktionen $\mu_Y^{(1)}$ und $\mu_Y^{(2)}$ für die Bereiche beidseits dieser Bruchstelle, so kann man die gesuchten Funktionen durch gezielte Auswahl der Einflussgrössen in einer multiplen Regression finden. Von speziellem Interesse ist hier häufig die Frage, ob ein stetiger Anschluss zwischen den beiden Funktionen angebracht ist.

1.12.2 Ein Zahlenbeispiel

Vom 500-Meilen-Rennen in Indianapolis betrachten wir die Durchschnittsgeschwindigkeit der Sieger für die Jahre 1919 bis 1941 und 1946 bis 1972 (Tabelle 1.37). In den Kriegsjahren 1942 bis 1945 fand dieser Anlass nicht statt. Diese Zeitperiode betrachten wir als Bruchstelle, d.h. wir wollen die Entwicklung der Geschwindigkeit des Siegers vorher und nachher vorerst separat untersuchen und dann vergleichen.

Jahr	Nr.	Geschw.	Jahr	Nr.	Geschw.	Jahr	Nr.	Geschw.
1919	7	141.7	1936	24	175.5	1956	40	206.8
1920	8	142.6	1937	25	182.8	1957	41	218.2
1921	9	144.2	1938	26	188.6	1958	42	215.3
1922	10	152.1	1939	27	185.1	1959	43	218.6
1923	11	146.4	1940	28	183.9	1960	44	223.3
1924	12	158.1	1941	29	185.3	1961	45	223.9
1925	13	162.7				1962	46	225.8
1926	14	154.3	1946	30	184.8	1963	47	230.4
1927	15	157.0	1947	31	187.2	1964	48	237.1
1928	16	160.1	1948	32	192.8	1965	49	242.5
1929	17	157.0	1949	33	195.3	1966	50	232.3
1930	18	161.7	1950	34	199.6	1967	51	243.3
1931	19	155.5	1951	35	203.2	1968	52	246.0
1932	20	167.6	1952	36	207.5	1969	53	252.0
1933	21	167.6	1953	37	207.2	1970	54	250.7
1934	22	168.8	1954	38	210.6	1971	55	253.9
1935	23	171.0	1955	39	206.3	1972	56	262.3

Tabelle 1.37: Daten zum Beispiel 500-Meilen-Rennen von Indianapolis.

1.12.3 Modell und Hypothesen

Wir betrachten den Fall, wo die Funktionen $\mu_Y^{(1)}$ und $\mu_Y^{(2)}$ linear sind. Das entsprechende Modell lautet dann

$$\mu_Y(x) = \begin{cases} \mu_Y^{(1)}(x) = \alpha_1 + \beta_1 \cdot x & \text{falls } x \leq x_0 \\ \mu_Y^{(2)}(x) = \alpha_2 + \beta_2 \cdot x & \text{falls } x > x_0 \end{cases} \tag{1.35}$$

Die Bedingung des stetigen Anschlusses an der Bruchstelle x_0 lässt sich formulieren als

$$\mu_Y^{(1)}(x_0) = \mu_Y^{(2)}(x_0) \ .$$

Als entsprechende Nullhypothese müsste man also

$$H_0: \ \alpha_1 + \beta_1 x_0 = \alpha_2 + \beta_2 x_0$$

untersuchen, um herauszufinden, ob ein stetiger Anschluss realistisch ist. Wird diese Hypothese angenommen, so kann man in einem nächsten Schritt testen, ob die Steigung in den beiden Bereichen beidseits der Bruchstelle identisch ist, was der Hypothese

$$H_0: \ \beta_1 = \beta_2$$

entsprechen würde. Falls nun auch diese zweite Nullhypothese angenommen wird, so kann die Regressionsbeziehung für den gesamten untersuchten Bereich mit einer einzigen Geraden beschrieben werden.

1.12.4 Lösungsansatz

Volles Modell

Modell (1.35) kann sinnvoll umparametrisiert werden zu

$$\mu_Y(x) = \alpha + \gamma_1 z_1 + \gamma_2 z_2 + \gamma_3 z_3 \tag{1.36}$$

mit den Hilfsvariablen

$$z_1 = x - x_0 \quad , \quad z_2 = \begin{cases} 0 & \text{falls } x \leq x_0 \\ 1 & \text{falls } x > x_0 \end{cases}$$

und

$$z_3 = z_1 \cdot z_2 = \begin{cases} 0 & \text{falls } x \leq x_0 \\ x - x_0 & \text{falls } x > x_0 \end{cases} \ .$$

Dieses Modell kann als Spezialfall von zwei Regressionsgeraden (siehe Abschnitt 1.8) aufgefasst werden, nur sind im vorliegenden Fall andere Hypothesen von Interesse.
Die Parameter in (1.36) erhält man aus denjenigen in (1.35) als

$$\alpha = \alpha_1 + \beta_1 x_0, \quad \gamma_1 = \beta_1, \quad \gamma_2 = \alpha_2 - \alpha_1 + (\beta_2 - \beta_1)x_0 \quad \text{und} \quad \gamma_3 = \beta_2 - \beta_1 \ .$$

Umgekehrt ergeben sich die Parameter in (1.35) aus denjenigen in (1.36) als

$$\alpha_1 = \alpha - \gamma_1 x_0, \quad \beta_1 = \gamma_1, \quad , \alpha_2 = \alpha + \gamma_2 - (\gamma_1 + \gamma_3)x_0, \quad \beta_2 = \gamma_1 + \gamma_3 \ .$$

Stetiger Anschluss

Die Hypothese eines stetigen Anschlusses an der Stelle $x = x_0$ ist äquivalent zur Partialhypothese

$$H_0: \gamma_2 = 0$$

in Modell (1.36). Sie entspricht somit dem partiellen F-Test für den Koeffizienten der Variablen z_2 in diesem multiplen Regressionsmodell. Falls sie nicht verworfen werden kann, ist eine Vereinfachung von (1.36) zu

$$\mu_Y(x) = \alpha + \gamma_1 z_1 + \gamma_3 z_3 \tag{1.37}$$

angezeigt.

Gleichbleibende Steigung

Die Hypothese identischer Steigungen in den beiden Bereichen der x-Achse für das reduzierte Modell (1.37) testet man mittels dem partiellen F-Test für die Einflussgrösse z_3. Die Nullhypothese $\beta_1 = \beta_2$ lautet nämlich in den Parametern dieses Modells ausgedrückt

$$H_0: \gamma_3 = 0 \ .$$

Nach Annahme dieser Nullhypothese verbleiben nur noch zwei Parameter, α und γ_1, und das resultierende Modell

$$\mu_Y(x) = \alpha + \gamma_1 z_1$$

ist nichts anderes als eine einfache lineare Regression.

Bruchstelle nicht bekannt

Ist die Bruchstelle x_0 nicht im Voraus gegeben, so kann sie durch heuristische Annäherung approximativ bestimmt werden, indem man für verschiedene Werte von x_0 das minimale Summenquadrat $S_{Min}(x_0)$ bestimmt und dann dasjenige x_0 wählt, welches dieses minimiert.

Die hier für den Fall linearer Abhängigkeit und einer einzigen Bruchstelle geschilderte Situation kann mit analoger Wahl von Einflussgrössen verallgemeinert werden zu Regressionsbeziehungen mit mehreren Bruchstellen und mit polynomialen Abhängigkeitsmustern in den verschiedenenen Bereichen der x-Achse.

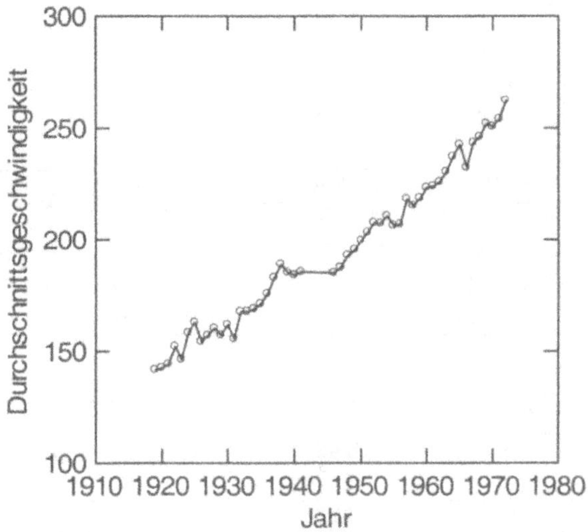

Abbildung 1.14: Durchschnittsgeschwindigkeit des Siegers des 500-Meilen Rennens in Abhängigkeit des Jahres.

1.12.5 Lösungsvorschlag zum Beispiel

Wir betrachten die Zielgrösse Geschwindigkeit nicht in Abhängigkeit der Variable *Jahr*, sondern nummerieren die 56 Zeitpunkte durch. So erhalten wir die Einflussgrösse

$$x = \begin{cases} \text{Jahr} - 1918 & \text{für } 1919 \leq \text{Jahr} \leq 1941 \\ \text{Jahr} - 1922 & \text{für } 1945 \leq \text{Jahr} \leq 1972 \end{cases}$$

Da die Bruchstelle zwischen der 23. und 24. Beobachtung liegt, erhalten wir für die Lage der Bruchstelle $x_0 = 23.5$. Wie in 1.12.4 beschrieben bilden wir nun die Variablen z_1, z_2 und z_3. In Abbildung 1.14 wurde als Einflussgrösse das Jahr gewählt, damit der Unterbruch während der Kriegsjahre sichtbar wird. Es ist ersichtlich, dass ein linearer Trend in beiden Zeitabschnitten vor und nach dem zweiten Weltkrieg die Verläufe passend beschreibt. Somit können wir ein Modell von der Gestalt (1.36) rechnen und erhalten aus dem Output in Tabelle 1.38

$$\mu_{\text{Geschwindigkeit}} = \underset{(1.67)}{187.27} + \underset{(0.126)}{2.032} \cdot z_1 - \underset{(2.27)}{2.50} \cdot z_2 + \underset{(0.160)}{0.679} \cdot z_3 \ .$$

Durch Rücktransformation erhalten wir die ursprüngliche Parametrisierung (1.35):

- für 1919 bis 1941: $\alpha_1 = \alpha - \gamma_1 x_0 = 187.27 - 2.032 \cdot 23.5 = 139.51$ und $\beta_1 = \gamma_1 = 2.032$, und somit als Regressionsgerade

$$\mu_{\text{Geschwindigkeit}} = 139.51 + 2.032 \cdot x \ ,$$

Regression	
Zielgrösse	GESCHW
Bestimmtheitsmass	0.987
Anzahl Beobachtungen	50

	Koeff.	S.A.(Koeff.)	F-partial	p-Wert
Nullpunktordinate	187.267	1.66901	12589.3	0.0000
Steigung(Z1)	2.03231	0.125717	261.340	0.0000
Steigung(Z2)	-2.501401	2.27104	1.21317	0.2764
Steigung(Z3)	0.678860	0.159905	18.0234	0.0001

ANOVA

	F.G.	Summenquadrat	F-global	p-Wert
Regression	3	57242.1	1192.95	0.00000
Residuen	46	735.749		
Insgesamt	49	57977.8		

Tabelle 1.38: Computer-Output zum 500-Meilen Rennen von Indianapolis: volles Modell.

- für 1946 bis 1972: $\alpha_2 = \alpha + \gamma_2 - (\gamma_1 + \gamma_3)x_0 = 187.27 - 2.501 - (2.032 + 0.679) \cdot 23.5 = 121.06$ und $\beta_1 = \gamma_1 + \gamma_3 = 2.032 + 0.679 = 2.711$, und somit als Regressionsgerade

$$\mu_{\text{Geschwindigkeit}} = 121.06 + 2.711 \cdot x \ .$$

Der Test für die Hypothese eines stetigen Anschlusses, $H_0 : \gamma_2 = 0$, wird mit einem p-Wert von 0.276 angenommen, wir müssen also das vereinfachte Modell (1.37) ohne die Variable z_2 berechnen. Wir finden aus Tabelle 1.39

$$\mu_{\text{Geschwindigkeit}} = \underset{(1.13)}{185.92} + \underset{(0.097)}{1.944} \cdot z_1 + \underset{(0.159)}{0.703} \cdot z_3 \ .$$

An dieser Stelle ist keine Vereinfachung des Modells möglich, insbesondere wird der Test auf gleiche Steigung in beiden Abschnitten mit einem p-Wert von 0.0001 verworfen. Wie oben lassen sich aus den Parameterschätzungen die linearen Beziehungen zwischen der Geschwindigkeit und der Einflussgrösse x für die beiden Bereiche bestimmen:

- für 1919 bis 1941: mit $\alpha_1 = \alpha - \gamma_1 x_0 = 185.92 - 1.944 \cdot 23.5 = 140.24$ und $\beta_1 = \gamma_1 = 1.944$ findet man die Regressionsgerade

$$\mu_{\text{Geschwindigkeit}} = 140.24 + 1.944 \cdot x \ ,$$

- für 1946 bis 1972: $\alpha_2 = \alpha + \gamma_2 - (\gamma_1 + \gamma_3)x_0 = 185.92 + 0 - (1.944 + 0.703) \cdot 23.5 = 123.72$ und $\beta_1 = \gamma_3 + \gamma_1 = 0.703 + 1.944 = 2.647$, und die Regressionsgerade lautet

$$\mu_{\text{Geschwindigkeit}} = 123.72 + 2.647 \cdot x \ .$$

Regression	
Zielgrösse	GESCHW
Bestimmtheitsmass	0.987
Anzahl Beobachtungen	50

	Koeff.	S.A.(Koeff.)	F-partial	p-Wert
Nullpunktordinate	185.916	1.13443	26858.6	0.0000
Steigung(Z1)	1.94416	0.097172	400.280	0.0000
Steigung(Z3)	0.703077	0.158745	19.6159	0.0001

ANOVA

	F.G.	Summenquadrat	F-global	p-Wert
Regression	2	57222.7	1780.75	0.00000
Residuen	47	755.152		
Insgesamt	49	57977.9		

Tabelle 1.39: Computer-Output zum 500-Meilen Rennen von Indianapolis: Modell mit stetigem Anschluss.

Man erkennt, dass der technologische Fortschritt nach dem zweiten Weltkrieg offenbar schneller voranschritt in dem Sinn, dass die mittlere jährliche Zunahme der Durchschnittsgeschwindigkeit signifikant höher war. Während der Kriegsjahre war kein bedeutender Fortschritt zu beobachten, der sich signifikant in einer Unstetigkeitsstelle manifestiert hätte.

1.12.6 Zusammenfassung von Abschnitt 1.12

Ausgangslage: Die Abhängigkeit der Zielgrösse Y von einer Einflussgrösse x ist linear, ändert sich aber an einer (in der Regel bekannten) Bruchstelle x_0.

Symbolik: Wir gehen davon aus, dass die Beobachtungen derart nummeriert sind, dass

$$\begin{array}{lll} x_i \leq x_0 & \text{für} & 1 \leq i \leq n_1 \\ x_i > x_0 & \text{für} & n_1 + 1 \leq i \leq n_1 + n_2 = n \end{array}$$

Datenmatrix:

x	Y	z_1	z_2	z_3
x_1	y_1	$x_1 - x_0$	0	0
x_2	y_2	$x_2 - x_0$	0	0
$\vdots$	$\vdots$	$\vdots$	$\vdots$	$\vdots$
x_{n_1}	y_{n_1}	$x_{n_1} - x_0$	0	0
x_{n_1+1}	y_{n_1+1}	$x_{n_1+1} - x_0$	1	$x_{n_1+1} - x_0$
x_{n_1+2}	y_{n_1+2}	$x_{n_1+2} - x_0$	1	$x_{n_1+2} - x_0$
$\vdots$	$\vdots$	$\vdots$	$\vdots$	$\vdots$
x_n	y_n	$x_n - x_0$	1	$x_n - x_0$

Es gilt: $z_1 = x - x_0$
$z_3 = z_2 \cdot z_1$

Regressionsmodell und Hypothesen:

Schrittweises Vorgehen:

- Volles Modell: Zielgrösse: Y
  Einflussgrössen: z_1, z_2, z_3

  Test für stetigen Anschluss: Partialtest für die Einflussgrösse z_2.

- Falls Hypothese eines stetigen Anschlusses nicht verworfen wird:
  Modell mit stetigem Anschluss: Zielgrösse: Y
  Einflussgrössen: z_1, z_3

  Test für gleiche Steigung: Partialtest für die Einflussgrösse z_3.

- Falls Hypothese gleicher Steigung nicht verworfen wird:
  Modell mit gleicher Regressionsgerade beidseits von x_0:
  Zielgrösse: Y
  Einflussgrössen: z_1 (bzw. x)

1.13 Behandlung von Ausreissern

1.13.1 Problemstellung

In diesem Abschnitt wird die Frage diskutiert, wie vorgegangen werden soll, falls in einem Regressionsproblem extreme Beobachtungen auftreten, die nicht ins Modell passen, sogenannte Ausreisser.

1.13.2 Ein Zahlenbeispiel

Wir betrachten noch einmal das Beispiel über den Benzinverbrauch in den 50 US-Bundesstaaten aus Abschnitt 1.5 (Daten in Tabelle 1.15). Dort waren drei extreme Beobachtungen aufgefallen, nämlich diejenigen für die Staaten Hawaii, Wyoming und Alaska. Das Problem von extremen Beobachtungen soll in diesem konkreten Beispiel explizit untersucht werden.

1.13.3 Modell und Hypothesen

Nach der Berechnung eines multiplen linearen Regressionsmodells

$$Y_i = \alpha + \beta_1 x_{1i} + \beta_2 x_{2i} + \ldots + \beta_p x_{pi} + E_i \quad (i = 1, \ldots, n)$$

müssen die Modellvoraussetzungen, insbesondere diejenige der unabhängig und identisch $N(0, \sigma)$-verteilten Residuen, graphisch überprüft werden. Entdeckt man dabei eine oder mehrere (dem Betrage nach) auffällig grosse Residuen, die nicht in eine Normalverteilung passen, so müssen die folgenden Abklärungen getroffen werden:

- Zuerst sollte überprüft werden, ob die Umstände bei der Erhebung der betreffenden Beobachtung(en) mit denjenigen identisch waren, unter denen die restliche Stichprobe erhoben wurde. Waren gewisse im Modell nicht mitberücksichtigte Störgrössen von Bedeutung ? Oder sind eventuell bei der Datenerhebung Fehler passiert ?
  Falls derartige Unregelmässigkeiten festgestellt werden, kann als Konsequenz versucht werden, diese Einflüsse als weitere Variablen im Modell einzubauen, was nicht immer möglich oder sinnvoll ist.

- Andernfalls werden die mit dem vollen Datensatz durchgeführten Rechnungen und Tests unter Ausschluss der extremen Beobachtung(en) wiederholt. Man vergleicht dann die interessierenden Schätzungen und Testentscheidungen mit denjenigen aus dem Modell mit allen Beobachtungen. Auf diese Weise kann festgestellt werden, in welchem Ausmass die zuvor erhaltenen Resultate durch diese Beobachtung(en) beeinflusst worden sind.

1.13.4 Lösungsansatz

Will man ein multiples Regressionsmodell unter Ausschluss von einigen bestimmten Beobachtungen durchführen, so kann man, anstatt diese Beobachtungen aus dem Datensatz zu entfernen, für jede dieser Beobachtungen eine zusätzliche Einflussgrösse in das Modell nehmen.

Nennen wir die Einflussgrösse, welche die k-te Beobachtung aufheben soll, z_k. Diese wird definiert als

$$z_{ki} = \begin{cases} 1 & \text{falls } k = i \\ 0 & \text{falls } k \neq i \end{cases} .$$

Anstelle der multiplen Regression ohne die verdächtigen Beobachtungen betrachten wir das Modell

$$Y_i = \alpha + \beta_1 x_{1i} + \ldots + \beta_p x_{pi} + \sum_k \gamma_k z_{ki} + E_i \quad (i = 1, \ldots, n) . \tag{1.38}$$

Die Summe $\sum_k \gamma_k z_{ki}$ besitzt dabei so viele Summanden wie Beobachtungen weggelassen wurden.

Die folgenden Grössen aus dem Modell (1.38) stimmen mit denjenigen aus dem multiplen Regressionsmodell mit den Einflussgrössen $x_1, \ldots, x_p$, aber ohne die extremen Beobachtungen überein:

- die Parameterschätzungen für α und $\beta_1, \ldots, \beta_p$ sowie ihre Standardabweichungen,
- die partiellen F-Tests für die Einflussgrössen $x_1, \ldots, x_p$ sowie ihre p-Werte,
- die Fehlerquadratsumme S_{Min} im vollen Modell und die zugehörige Anzahl Freiheitsgrade.

Nicht gleich sind:

- das Bestimmtheitsmass,
- die Fehlerquadratsumme S^0_{Min} im globalen Nullmodell und die zugehörige Anzahl Freiheitsgrade,
- der globale F-Test und der entsprechende p-Wert.

Die Parameterschätzungen der γ_k können interpretiert werden als vertikaler Abstand des beobachteten Wertes y_k von der Regressionsebene, die aus der Regression ohne die verdächtigen Beobachtungen resultiert.

1.13.5 Lösungsvorschlag zum Beispiel

Wir bilden für die drei Staaten Wyoming, Alaska und Hawaii die jeweiligen Hilfsvariablen (in 1.13.4 z_k genannt), nennen sie hier aber WYOMING, ALASKA und HAWAII. Nun betrachten wir die der Formel (1.38) entsprechende Regression, die neben den vier ursprünglichen Einflussgrössen auch die drei eben eingeführten enthält. Die Resultate zeigt Tabelle 1.40. Dem Prinzip der Rückwärtselimination folgend eliminieren wir die Variable STRASSEN mit einem p-Wert von 0.6356. Im zweiten Schritt erhalten wir den Output in Tabelle 1.41. Nun

Regression	
Zielgrösse	BENZIN
Bestimmtheitsmass	0.801
Anzahl Beobachtungen	50

	Koeff.	S.A.(Koeff.)	F-partial	p-Wert
Nullpunktordinate	430.970	154.781	7.75283	0.0080
Steigung(STEUER)	-31.3598	10.8146	8.40867	0.0059
Steigung(EINKOMM)	-66.2585	14.3238	21.3975	0.0000
Steigung(STRASSEN)	-1.35038	2.82900	0.227853	0.6356
Steigung(AUSWEIS)	11.7372	1.63993	51.2251	0.0000
Steigung(WYOMING)	260.972	58.1223	20.1605	0.0001
Steigung(ALASKA)	186.795	61.6002	9.19527	0.0042
Steigung(HAWAII)	-357.970	67.7613	27.9081	0.0000

ANOVA

	F.G.	Summenquadrat	F-global	p-Wert
Regression	7	513686	24.1290	0.00000
Residuen	42	127735		
Insgesamt	49	641421		

Tabelle 1.40: Computer-Output zum Beispiel Benzinverbrauch: volles Modell mit Hilfsvariablen für die Staaten Wyoming, Alaska und Hawaii.

kann keine weitere Einflussgrösse mehr aus dem Modell genommen werden, auch nicht nach einer Korrektur des Testniveaus nach Bonferroni. Wir finden die Regressionsgleichung

$$\mu_{\text{Benzinverbrauch}} = \underset{(131)}{393} - \underset{(8.78)}{28.40}\cdot \text{Steuer} - \underset{(14.1)}{67.0}\cdot \text{Einkommen} + \underset{(1.57)}{11.93}\cdot \text{Ausweis} \ .$$

Die Werte des Benzinverbrauchs für die drei speziell untersuchten Staaten liegen um 263.3 (Wyoming), 192.0 (Alaska) bzw. −344.2 (Hawaii) Gallonen/Einwohner über jener Zahl, die aufgrund der obigen Gleichung geschätzt würde.
Im Gegensatz zum Fall, wo alle Beobachtungen berücksichtigt werden (siehe Abschnitt 1.5.5) bleibt die Variable STEUER im Modell. Es stellt sich die Frage nach der Ursache dieser Erscheinung. Eine plausible Erklärung liefert Abbildung 1.15: Es besteht generell die Tendenz, dass in Staaten mit hoher Benzinsteuer der Verbrauch niedriger ist. Hawaii in dieser Beziehung die grosse Ausnahme, denn sowohl die Höhe der Benzinsteuer als auch der Benzinverbrauch ist in diesem Staat vergleichsweise tief. Dadurch wird der Effekt der Variablen STEUER im Modell mit allen Staaten von dieser einzelnen Beobachtung aufgehoben, weshalb sie sich als scheinbar redundant herausstellt.

Zu einer vollständigen Analyse der Residuen gehören auch Punkteschwärme der Residuen in Abhängigkeit aller Einflussgrössen bzw. der Schätzungen der Zielgrösse. Die Residuen

Regression	
Zielgrösse	BENZIN
Bestimmtheitsmass	0.800
Anzahl Beobachtungen	50

	Koeff.	S.A.(Koeff.)	F-partial	p-Wert
Nullpunktordinate	392.787	131.313	8.94746	0.0046
Steigung(STEUER)	-28.3963	8.77512	10.4717	0.0023
Steigung(EINKOMM)	-67.0481	14.0997	22.6128	0.0000
Steigung(AUSWEIS)	11.9344	1.57276	57.5802	0.0000
Steigung(WYOMING)	263.321	57.3913	21.0514	0.0000
Steigung(ALASKA)	192.052	60.0610	10.2248	0.0026
Steigung(HAWAII)	-344.248	60.8071	32.0504	0.0000

ANOVA

	F.G.	Summenquadrat	F-global	p-Wert
Regression	6	512994	28.6265	0.00000
Residuen	43	128428		
Insgesamt	49	641422		

Tabelle 1.41: Computer-Output zum Beispiel Benzinverbrauch: Modell mit Hilfsvariablen für die Staaten Wyoming, Alaska und Hawaii, nach Elimination der Variablen STRASSE.

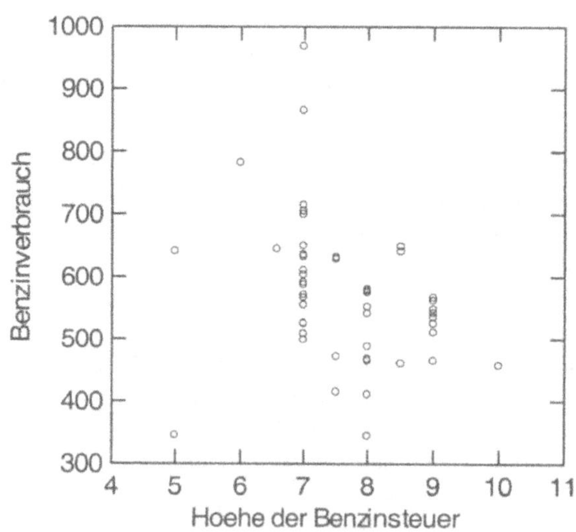

Abbildung 1.15: Benzinverbrauch pro Kopf in Abhängigkeit der Höhe der Benzinsteuer für die 50 US-Bundesstaaten. Auffällig ist der Punkt für Hawaii unten links.

sollten dabei ein zufälliges Muster aufweisen, es sollten also beispielsweise keine nichtlinearen Abhängigkeitsmuster auszumachen sein. Für das Modell mit 47 Staaten sind keine groben Verletzungen dieser Voraussetzungen zu beobachten. Die Überprüfung dieser Aussage wird dem Leser überlassen.

1.13.6 Zusammenfassung von Abschnitt 1.13

Ausgangslage: Man hat in einer multiplen Regression eine Anzahl Beobachtungen, von denen man sich fragt, welchen Einfluss sie auf die gemachten Schätzungen und Tests haben.

Symbolik: m gebe die Anzahl der Beobachtungen an, deren Einfluss untersucht werden soll. Wir gehen davon aus, dass die Beobachtungen derart nummeriert sind, dass dies genau die Beobachtungen mit den Nummern $n-m+1$, $n-m+2$, ... , n sind.

Datenmatrix:

x_1	x_2	...	x_p	z_1	z_2	...	z_m	Y
x_{11}	x_{21}	...	x_{p1}	0	0	...	0	y_1
x_{12}	x_{22}	...	x_{p2}	0	0	...	0	y_2
$\vdots$	$\vdots$		$\vdots$	$\vdots$	$\vdots$		$\vdots$	$\vdots$
$x_{1,n-m}$	$x_{2,n-m}$	...	$x_{p,n-m}$	0	0	...	0	y_{n-m}
$x_{1,n-m+1}$	$x_{2,n-m+1}$	...	$x_{p,n-m+1}$	1	0	...	0	y_{n-m+1}
$x_{1,n-m+2}$	$x_{2,n-m+2}$	...	$x_{p,n-m+2}$	0	1	...	0	y_{n-m+2}
$\vdots$	$\vdots$		$\vdots$	$\vdots$	$\vdots$	$\ddots$	$\vdots$	$\vdots$
x_{1n}	x_{2n}	...	x_{pn}	0	0	...	1	y_n

Regressionsmodell und Hypothesen:

Zielgrösse:	Y
Einflussgrössen:	x_1, x_2, ... , x_p, z_1, z_2, ... , z_m

Die Schätzungen der partiellen Regressionskoeffizienten und die partiellen F-Tests der x-Variablen sind identisch mit denen, die durch Entfernen der m Beobachtungen im ursprünglichen Modell (Zielgrösse Y, Einflussgrössen x_1, x_2, ... , x_p) gefunden würden. Mit den x-Variablen kann eine Rückwärtselimination durchgeführt werden.

Kapitel 2

Multivariate Statistik

2.1 Linearkombinationen

2.1.1 Problemstellung

Die multiple Regression (Abschnitt 1.5) betrachtet lineare Funktionen von der Form

$$y_i = a + b_1 x_{1i} + \cdots + b_p x_{pi} \quad (i = 1, \cdots, n) \tag{2.1}$$

zur Schätzung des Erwartungswertes

$$\mu_y = \alpha + \beta_1 x_1 + \cdots + \beta_p x_p$$

einer Zielgrösse Y.

Eine lineare Funktion ohne Nullpunktordinate ($a = 0$) nennt man eine **Linearkombination** der p Variablen $x_1, x_2, \ldots, x_p$. Die Linearkombination y ist somit eine gewichtete Summe von $x_1, \cdots, x_p$ mit den Gewichten $b_1, \cdots, b_p$. Dabei müssen die Masseinheiten nicht für alle p Variablen gleich sein.

Einige Gebiete der multivariaten Statistik, in denen spezielle Linearkombinationen und deren statistische Eigenschaften zur Anwendung kommen, werden in diesem zweiten Kapitel vorgestellt.

2.1.2 Ein Zahlenbeispiel

Von 200 alten Schweizer 1000 Franken-Banknoten - 100 echt (ECHT) und 100 gefälscht (FALSCH) - wurden folgende Masse in mm ermittelt:

1. X_1 = LAENGE : Die Länge der Note
2. X_2 = LINKS : Die Höhe am linken Bildrand
3. X_3 = RECHTS : Die Höhe am rechten Bildrand
4. X_4 = UNTEN : Die Höhe des unteren Randes
5. X_5 = OBEN : Die Höhe des oberen Randes
6. X_6 = DIAGONAL : Die Länge der Diagonalen im Bild

Die sechs Variablen sind in Abbildung 2.1 illustriert. Den kompletten Datensatz entnimmt man den Tabellen 2.1 (echte Banknoten) und 2.2 (Fälschungen). Wir werden dieses Zahlenbeispiel in den folgenden Kapiteln immer wieder zur Illustration der vorgestellten Methoden verwenden. Die Daten sind auf dem Internet als Beispiel 41 abrufbar unter

`http://www.access.ch/consult/regr.html` .

Abbildung 2.1: Banknote mit Illustration der Variablen $X_1, \ldots X_6$.

2.1.3 Spezielle Linearkombinationen

Die **Summe** von p Variablen ist eine Linearkombination mit den Gewichten oder Koeffizienten $b_1 = \cdots = b_p = 1$. Im Banknotenbeispiel könnte man alle Längenmasse aufaddieren, doch für die Interpretation würde diese Linearkombination wohl wenig Sinn machen. Wenn wir aber an einem Skiabfahrtsrennen die p Teilzeiten der Fahrer messen, dann wird das Total - die Gesamtzeit - zur wichtigsten Linearkombination, die über Sieg und Rang entscheidet.

Nr.	X_1	X_2	X_3	X_4	X_5	X_6	Nr.	X_1	X_2	X_3	X_4	X_5	X_6
1	214.8	131.0	131.1	9.0	9.7	141.0	51	214.6	129.8	129.4	7.2	10.0	141.3
2	214.6	129.7	129.7	8.1	9.5	141.7	52	215.3	130.6	130.0	9.5	9.7	141.1
3	214.8	129.7	129.7	8.7	9.6	142.2	53	214.5	130.1	130.0	7.8	10.9	140.9
4	214.8	129.7	129.6	7.5	10.4	142.0	54	215.4	130.2	130.2	7.6	10.9	141.6
5	215.0	129.6	129.7	10.4	7.7	141.8	55	214.5	129.4	129.5	7.9	10.0	141.4
6	215.7	130.8	130.5	9.0	10.1	141.4	56	215.2	129.7	129.4	9.2	9.4	142.0
7	215.5	129.5	129.7	7.9	9.6	141.6	57	215.7	130.0	129.4	9.2	10.4	141.2
8	214.5	129.6	129.2	7.2	10.7	141.7	58	215.0	129.6	129.4	8.8	9.0	141.1
9	214.9	129.4	129.7	8.2	11.0	141.9	59	215.1	130.1	129.9	7.9	11.0	141.3
10	215.2	130.4	130.3	9.2	10.0	140.7	60	215.1	130.0	129.8	8.2	10.3	141.4
11	215.3	130.4	130.3	7.9	11.7	141.8	61	215.1	129.6	129.3	8.3	9.9	141.6
12	215.1	129.5	129.6	7.7	10.5	142.2	62	215.3	129.7	129.4	7.5	10.5	141.5
13	215.2	130.8	129.6	7.9	10.8	141.4	63	215.4	129.8	129.4	8.0	10.6	141.5
14	214.7	129.7	129.7	7.7	10.9	141.7	64	214.5	130.0	129.5	8.0	10.8	141.4
15	215.1	129.9	129.7	7.7	10.8	141.8	65	215.0	130.0	129.8	8.6	10.6	141.5
16	214.5	129.8	129.8	9.3	8.5	141.6	66	215.2	130.6	130.0	8.8	10.6	140.8
17	214.6	129.9	130.1	8.2	9.8	141.7	67	214.6	129.5	129.2	7.7	10.3	141.3
18	215.0	129.9	129.7	9.0	9.0	141.9	68	214.8	129.7	129.3	9.1	9.5	141.5
19	215.2	129.6	129.6	7.4	11.5	141.5	69	215.1	129.6	129.8	8.6	9.8	141.8
20	214.7	130.2	129.9	8.6	10.0	141.9	70	214.9	130.2	130.2	8.0	11.2	139.6
21	215.0	129.9	129.3	8.4	10.0	141.4	71	213.8	129.8	129.5	8.4	11.1	140.9
22	215.6	130.5	130.0	8.1	10.3	141.6	72	215.2	129.9	129.5	8.2	10.3	141.4
23	215.3	130.6	130.0	8.4	10.8	141.5	73	215.0	129.6	130.2	8.7	10.0	141.2
24	215.7	130.2	130.0	8.7	10.0	141.6	74	214.4	129.9	129.6	7.5	10.5	141.8
25	215.1	129.7	129.9	7.4	10.8	141.1	75	215.2	129.9	129.7	7.2	10.6	142.1
26	215.3	130.4	130.4	8.0	11.0	142.3	76	214.1	129.6	129.3	7.6	10.7	141.7
27	215.5	130.2	130.1	8.9	9.8	142.4	77	214.9	129.9	130.1	8.8	10.0	141.2
28	215.1	130.3	130.3	9.8	9.5	141.9	78	214.6	129.8	129.4	7.4	10.6	141.0
29	215.1	130.0	130.0	7.4	10.5	141.8	79	215.2	130.5	129.8	7.9	10.9	140.9
30	214.8	129.7	129.3	8.3	9.0	142.0	80	214.6	129.9	129.4	7.9	10.0	141.8
31	215.2	130.1	129.8	7.9	10.7	141.8	81	215.1	129.7	129.7	8.6	10.3	140.6
32	214.8	129.7	129.7	8.6	9.1	142.3	82	214.9	129.8	129.6	7.5	10.3	141.0
33	215.0	130.0	129.6	7.7	10.5	140.7	83	215.2	129.7	129.1	9.0	9.7	141.9
34	215.6	130.4	130.1	8.4	10.3	141.0	84	215.2	130.1	129.9	7.9	10.8	141.3
35	215.9	130.4	130.0	8.9	10.6	141.4	85	215.4	130.7	130.2	9.0	11.1	141.2
36	214.6	130.2	130.2	9.4	9.7	141.8	86	215.1	129.9	129.6	8.9	10.2	141.5
37	215.5	130.3	130.0	8.4	9.7	141.8	87	215.2	129.9	129.7	8.7	9.5	141.6
38	215.3	129.9	129.4	7.9	10.0	142.0	88	215.0	129.6	129.2	8.4	10.2	142.1
39	215.3	130.3	130.1	8.5	9.3	142.1	89	214.9	130.3	129.9	7.4	11.2	141.5
40	213.9	130.3	129.0	8.1	9.7	141.3	90	215.0	129.9	129.7	8.0	10.5	142.0
41	214.4	129.8	129.2	8.9	9.4	142.3	91	214.7	129.7	129.3	8.6	9.6	141.6
42	214.8	130.1	129.6	8.8	9.9	140.9	92	215.4	130.0	129.9	8.5	9.7	141.4
43	214.9	129.6	129.4	9.3	9.0	141.7	93	214.9	129.4	129.5	8.2	9.9	141.5
44	214.9	130.4	129.7	9.0	9.8	140.9	94	214.5	129.5	129.3	7.4	10.7	141.5
45	214.8	129.4	129.1	8.2	10.2	141.0	95	214.7	129.6	129.5	8.3	10.0	142.0
46	214.3	129.5	129.4	8.3	10.2	141.8	96	215.6	129.9	129.9	9.0	9.5	141.7
47	214.8	129.9	129.7	8.3	10.2	141.5	97	215.0	130.4	130.3	9.1	10.2	141.1
48	214.8	129.9	129.7	7.3	10.9	142.0	98	214.4	129.7	129.5	8.0	10.3	141.2
49	214.6	129.7	129.8	7.9	10.3	141.1	99	215.1	130.0	129.8	9.1	10.2	141.5
50	214.5	129.0	129.6	7.8	9.8	142.0	100	214.7	130.0	129.4	7.8	10.0	141.2

Tabelle 2.1: Masse der 100 echten Banknoten

Nr.	X_1	X_2	X_3	X_4	X_5	X_6	Nr.	X_1	X_2	X_3	X_4	X_5	X_6
101	214.4	130.1	130.3	9.7	11.7	139.8	151	214.9	130.3	129.9	11.9	10.6	139.8
102	214.9	130.5	130.2	11.0	11.5	139.5	152	214.6	129.9	129.7	11.9	10.1	139.0
103	214.9	130.3	130.1	8.7	11.7	140.2	153	214.6	129.7	129.3	10.4	11.0	139.3
104	215.0	130.4	130.6	9.9	10.9	140.3	154	214.5	130.1	130.1	12.1	10.3	139.4
105	214.7	130.2	130.3	11.8	10.9	139.7	155	214.5	130.3	130.0	11.0	11.5	139.5
106	215.0	130.2	130.2	10.6	10.7	139.9	156	215.1	130.0	130.3	11.6	10.5	139.7
107	215.3	130.3	130.1	9.3	12.1	140.2	157	214.2	129.7	129.6	10.3	11.4	139.5
108	214.8	130.1	130.4	9.8	11.5	139.9	158	214.4	130.1	130.0	11.3	10.7	139.2
109	215.0	130.2	129.9	10.0	11.9	139.4	159	214.8	130.4	130.6	12.5	10.0	139.3
110	215.2	130.6	130.8	10.4	11.2	140.3	160	214.6	130.6	130.1	8.1	12.1	137.9
111	215.2	130.4	130.3	8.0	11.5	139.2	161	215.6	130.1	129.7	7.4	12.2	138.4
112	215.1	130.5	130.3	10.6	11.5	140.1	162	214.9	130.5	130.1	9.9	10.2	138.1
113	215.4	130.7	131.1	9.7	11.8	140.6	163	214.6	130.1	130.0	11.5	10.6	139.5
114	214.9	130.4	129.9	11.4	11.0	139.9	164	214.7	130.1	130.2	11.6	10.9	139.1
115	215.1	130.3	130.0	10.6	10.8	139.7	165	214.3	130.3	130.0	11.4	10.5	139.8
116	215.5	130.4	130.0	8.2	11.2	139.2	166	215.1	130.3	130.6	10.3	12.0	139.7
117	214.7	130.6	130.1	11.8	10.5	139.8	167	216.3	130.7	130.4	10.0	10.1	138.8
118	214.7	130.4	130.1	12.1	10.4	139.9	168	215.6	130.4	130.1	9.6	11.2	138.6
119	214.8	130.5	130.2	11.0	11.0	140.0	169	214.8	129.9	129.8	9.6	12.0	139.6
120	214.4	130.2	129.9	10.1	12.0	139.2	170	214.9	130.0	129.9	11.4	10.9	139.7
121	214.8	130.3	130.4	10.1	12.1	139.6	171	213.9	130.7	130.5	8.7	11.5	137.8
122	215.1	130.6	130.3	12.3	10.2	139.6	172	214.2	130.6	130.4	12.0	10.2	139.6
123	215.3	130.8	131.1	11.6	10.6	140.2	173	214.8	130.5	130.3	11.8	10.5	139.4
124	215.1	130.7	130.4	10.5	11.2	139.7	174	214.8	129.6	130.0	10.4	11.6	139.2
125	214.7	130.5	130.5	9.9	10.3	140.1	175	214.8	130.1	130.0	11.4	10.5	139.6
126	214.9	130.0	130.3	10.2	11.4	139.6	176	214.9	130.4	130.2	11.9	10.7	139.0
127	215.0	130.4	130.4	9.4	11.6	140.2	177	214.3	130.1	130.1	11.6	10.5	139.7
128	215.5	130.7	130.3	10.2	11.8	140.0	178	214.5	130.4	130.0	9.9	12.0	139.6
129	215.1	130.2	130.2	10.1	11.3	140.3	179	214.8	130.5	130.3	10.2	12.1	139.1
130	214.5	130.2	130.6	9.8	12.1	139.9	180	214.5	130.2	130.4	8.2	11.8	137.8
131	214.3	130.2	130.0	10.7	10.5	139.8	181	215.0	130.4	130.1	11.4	10.7	139.1
132	214.5	130.2	129.8	12.3	11.2	139.2	182	214.8	130.6	130.6	8.0	11.4	138.7
133	214.9	130.5	130.2	10.6	11.5	139.9	183	215.0	130.5	130.1	11.0	11.4	139.3
134	214.6	130.2	130.4	10.5	11.8	139.7	184	214.6	130.5	130.4	10.1	11.4	139.3
135	214.2	130.0	130.2	11.0	11.2	139.5	185	214.7	130.2	130.1	10.7	11.1	139.5
136	214.8	130.1	130.1	11.9	11.1	139.5	186	214.7	130.4	130.0	11.5	10.7	139.4
137	214.6	129.8	130.2	10.7	11.1	139.4	187	214.5	130.4	130.0	8.0	12.2	138.5
138	214.9	130.7	130.3	9.3	11.2	138.3	188	214.8	130.0	129.7	11.4	10.6	139.2
139	214.6	130.4	130.4	11.3	10.8	139.8	189	214.8	129.9	130.2	9.6	11.9	139.4
140	214.5	130.5	130.2	11.8	10.2	139.6	190	214.6	130.3	130.2	12.7	9.1	139.2
141	214.8	130.2	130.3	10.0	11.9	139.3	191	215.1	130.2	129.8	10.2	12.0	139.4
142	214.7	130.0	129.4	10.2	11.0	139.2	192	215.4	130.5	130.6	8.8	11.0	138.6
143	214.6	130.2	130.4	11.2	10.7	139.9	193	214.7	130.3	130.2	10.8	11.1	139.2
144	215.0	130.5	130.4	10.6	11.1	139.9	194	215.0	130.5	130.3	9.6	11.0	138.5
145	214.5	129.8	129.8	11.4	10.0	139.3	195	214.9	130.3	130.5	11.6	10.6	139.8
146	214.9	130.6	130.4	11.9	10.5	139.8	196	215.0	130.4	130.3	9.9	12.1	139.6
147	215.0	130.5	130.4	11.4	10.7	139.9	197	215.1	130.3	129.9	10.3	11.5	139.7
148	215.3	130.6	130.3	9.3	11.3	138.1	198	214.8	130.3	130.4	10.6	11.1	140.0
149	214.7	130.2	130.1	10.7	11.0	139.4	199	214.7	130.7	130.8	11.2	11.2	139.4
150	214.9	129.9	130.0	9.9	12.3	139.4	200	214.3	129.9	129.9	10.2	11.5	139.6

Tabelle 2.2: Masse der 100 falschen Banknoten

Sind die Koeffizienten alle gleich $1/p$, so erkennen wir in der entsprechenden Linearkombination den **Mittelwert** der p Variablen. Nimmt man etwa an, dass die p Variablen die gleiche Verteilung haben, so ist der Mittelwert ein guter Schätzwert des Mittelwertes dieser Verteilung.

Ein weiterer Spezialfall ist gegeben, wenn ein Koeffizient Eins, alle anderen Null sind: **jede Variable** ist für sich schon eine spezielle Linearkombination.

Eine Linearkombination kann auch Auskunft geben über Merkmale, die wir gar nicht ermittelt haben. So könnte jemand an der Höhe des Druckbildes von Banknoten interessiert sein. Da diese nicht gemessen wurde, kann man leicht erkennen, dass die sechs Längenmasse über die Höhe des Druckbildes, das wir kurz **"Bild"** nennen, Auskunft geben können. Dazu versuchen wir die Höhe aus den vorhandenen Messungen durch eine Linearkombination zu ermitteln. Wir schätzen zuerst die Höhe im mittleren Bildteil durch das arithmetische Mittel aus den Höhen am rechten und linken Bildrand und subtrahieren davon die untere und obere Randhöhe. Die neue Grösse ist eine spezielle Linearkombination

$$\text{BILD} = \tfrac{1}{2}\ \text{LINKS} + \tfrac{1}{2}\ \text{RECHTS} - \text{UNTEN} - \text{OBEN}$$

mit den Koeffizienten

$$a_1 = 0,\quad a_2 = \frac{1}{2},\quad a_3 = \frac{1}{2},\quad a_4 = -1,\quad a_5 = -1,\quad a_6 = 0$$

Diese Linearkombination lässt sich für jede Banknote berechnen und für ECHT und FALSCH einander gegenüberstellen (Abbildung 2.2). Zur Charakterisierung der Trennung von echten und falschen Banknoten enthält BILD mit einer Standarddistanz $D = 3.844$ mehr Information als jede in ihr enthaltene Variable LINKS ($D = 1.136$), RECHTS ($D = 1.442$), UNTEN ($D = 2.417$) oder OBEN ($D = 1.502$) (Zur Definition und Erklärung des Konzepts der Standarddistanz siehe Abschnitt 1.3.3).

Multipliziert man eine Linearkombination mit einer Konstanten, so ändert die Skala, nicht aber die Standarddistanz zwischen Gruppen.

Eine Linearkombination nennen wir **normiert**, wenn die Summe der quadrierten Koeffizienten gleich 1 ist:

$$b_1^2 + b_2^2 + \cdots + b_p^2 = 1.$$

Jede Linearkombination kann normiert werden, indem jeder Koeffizient durch die Wurzel aus der Summe der quadrierten Koeffizienten dividiert wird. So erhält man aus BILD die normierte Variable

$$\begin{aligned} \text{NBILD} &= \sqrt{\frac{2}{5}} \cdot \text{BILD} \\ &= 0.3162 \cdot \text{LINKS} + 0.3162 \cdot \text{RECHTS} \\ &\quad -0.6325 \cdot \text{UNTEN} - 0.6325 \cdot \text{OBEN} \end{aligned}$$

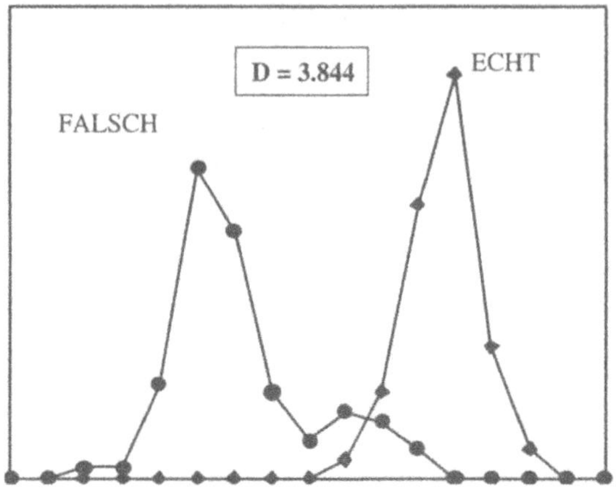

Abbildung 2.2: Häufigkeitspolygon der Linearkombination BILD, getrennt nach den Gruppen *echt* und *falsch*.

Auch die Variablen $X_1, \cdots, X_p$ selbst sind normierte Linearkombinationen.

Die Funktion einer Linearkombination kann als Projektion von Punkten auf eine Gerade veranschaulicht werden. Beschränken wir uns nun auf den Fall zweier Variablen X_1 und X_2, d.h. $p = 2$ und $L = b_1X_1 + b_2X_2$. Die Abbildung 2.3 zeigt, dass eine spezielle Linearkombination einer Projektion von Punkten in der Ebene entlang paralleler Linien auf eine Gerade entspricht. Man beachte dabei, dass die Projektionsrichtung und die Skaleneinteilung von den Koeffizienten b_1 und b_2 abhängt. Durch die Normierung der Linearkombinationen (Abbildung 2.4) wird aus allen linear abhängigen Projektionen, d.h. aus allen Projektionen mit identischer Projektionsrichtung, eine bestimmte ausgewählt. Es entspricht somit (bis auf das Vorzeichen) jeder normierten Linearkombination genau eine Projektionsrichtung und umgekehrt.
Ob zwei Linearkombinationen die Punkte auf ähnliche Weise abbilden, können wir durch ihre Korrelation messen. Betrachten wir die Variablen UNTEN und OBEN der echten Banknoten (Abbildung 2.5) und projizieren diese auf drei Geraden L_1, L_2 und L_3, so beträgt die Korrelation zwischen den Linearkombinationen L_1 und L_2 0.982 und zwischen L_1 und L_3 0.864 (vergleiche Abbildungen 2.6 - 2.8). Wir können sagen, L_1 und L_2 seien ähnlichere Linearkombinationen als L_1 und L_3. Diese Beurteilung lässt sich rechnerisch auf mehrdimensionale Daten anwenden, auch wenn wir diese Punkte nicht mehr visualisieren können.
Die Abbildung 2.9 stellt die Linearkombination BILD der Variablen bzw. Linearkombinati-

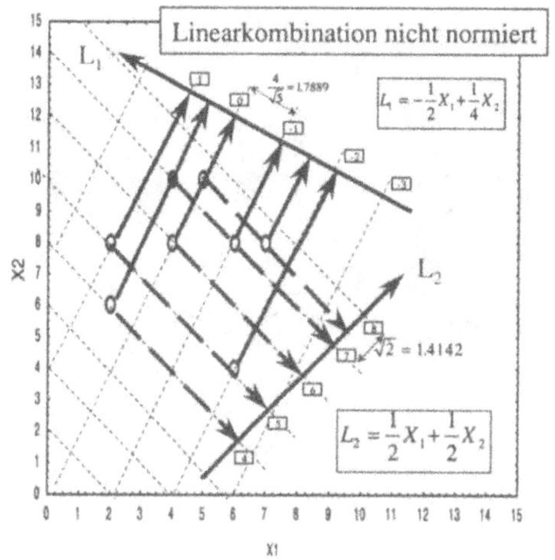

Abbildung 2.3: Nichtnormierte Linearkombinationen

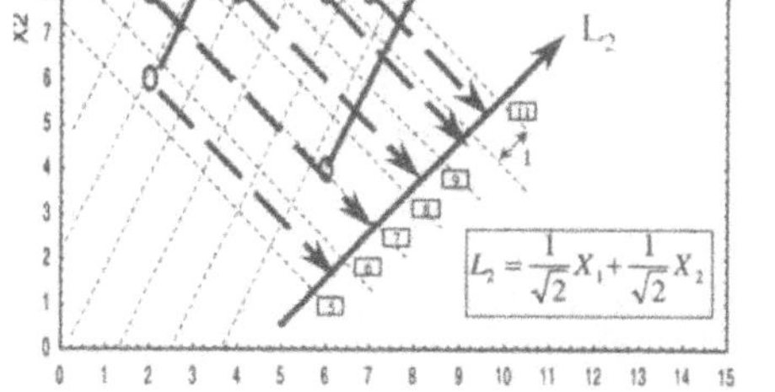

Abbildung 2.4: Normierte Linearkombinationen

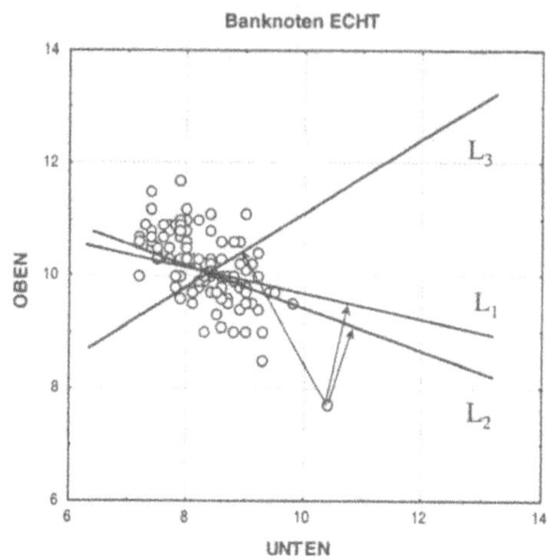

Abbildung 2.5: Die drei Geraden, auf welche die Punkte (UNTEN,OBEN) der echten Banknoten zur Bildung der Linearkombinationen L_1, L_2 und L_3 projiziert werden.

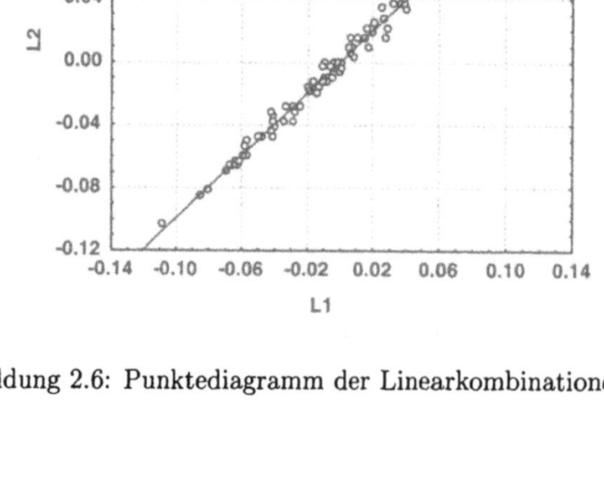

Abbildung 2.6: Punktediagramm der Linearkombinationen L_1 und L_2

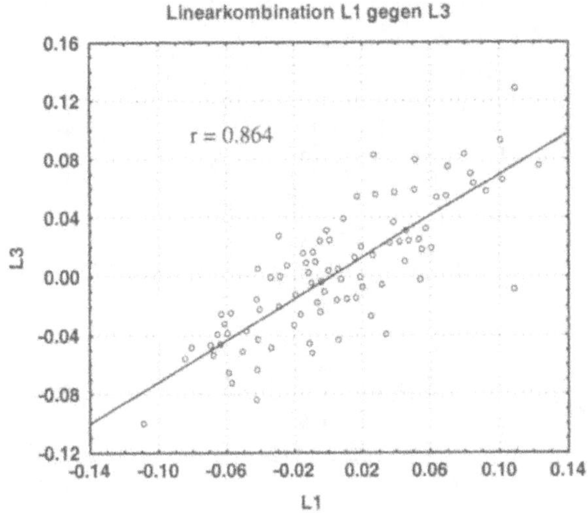

Abbildung 2.7: Punktediagramm der Linearkombinationen L_1 und L_3

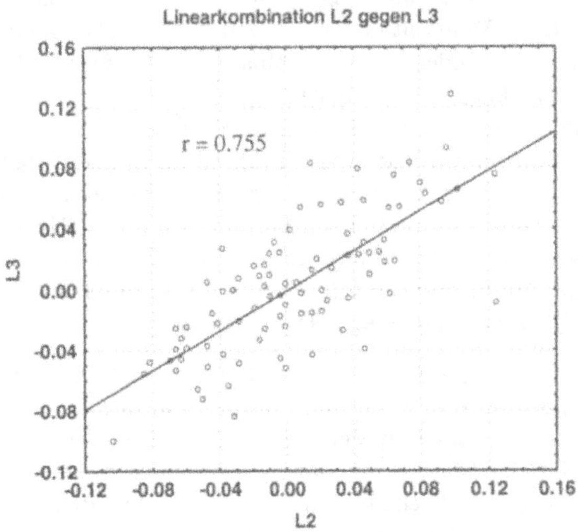

Abbildung 2.8: Punktediagramm der Linearkombinationen L_2 und L_3

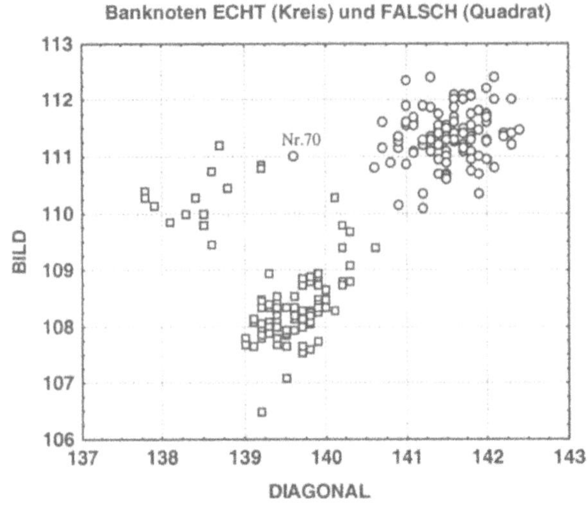

Abbildung 2.9: Punkteschwarm der Variablen BILD und DIAGONAL für sämtliche 200 Banknoten.

on DIAGONAL gegenüber. Dieses Punktediagramm weist verschiedene Auffälligkeiten auf. Einmal unterscheiden sich die Mehrheit der echten und falschen Banknoten im Ausmass der Diagonalen und Bildhöhe. Die beiden Linearkombinationen korrelieren stärker in der Gruppe FALSCH. Eine echte Banknote, die Nummer 70, fällt durch eine kurze Diagonale, aber durchschnittliche Bildhöhe auf. Im ursprünglichen Messprotokoll findet sich der Eintrag: "Eine deutliche Bruchstelle und Beschädigung ist Grund der kurzen Diagonalen". Dies ist ein Grund die Banknote aus der Gruppe zu entfernen. Noch überraschender ist die Tatsache, dass durch die beiden Linearkombinationen die Gruppe der FALSCHEN selbst deutlich in zwei Untergruppen zerfällt. Leider war es nicht möglich hier eine sichere Ursache anzugeben; doch finden wir in einer Pressemitteilung zu dieser Fälschung einen Hinweis auf eine mögliche Inhomogenität. Das NZZ Folio (September 1993) berichtet:

> "Die beste Fälschung, ... , sind alte Tausendernoten eines Fälschers mit dem Namen Vercellotti, die in den vierziger Jahren im Tiefdruckverfahren produziert wurden. Das war noch echtes Handwerk, als die Kupferplatten mit dem Stichel geritzt wurden. Nur der Stab in der Hand eines Jünglings war etwas zu kurz geraten. Als die Bundesanwaltschaft in ihren Mitteilungen darauf hinwies, behob der Fälscher in der zweiten Auflage auch diesen Mangel."

Dies erhärtet die Vermutung, dass wir aus zwei verschiedenen Auflagen Fälschungen erhalten haben. Deshalb entfernen wir vorläufig 15 Banknoten mit den Nummern 111, 116, 138,

148, 160, 161, 162, 167, 168, 171, 180, 182, 187, 192 und 194. Die als echt klassifizierte Banknote mit der Nummer 70 weist von den übrigen echten abweichende Eigenschaften auf, weshalb wir im folgenden auch diese eliminieren. Die Abbildung 2.10 zeigt alle paarweisen Punktediagramme der echten und falschen Banknoten aller sechs Variablen. Sicher sieht man auch da und dort etwas vom Gros entfernte Beobachtungen. Doch haben wir keine so klaren Erklärungen dafür wie oben. Zudem würde eine Wegnahme aller auffälligen Beobachtungen neue extreme Punkte erscheinen lassen.
Jede Datenanalyse sollte in der ersten Stufe nach Ausreissern oder extremen Werten Ausschau halten und nach möglichen Ursachen suchen. Derartige Beobachtungen sind separat zu analysieren und gegebenenfalls auszuschliessen.

Für die verbleibenden $n_1 = 99$ echten und $n_2 = 85$ falschen Banknoten sind einige statistische Masszahlen in Tabelle 2.3 angegeben. Aus den Mittelwerten $\bar{y}_1$ resp. $\bar{y}_2$ und Standardabweichungen s_1 resp. s_2 kann die Standarddistanz durch die Berechnung einer gemeinsamen Standardabweichung

$$s_g = \sqrt{\frac{(n_1 - 1)s_1^2 + (n_2 - 1)s_2^2}{n_1 + n_2 - 2}}$$

ermittelt werden. Die Standarddistanz ist gleich

$$D = \frac{|\,\bar{y}_1 - \bar{y}_2\,|}{s_g}$$

Alternativ kann D aus der Zweistichproben-t-Testgrösse errechnet werden:

$$D = \sqrt{\frac{n_1 + n_2}{n_1 n_2}}\ |\,t\,|\,.$$

Die Korrelationskoeffizienten aller Variablenpaare für die echten und falschen Banknoten sind in der Tabelle 2.4 zusammengestellt und in Abbildung 2.10 illustriert.

	Code	LAENGE	LINKS	RECHTS
M.W.	ECHT	214.9697	129.9404	129.7152
S.A.	ECHT	0.3895	0.3650	0.3538
M.W.	FALSCH	214.7800	130.2671	130.1835
S.A.	FALSCH	0.2764	0.2533	0.3066
g.S.A.	gemeinsam	0.3420	0.3184	0.3329
S.D.	E gegen F	0.5547	1.0261	1.4072

	Code	UNTEN	OBEN	DIAGONAL
M.W.	ECHT	8.3081	10.1576	141.5364
S.A.	ECHT	0.6453	0.6438	0.4049
M.W.	FALSCH	10.8459	11.0988	139.6294
S.A.	FALSCH	0.8510	0.6356	0.3415
g.S.A.	gemeinsam	0.7473	0.6400	0.3770
S.D.	E gegen F	3.3959	1.4707	5.0584

Tabelle 2.3: Mittelwert (M.W.), Standardabweichung (S.A.), gemeinsame Standardabweichung (g.S.A.) und Standarddistanz (S.D.) aller Variablen für 99 echte und 85 falsche Banknoten

ECHT	LÄNGE	LINKS	RECHTS	UNTEN	OBEN
LÄNGE	1.0000				
LINKS	0.4135	1.0000			
RECHTS	0.4224	0.6621	1.0000		
UNTEN	0.2287	0.2464	0.2640	1.0000	
OBEN	0.0611	0.1993	0.1135	-0.6328	1.0000
DIAGONAL	0.0265	-0.2599	-0.1015	-0.0238	-0.2136

FALSCH	LÄNGE	LINKS	RECHTS	UNTEN	OBEN
LÄNGE	1.0000				
LINKS	0.4225	1.0000			
RECHTS	0.3585	0.6292	1.0000		
UNTEN	-0.2178	0.1341	-0.0418	1.0000	
OBEN	0.2350	-0.0809	0.0366	-0.8007	1.0000
DIAGONAL	0.4125	0.4078	0.5072	-0.3300	0.1192

Tabelle 2.4: Korrelationskoeffizienten zwischen den sechs Variablen, separat für die 99 echten und 85 falschen Banknoten

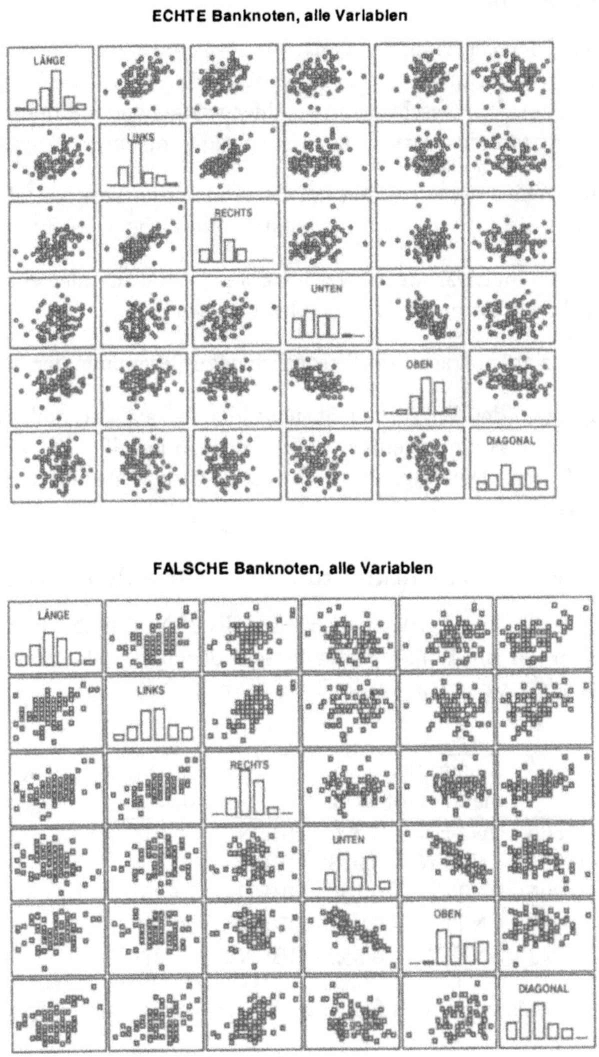

Abbildung 2.10: Paarweise Punktediagramme von 99 echten und 85 falschen Banknoten.

2.2 Diskriminanzanalyse

2.2.1 Problemstellung

Die Aufgabenstellung der Diskriminanzanalyse besteht darin, in einem Datensatz mit zwei oder mehr quantitativen Variablen die Unterschiede zwischen zwei oder mehr vorgegebenen Gruppen zu untersuchen. Wir beschränken uns hier weitgehend auf den Fall von zwei Gruppen und nennen die Anzahl der Variablen p. Es sind die folgenden Fragen von Bedeutung:

- Kann ein Unterschied zwischen den beiden p-dimensionalen Mittelwertsvektoren $\boldsymbol{\mu_1} = (\mu_{11}, \ldots, \mu_{1p})$ und $\boldsymbol{\mu_2} = (\mu_{21}, \ldots, \mu_{2p})$ statistisch nachgewiesen werden?
- Wie lässt sich die multivariate Abweichung am besten in einer eindimensionalen Projektion/Linearkombination der p Variablen erfassen?
- Welche der p Variablen tragen im Wesentlichen zur Trennung der beiden Gruppen bei?

Wir werden im folgenden den Begriff der Standarddistanz auf den multivariaten Fall verallgemeinern und zeigen, dass die angeführten Fragen als Spezialfall der multiplen Regression aufgefasst werden können. Die eingeführte Methodik wird weiterhin anhand unseres Banknotenbeispiels illustriert.

2.2.2 Geometrische Betrachtung mit zwei Variablen und zwei Gruppen

Die Abbildung 2.11 zeigt uns das Variablenpaar (UNTEN, OBEN) für die Gruppe ECHT und FALSCH. Bilden wir die Punkte unter verschiedenen Projektionswinkeln auf Geraden ab, so ändert das Ausmass der Standarddistanz (Tabelle 2.5).

	Winkel in Grad	normierte Linearkombination	Standarddistanz
1	30	$0.866 \cdot$ UNTEN $+ 0.500 \cdot$ OBEN	5.618
2	102	$-0.208 \cdot$ UNTEN $+ 0.978 \cdot$ OBEN	0.528
3	174	$-0.995 \cdot$ UNTEN $+ 0.105 \cdot$ OBEN	3.061
4	246	$-0.407 \cdot$ UNTEN $- 0.914 \cdot$ OBEN	4.453
5	318	$0.743 \cdot$ UNTEN $- 0.669 \cdot$ OBEN	1.378

Tabelle 2.5: Linearkombination und Standarddistanz verschiedener Projektionsrichtungen

Wie wir weiter unten sehen werden, maximiert die folgende normierte Linearkombination unter allen Projektionsrichtungen die Standarddistanz:

$$Z = 0.699 \cdot \text{UNTEN} + 0.715 \cdot \text{OBEN}$$

mit $D = 6.516$. Da die Koeffizienten fast gleich sind, kann vermutet werden, dass die Standarddistanz der Summe UNTEN + OBEN nur wenig tiefer liegt als dieser optimale Wert,

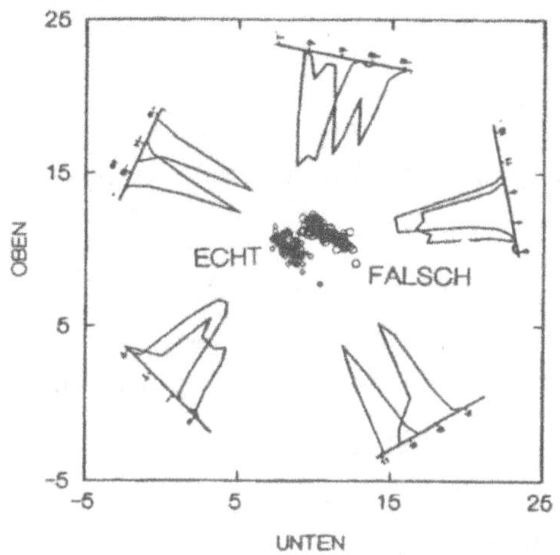

Abbildung 2.11: Projektionen in verschiedene Richtungen

was tatsächlich zutrifft: sie beträgt $D = 6.514$. Dieses Resultat ist interessant: Betrachtet man UNTEN und OBEN, so ist die Summe der beiden Randbreiten hauptverantwortlich für die Unterschiede zwischen echten und falschen Banknoten.

2.2.3 Allgemeiner Fall mit p Variablen und zwei Gruppen

Multivariate Standarddistanz

Im Abschnitt 1.3.3 über den Zweistichproben-t-Test wurde die Standarddistanz für zwei Stichproben mit *einer* Variablen definiert und in 2.1.3 wieder aufgegriffen. Der Begriff der Standarddistanz lässt sich folgendermassen verallgemeinern auf den Fall mit p Variablen: Gegeben seien zwei Stichproben in den p Variablen $X_1, \ldots, X_p$. Betrachten wir nun die Linearkombinationen

$$L(\beta_1, \beta_2, \ldots, \beta_p) = \beta_1 X_1 + \beta_2 X_2 + \ldots \beta_p X_p$$

für beliebige reelle Koeffizienten $\beta_1, \ldots, \beta_p$. Für feste β-Werte lässt sich eine Standarddistanz

$$D = D(L(\beta_1, \beta_2, \ldots, \beta_p))$$

zwischen den beiden Gruppen berechnen: sie entspricht der eindimensionalen Standarddistanz in der Variablen $L(\beta_1, \beta_2, \ldots, \beta_p)$. Die multivariate Standarddistanz wird nun definiert als (univariate) Standarddistanz derjenigen Linearkombination, bei welcher dieser Wert maximiert wird:

$$D(X_1, \dots, X_p) = \max_{\beta_1, \dots, \beta_p} D(L(\beta_1, \beta_2, \dots, \beta_p)) = D(L(\hat{\beta}_1, \hat{\beta}_2, \dots, \hat{\beta}_p)) ,$$

wo die Parameter $\hat{\beta}_1$, ..., $\hat{\beta}_p$ die Koeffizienten besagter optimaler Linearkombination bezeichnen.

Diskriminanzfunktion

Als **Diskriminanzfunktion** bezeichnen wir eben diese Linearkombination

$$L(\hat{\beta}_1, \hat{\beta}_2, \dots, \hat{\beta}_p) ,$$

bei welcher die Standarddistanz ihren maximalen Wert annimmt. Diese lässt sich nun mit Hilfe einer linearen Regression ermitteln, indem wir die Zielgrösse

$$Z = \begin{cases} 0, & \text{falls die Beobachtung aus der ersten Stichprobe stammt} \\ 1, & \text{falls die Beobachtung aus der zweiten Stichprobe stammt} \end{cases}$$

definieren und die Variablen X_1, ..., X_p als Einflussgrössen wählen. β_1, ..., β_p ergeben sich dann als Regressionskoeffizienten der entsprechenden unabhängigen Variablen. Dieser Zusammenhang zwischen Diskriminanzfunktion und Regression kann folgendermassen erklärt werden:

Für den univariaten Zweistichprobenfall (vgl. 1.3) haben wir genau wie oben mit einer Binärvariablen Z die Zugehörigkeit zur ersten oder zweiten Stichprobe quantifiziert. Das Bestimmtheitsmass R^2 aus dem Modell mit Z als Ziel- und X als Einflussgrösse hängt mit der Standarddistanz zusammen:

$$D(X) = \sqrt{\frac{(n_1 + n_2)(n_1 + n_2 - 2)}{n_1 n_2} \quad \frac{R^2}{1 - R^2}} .$$

D ist eine monotone Funktion von R^2, d.h. wenn wir R^2 maximieren, maximieren wir auch D.

Betrachten wir nun die multiple Regression mit p Einflussgrössen und der Zielgrösse Z, so kann für jede beliebige lineare Funktion $a + b_1 x_1 + \dots + b_p x_p$ ein Bestimmtheitsmass berechnet werden als

$$R^2(a, b_1, \dots, b_p) = \frac{S_{yy} - S(a, b_1, \dots, b_p)}{S_{yy}} .$$

In der linearen Regression wird bekanntlich der Ausdruck

$$S(a, b_1, \dots, b_p) = \sum_{i=1}^{n} (z_i - a - b_1 x_{1i} - \dots - b_p x_{pi})^2$$

minimiert, m.a.W. die Kleinstquadrateschätzer $\hat{\alpha}, \hat{\beta}_1, \ldots, \hat{\beta}_p$ sind diejenigen Koeffizienten, welche das Bestimmtheitsmass, und somit auch die Standarddistanz zwischen den zwei Gruppen maximiert, was der obigen Behauptung entspricht, dass mit den Koeffizienten aus der Regression die Standarddistanz maximiert wird. Dieses Resultat macht keine Annahmen über die Verteilung der einzelnen Variablen.

Die obige Formel für die Standarddistanz gilt übrigens nicht nur für eine Variable X, sondern auch im multivariaten Fall:

$$D(X_1, \ldots, X_p) = \sqrt{\frac{(n_1 + n_2)(n_1 + n_2 - 2)}{n_1 n_2} \quad \frac{R^2}{1 - R^2}} \ , \tag{2.2}$$

wo R^2 das Bestimmtheitsmass aus der entsprechenden Regression mit den Einflussgrössen $X_1, \ldots, X_p$ bezeichnet.

Anwendung auf das Banknotenbeispiel

(a) **Zwei Variablen**
Mit der Zielgrösse $z_i = 0$ für 99 echte und $z_i = 1$ für 85 gefälschte Banknoten und den Variablen UNTEN und OBEN erhalten wir den Regressionsoutput der Tabelle 2.6.

Regression	
Zielgrösse	Z
Bestimmtheitsmass	0.914
Anzahl Beobachtungen	184

	Koeff.	S.A. (Koeff.)	F-partial	p-Wert
Nullpunktordinate	-4.84426	0.15082	1031.597	0.00000
Steigung (UNTEN)	0.26118	0.00758	1187.583	0.00000
Steigung (OBEN)	0.26718	0.01406	360.944	0.00000

ANOVA

	F.G.	Summenquadrat	F-global	p-Wert
Regression	2	41.81500	965.69324	0.00000
Residuen	181	3.91870		
Insgesamt		45.733696		

Tabelle 2.6: Regressions-Output für das Banknotenbeispiel bei Verwendung der Variablen UNTEN und OBEN

Mit dem Bestimmtheitsmass von $R^2 = 0.914$ wird die Standarddistanz $D = 6.516$. Als Diskriminanzfunktion erhält man unter Weglassung der Nullpunktordinate

$$Z = 0.26118 \cdot \text{UNTEN} + 0.26718 \cdot \text{OBEN} \ ,$$

was sich normieren lässt zu

$$NZ = 0.699 \cdot \text{UNTEN} + 0.715 \cdot \text{OBEN} \quad .$$

Beachte:

1. Für die Kodierung der Gruppen könnte man auch zwei beliebig voneinander verschiedene Konstanten anstelle von Null und Eins wählen. Das verändert die Koeffizienten, nicht aber die Standarddistanz.
2. Multipliziert man alle Koeffizienten mit -1, so ändert dies lediglich die Richtung der Skala auf der Projektionsgeraden, unverändert bleibt aber die Standarddistanz.

(b) **Alle sechs Variablen**
Mit allen 6 Variablen erhalten wir die Regressionslösung in Tabelle 2.7 und ermitteln mit Gleichung (2.2) eine Standarddistanz von $D = 7.558$ aus dem Bestimmtheitsmass $R^2 = 0.935$.

Regression	
Zielgrösse	Z
Bestimmtheitsmass	0.935
Anzahl Beobachtungen	184

	Koeff.	S.A. (Koeff.)	F-partial	p-Wert
Nullpunktordinate	29.65560	6.53391	20.600	0.00001
Steigung (LAENGE)	-0.05353	0.03191	2.814	0.09520
Steigung (LINKS)	-0.12231	0.04151	8.682	0.00365
Steigung (RECHTS)	0.11498	0.03834	8.996	0.00310
Steigung (UNTEN)	0.18076	0.01609	126.172	0.00000
Steigung (OBEN)	0.18636	0.01965	89.926	0.00000
Steigung (DIAGONAL)	-0.14508	0.02611	30.868	0.00000

ANOVA

	F.G.	Summenquadrat	F-global	p-Wert
Regression	6	42.75494	423.42276	0.00000
Residuen	177	2.97875		
Insgesamt		45.73370		

Tabelle 2.7: Regressions-Output für das Banknotenbeispiel bei Verwendung aller sechs Variablen.

Das Histogramm (Abbildung 2.12) der geschätzten Werte der Zielgrösse der echten und falschen Banknoten zeigt die Trennung der beiden Gruppen deutlich, und die beiden Verteilungen sind annähernd normalverteilt.

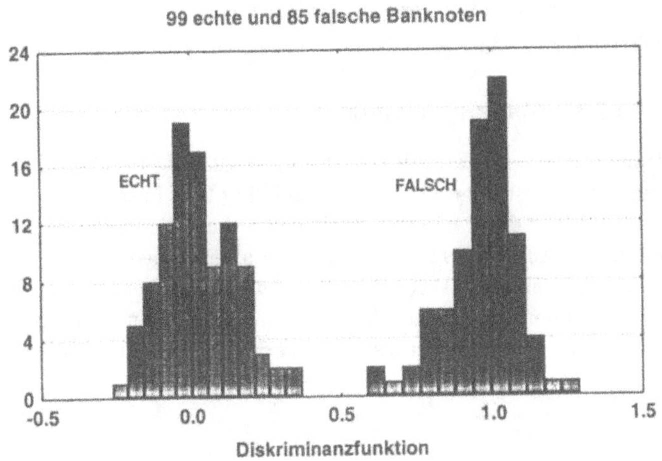

Abbildung 2.12: Histogramme der Diskriminanzfunktion der echten und gefälschten Banknoten.

Global- und Partialtests

Unter der Annahme, dass die Residuen annähernd normalverteilt sind, dürfen wir, wie bei der multiplen Regression, F-Tests konstruieren und Variablen, die nichts zur Trennung beitragen, eliminieren.

Die **Globalhypothese** prüft die Hypothese

$$H_0: \ \beta_1 = \beta_2 = \cdots = \beta_p = 0$$

und gibt damit Aufschluss darüber, ob zwischen den beiden Gruppen überhaupt Unterschiede in den p-dimensionalen Mittelwerten vorliegen. Kann man diese Hypothese ablehnen, so trägt mindestens eine Variable zur Trennung der Gruppen bei.

Die **Partialhypothese** untersucht, ob ein einzelner β-Koeffizient nullgesetzt werden darf, d.h. man betrachtet die Hypothese

$$H_0: \ \beta_j = 0$$

für ein bestimmtes $j \leq p$. Zur Ermittlung derjenigen Variablen, welche zur Trennung der Gruppen beitragen, kann wie bei der multiplen Regression das Verfahren der Rückwärtselimination (siehe 1.5.4) verwendet werden, was im folgenden anhand der Banknotendaten illustriert werden soll.

Anwendungen auf das Banknotenbeispiel

In unserem Beispiel mit $p = 6$ Variablen ist $F_{global} = 423.42$ (Tabelle 2.7) stark signifikant, was auch nicht erstaunlich ist, wenn man die Abbildung 2.12 betrachtet.
Wichtiger für uns sind hier die Partialtests, die eine eventuelle Vereinfachung der Diskriminanzfunktion durch den Ausschluss redundanter Variablen zulassen. Die Variable LAENGE ist mit dem kleinsten partiellen F-Wert von 2.814 $(p = 0.0952)$ erster Kandidat, aus der Diskriminanzfunktion eliminiert zu werden. Nach der Wegnahme der LAENGE erhält man eine Diskriminanzfunktion mit einer nur unwesentlich geringeren Standarddistanz von $D = 7.494$.

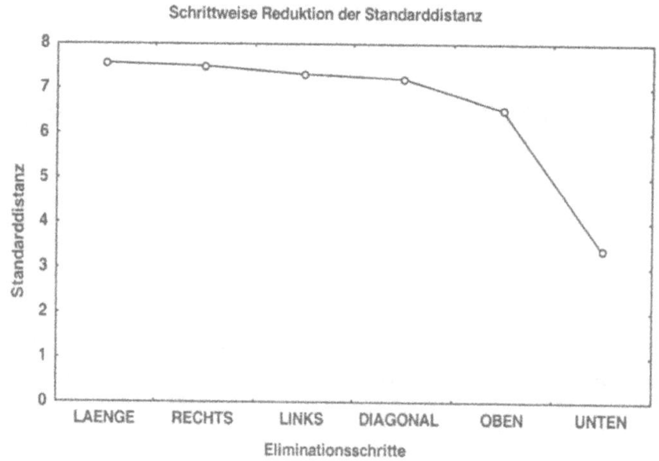

Abbildung 2.13: Schrittweise Reduktion der Standarddistanz

Die Abbildung 2.13 zeigt uns den Abbau der Standarddistanz nach jedem Eliminationsschritt. Die Standarddistanz fällt erst unter den Wert 7, wenn wir die DIAGONALE neben LAENGE, RECHTS und LINKS eliminieren würden. Die drei Variablen DIAGONAL, UNTEN und OBEN trennen die beiden Gruppen annähernd so gut wie alle sechs Variablen. Der Praktiker wird an dieser Variablenreduktion sicher interessiert sein und wird für mögliche neuauftretende Falsifikate besonders gut auf diese drei Variablen achten. Die zugehörige Linearkombination wäre die Regressionsfunktion ohne Nullpunktordinate

$$Z = 0.18083 \cdot \text{UNTEN} + 0.18487 \cdot \text{OBEN} - 0.15527 \cdot \text{DIAGONAL}$$

oder normiert

$$NZ = 0.5995 \cdot \text{UNTEN} + 0.6129 \cdot \text{OBEN} - 0.5147 \cdot \text{DIAGONAL}$$

mit einer Standarddistanz von 7.217. Die Standarddistanz wird lediglich auf 7.206 reduziert, wenn wir die Linearkombination grob vereinfachen zu

$$Z = \text{DIAGONAL} - (\text{UNTEN} + \text{OBEN}) \ .$$

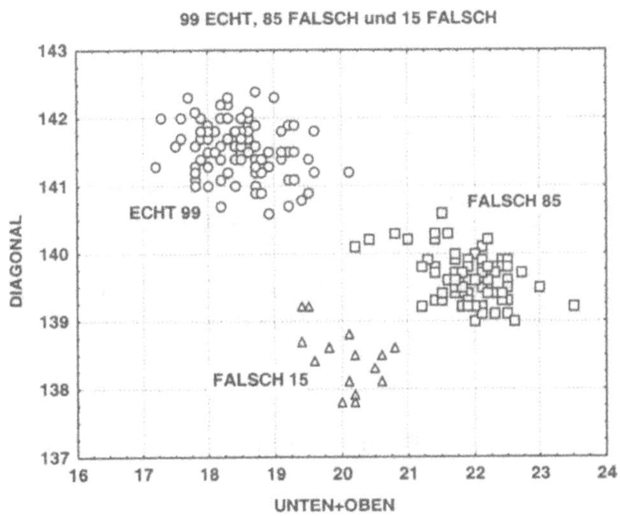

Abbildung 2.14: DIAGONAL gegen UNTEN + OBEN

Dieses Ergebnis bedeutet aber nicht etwa, dass die redundanten Variablen LAENGE, LINKS und RECHTS zur Trennung ungeeignet wären. Nein, ihr Einfluss auf die Trennung kann aber durch Korrelationen zu DIAGONAL, UNTEN und OBEN in diese Linearkombination einfliessen. Abbildung 2.15 zeigt die beiden Diskriminanzfunktionen einander gegenübergestellt. Die Standarddistanz der Variablen LAENGE, LINKS und RECHTS beträgt noch $D = 1.911$.

Die Konstruktion der neuen Linearkombination BILD könnte auch als Variable zusammen mit andern untersucht werden. Aber dabei ist zu beachten, dass BILD selbst eine lineare Funktion von LINKS, RECHTS, UNTEN und OBEN ist. Solche lineare Abhängigkeiten zwischen den Regressoren sind nicht zulässig und verhindern eine Regressionsanalyse.

Die Frage, ob BILD zu unserer Diskriminanz neben UNTEN, OBEN und DIAGONAL eine Verbesserung bringt, muss negativ beantwortet werden, denn der partielle F-Wert der

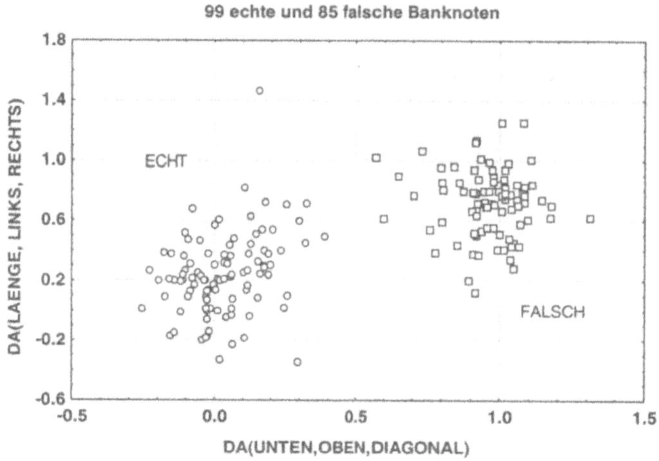

Abbildung 2.15: Diskriminanzfunktionen UNTEN, OBEN, DIAGONAL gegen LAENGE, LINKS, RECHTS

zusätzlichen Variablen BILD beträgt $F = 0.446 \quad (p = 0.500)$ und BILD würde wieder eliminiert.

Zusammenhang mit klassischen Schätz- und Testgrössen

H. Hotelling hat sich 1931 mit der Fragestellung der Diskriminanzanalyse auseinandergesetzt und die univariaten t-Tests auf die multivariaten T^2-Test verallgemeinert. P.C. Mahalanobis hat 1936 ein Distanzmass vorgeschlagen und im selben Jahr hat R.A. Fisher den oben geschilderten Zusammenhang zur multiplen Regression beschrieben. Der Zusammenhang der klassischen Grössen mit den hier verwendeten Begriffen ist der folgende:

1. Hotellings Zweistichproben T^2-Test:

$$T^2 = \frac{(n_1 + n_2 - 2)\,p}{n_1 + n_2 - p - 1} \cdot F_{global}$$

2. Mahalanobis Distanz M:

$$M = D^2$$

M wird manchmal mit Recht als quadrierte Mahalanobisdistanz bezeichnet.

3. Die Standarddistanz könnte auch aus dem globalen $F-$Wert berechnet werden:

$$D = \sqrt{\frac{p\,(n_1+n_2)(n_1+n_2-2)}{(n_1+n_2-p-1)n_1n_2} \cdot F_{global}} \tag{2.3}$$

2.2.4 Mehr als zwei Gruppen

Sind nur wenige Gruppen vorhanden, so lohnt sich ein paarweiser Vergleich der Gruppen durchaus. Nehmen wir als neue Gruppe die 15 gefälschten Noten, die wir als Untergruppe in den 100 Falschen entdeckt haben, so erhalten wir jetzt die Möglichkeit, diese neue kleine Gruppe mit den 85 Falschen und den 99 Echten zu vergleichen.

1. **Diskriminanz FALSCH 15 gegen FALSCH 85**
   Die Standarddistanz (Abbildung 2.16) nach Elimination der Variablen LAENGE und RECHTS beträgt $D \approx 8$. Die normierte Diskriminanzfunktion lautet

$$\begin{aligned} NDF(F85 \text{ gegen } F15) &= -0.288 \cdot \text{LINKS} + 0.174 \cdot \text{UNTEN} \\ &\quad +0.151 \cdot \text{OBEN} + 0.386 \cdot \text{DIAGONAL} \ . \end{aligned}$$

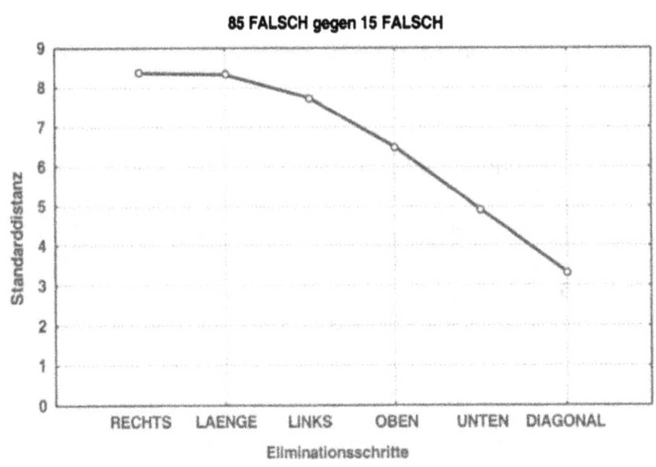

Abbildung 2.16: Reduktion der Standarddistanz FALSCH 85 gegen FALSCH 15

2. **Diskriminanz FALSCH 15 gegen ECHT 99**
Die Unterschiede können allein durch die DIAGONALE erklärt werden ($D = 7.5$). Würden wir die Diagonale nicht berücksichtigen, so würden die Variablen UNTEN und OBEN die Gruppen immer noch trennen mit einer Standarddistanz $D = 3.064$ (Abbildung 2.17).

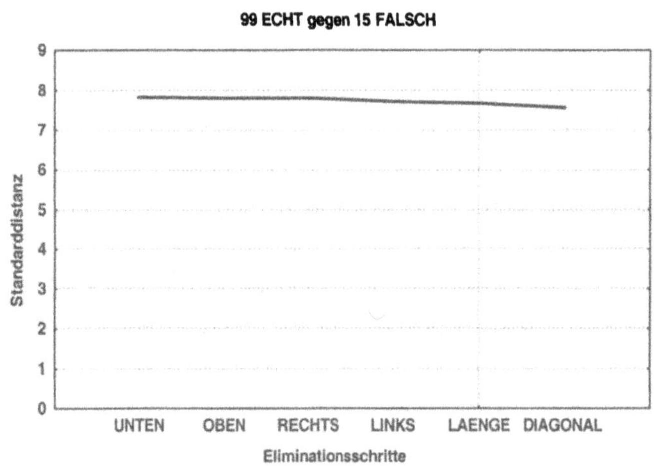

Abbildung 2.17: Reduktion der Standarddistanz FALSCH 15 gegen ECHT 99

Für die Charakterisierung der drei Gruppen sind die DIAGONALE und die Summe von UNTEN und OBEN vorwiegend verantwortlich. Nehmen wir an, die 15 und 85 gefälschten Noten wären in zwei Auflagen entstanden, so könnte man sagen, dass in der einen Auflage die DIAGONALE, in der andern die Summe der Randbreiten UNTEN und OBEN verändert worden wären (vergleiche Abbildung 2.14).

2.3 Identifikationsanalyse

2.3.1 Problemstellung

Für eine mehrdimensionale Beobachtung soll abgeklärt werden, ob diese einer Gruppe angehören könnte oder nicht. Wir werden Beobachtungen, die weit vom Gros einer Gruppe entfernt sind, nach möglichen Ursachen ihres Verhaltens hinterfragen oder sie anderen Gruppen zuzuordnen versuchen. Dazu ist die Identifikationsanalyse, ein Spezialfall der Diskriminanzanalyse, eine einfache und effiziente Methode.

2.3.2 Geometrische Betrachtung mit zwei Variablen

Gegeben sei eine "verdächtige" Banknote Nr. 201 mit den Massen

$$
\begin{array}{lcr}
\text{LAENGE} & = & 215.1 \\
\text{LINKS} & = & 130.6 \\
\text{RECHTS} & = & 130.2 \\
\text{UNTEN} & = & 9.2 \\
\text{OBEN} & = & 11.0 \\
\text{DIAGONAL} & = & 138.8
\end{array}
$$

Nehmen wir vorerst an, wir hätten nur echte Banknoten, so würden wir zuerst wissen wollen, ob diese auch echt sei. In der Abbildung 2.18 erkennt man für die Variablen UNTEN und DIAGONAL die extreme Lage bezüglich der Gruppe ECHT 99. Wieviele Standardabweichungen ist die Nr. 201 von den echten Noten entfernt? Dazu fragen wir nach einer Linearkombination Z von UNTEN und DIAGONAL mit maximaler Standarddistanz. Diese Fragestellung ist ein Spezialfall der Diskriminanzfunktion mit $n_1 = n$ Beobachtungen in der ersten Gruppe und $n_2 = 1$ Beobachtung in der zweiten Gruppe.

> Identifizieren einer Beobachtung zu einer Gruppe ist
>
> **äquivalent**
>
> zum Diskriminieren zweier Gruppen, wobei eine Gruppe nur eine Beobachtung enthält.

In unserem Beispiel mit UNTEN und DIAGONAL ist die normierte Linearkombination

$$0.601 \cdot \text{UNTEN} - 0.800 \cdot \text{DIAGONAL}$$

mit einer Standarddistanz von

$$D(\text{UNTEN, OBEN}) = \sqrt{\frac{n^2-1}{n}\frac{R^2}{1-R^2}} = 6.867 \quad (R^2 = 0.323).$$

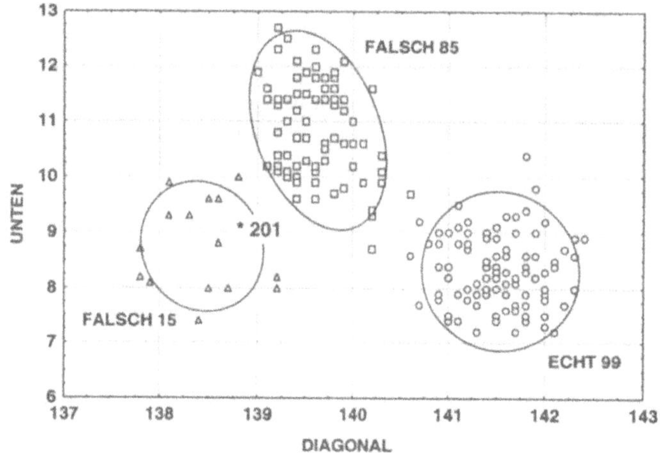

Abbildung 2.18: Drei Gruppen mit 99%-Ellipsen, d.h. Ellipsen, die bei einer Normalverteilung mit gegebenem Mittelwert und Standardabweichung 99% der Beobachtungen der jeweiligen Verteilung enthalten.

Aufgrund des globalen $F = 45.208 \quad (p = 0.000)$ ist die Hypothese, diese Note sei eine echte, eindeutig abzulehnen.

Haben wir Kenntnis von den Gruppen FALSCH 85 und FALSCH 15, so stellt sich die Frage, ob diese Note 201 in eine dieser Gruppen passt oder ob sie aus einer anderen nicht bekannten Gruppe des Fälschers stammen könnte. Mit der Abbildung 2.18 zeigt man leicht, dass sie in die Untergruppe FALSCH 15 passt. Die Standarddistanz zu dieser Gruppe ist $D = 1.039$, während sie 3.781 Standardabweichungen vom Schwerpunkt der Gruppe FALSCH 85 entfernt ist. Unter der Annahme, die Beobachtungen wären zweidimensional normalverteilt, könnten die Punkteschwärme durch Ellipsen konstanter Standarddistanz zum Schwerpunkt ersetzt werden. Ist die Korrelation zwischen zwei Variablen Null, wie hier annähernd in der Gruppe ECHT 99, so ist die Standarddistanz ungefähr gleich der euklidischen Distanz einer einzelnen Beobachtung $x_0 = (x_{01}, x_{02})$ zum Schwerpunkt der Gruppe $(\bar{x}_1, \bar{x}_2)$ mit den Standardabweichungen (s_1, s_2). Die zweidimensionale euklidische Distanz lautet

$$\sqrt{\left(\frac{x_{01} - \bar{x}_1}{s_1}\right)^2 + \left(\frac{x_{02} - \bar{x}_2}{s_2}\right)^2}$$

Im Allgemeinen sind aber die Variablen korreliert bei meist unterschiedlichen Standardabweichungen und die euklidische Distanz wäre ein ungeeignetes Abstandsmass eines Punktes von einer Gruppe, wie besonders die Gruppe FALSCH 85 zeigt. Deshalb ist die Standarddistanz so wichtig, sie nimmt Rücksicht auf die unterschiedlichen Streuungsverhältnisse in verschiedenen Projektionsrichtungen.

2.3.3 Allgemeiner Fall mit p Variablen

Note Nr. 201

Die Identifikation der Note 201 mit allen 6 Variablen zur Gruppe der ECHT 99 mit der multiplen Regression und der binären Zielgrösse

$$Z = \begin{cases} 0 & \text{für alle Beobachtungen in der Gruppe} \\ 1000 & \text{für die zu identifizierende Banknote} \end{cases}$$

Wir wählen hier einmal den Code 1000 statt eins, was etwas genauere Ziffern in den Regressionskoeffizienten des Outputs ergibt. Die vom Bestimmtheitsmass (Tabelle 2.8) abgeleitete Standarddistanz mit allen 6 Variablen von 6.982 wird nur wenig reduziert nach der Elimination von 5 redundanten Variablen (Tabelle 2.9). Nur DIAGONAL mit D(DIAGONAL) = 6.758 vermag die Note als nicht echt zu deklarieren. Der globale F-Wert von 45.208 spricht aber deutlich gegen die Hypothese, Nr. 201 könnte eine echte Note sein.

Regression	
Zielgrösse	Z
Bestimmtheitsmass	0.330
Anzahl Beobachtungen	100

	Koeff.	S.A. (Koeff.)	p-Wert
Nullpunktordinate	16247.6250	5959.0654	0.0076
Steigung (LAENGE)	2.3324	25.2459	0.9266
Steigung (LINKS)	-24.7462	34.1809	0.4709
Steigung (RECHTS)	14.4101	33.3926	0.6671
Steigung (UNTEN)	23.7898	20.2351	0.2427
Steigung (OBEN)	15.7041	20.1041	0.4367
Steigung (DIAGONAL)	-111.3011	19.5863	0.0000

Tabelle 2.8: Regressions-Output Note 201 gegen ECHT 99 mit allen Variablen

Der Vergleich der Banknote 201 mit den Gruppen FALSCH 85 und FALSCH 15 führt zu den folgenden Resultaten:

Regression	
Zielgrösse	Z
Bestimmtheitsmass	0.316
Anzahl Beobachtungen	100

	Koeff.	S.A. (Koeff.)	p-Wert
Nullpunktordinate	16335.2497	2428.0274	0.0000
Steigung (DIAGONAL)	-115.3655	17.1580	0.0000

ANOVA

	F.G.	Summenquadrat	F-global	p-Wert
Regression	1	312525	45.2082	0.0000
Residuen	98	677475		
Insgesamt		990000		

Tabelle 2.9: Regressions-Output Note 201 gegen ECHT 99 nach Elimination redundanter Variablen

Nr. 201 gegen	FALSCH 85	FALSCH 15
wichtige Variablen	LINKS UNTEN OBEN DIAGONAL	keine
Standarddistanz	$D = 6.972$	$D = 1.652$
F global	$F = 11.583$	$F = 0.274$
p-Wert	$p = 0.000$	p = 0.935

D. h. die Nr. 201 kann durchaus der Gruppe FALSCH 15 zugeschrieben werden.

Note Nr. 70

Bereits in der Inspektionsphase der Daten haben wir die echte Banknote Nr. 70 wegen ihrer auffällig grossen Diagonalen eliminiert. Eine genauere Analyse mit einer Identifikation zeigt uns, dass diese tatsächlich nur in der Diagonalen extrem ist. Ohne DIAGONAL würde sie den echten zugeordnet.

Nr. 70 gegen ECHT 99	mit DIAGONAL	ohne DIAGONAL
wichtige Variablen	DIAGONAL	keine
Standarddistanz	$D = 4.782$	$D = 2.271$
F global	$F = 22.639$	$F = 0.980$
p-Wert	$p = 0.000$	$p = 0.435$

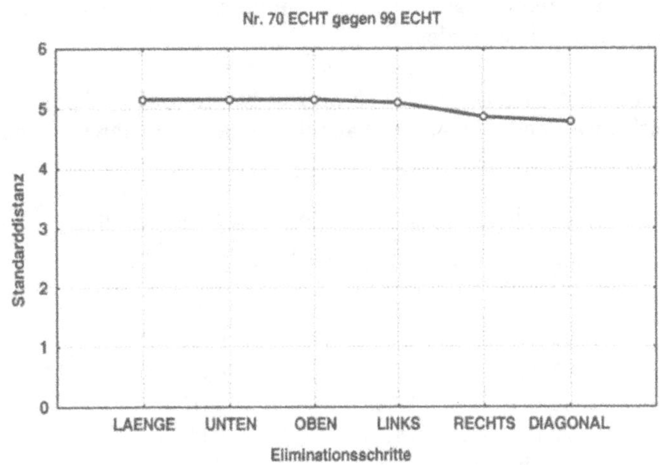

Abbildung 2.19: Reduktion der Standarddistanz mit DIAGONAL

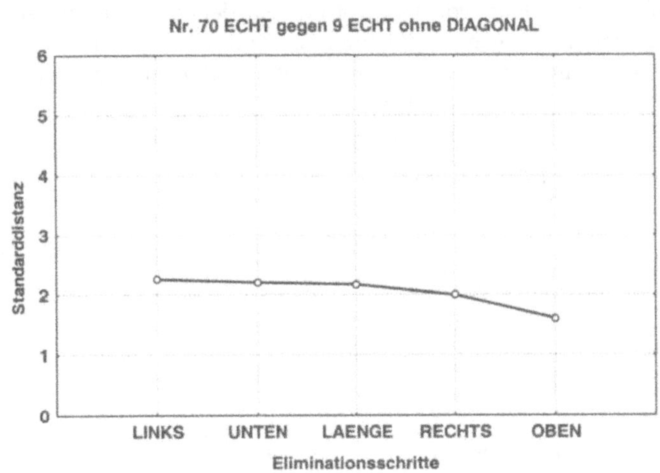

Abbildung 2.20: Reduktion der Standarddistanz ohne DIAGONAL

Fiktive Note Nr. 301

Mit zwei fiktiven Banknoten 301 und 302 sollen nun interessante Aspekte der multivariaten Betrachtungsweise beschrieben werden.

Die Nr. 301 ist so gewählt, dass nur die LAENGE 2.66 Standardabweichungen vom Mittelwert der echten abweicht, während alle andern Variablen in der Nähe ihres Gruppenmittelwertes gesetzt wurden.

Variable	Nr. 301	Standarddistanz zur Gruppe ECHT 99
LAENGE	216.0	2.65
LINKS	130.0	0.16
RECHTS	129.7	0.04
UNTEN	8.3	0.01
OBEN	10.2	0.07
DIAGONAL	141.5	0.09
multivariat		3.04
F global		1.442
p-Wert		0.207

Diese Kurzzusammenfassung der Ergebnisse des Regressions-Outputs (Tabelle 2.10) zeigt, dass wir dem Globaltest entsprechend ($p = 0.207$) diese Note den echten zuordnen würden. Doch nach der Elimination von 5 Variablen (Tabelle 2.11) finden wir die Abweichung in der LAENGE mit einem p-Wert von 1%. Auch die partiellen $F-$Testgrössen in der Tabelle 2.10 lassen dieses Ergebnis erkennen. Wir tun gut, das Rückwärtseliminationsverfahren auch dann durchzuführen, wenn der globale $F-$Test nicht zur Ablehnung der Nullhypothese führt.

Regression	
Zielgrösse	Z
Bestimmtheitsmass	0.085
Anzahl Beobachtungen	100

	Koeff.	S.A. (Koeff.)	F-partial	p-Wert
Nullpunktordinate	-1100.7228	714.5692	23728	0.1269
Steigung (LAENGE)	8.2693	2.8228	8.5816	0.0043
Steigung (LINKS)	-1.211	4.0037	0.0784	0.7801
Steigung (RECHTS)	-2.6011	3.8966	0.4456	0.5061
Steigung (UNTEN)	-1.1691	2.3789	0.2415	0.6243
Steigung (OBEN)	-0.8298	2.3553	0.1241	0.7254
Steigung (DIAGONAL)	-1.2349	2.6534	0.2166	0.6427

ANOVA

	F.G.	Summenquadrat	F-global	p-Wert
Regression	6	842.64728	1.44203651	0.20706
Residuen	93	9057.35254		
Insgesamt		9900.00000		

Tabelle 2.10: Regressions-Output Nr. 301 gegen ECHT 99 mit allen Variablen

Regression	
Zielgrösse	Z
Bestimmtheitsmass	0.066
Anzahl Beobachtungen	100

	Koeff.	S.A. (Koeff.)	F-partial	p-Wert
Nullpunktordinate	-1376.3844	523.3624	6.9163	0.0099
Steigung (LAENGE)	6.4070	2.4345	6.9264	0.0099

ANOVA

	F.G.	Summenquadrat	F-global	p-Wert
Regression	1	653.51758	6.9264	0.0099
Residuen	98	9246.48242		
Insgesamt		9900.00000		

Tabelle 2.11: Regression-Output Nr. 301 gegen ECHT 99 nach Elimination redundanter Variablen

Fiktive Note Nr. 302

Die fiktive Banknote 302 haben wir so konstruiert, dass alle Variablen um ca. 1.5 Standardabweichungen vom Schwerpunkt der Echten verschoben wurden:

Variable	Nr. 302	Standarddistanz zur Gruppe ECHT 99
LAENGE	215.6	1.62
LINKS	130.5	1.53
RECHTS	129.2	1.46
UNTEN	7.4	1.41
OBEN	9.2	1.49
DIAGONAL	140.8	1.82
multivariat		6.71
F global		7.055
p-Wert		0.000

Der Regressions-Output (Tabelle 2.12 und 2.13) für alle Variablen zeigt eine starke Signifikanz im globalen $F-$Test und 3 Variablen könnten als redundant noch eliminiert werden. Verwenden wir an Stelle der Rückwärtselimination ein Vorwärtsauswahlverfahren, so findet das Programm die multivariate extreme Lage nicht. Deshalb empfehlen wir nur die Rückwärtselimination anzuwenden. Dies gilt nicht nur für die Identifikationsanalyse, sondern für alle Selektions-Algorithmen in der multiplen Regression und der Diskriminanzanalyse.

Regression	
Zielgrösse	Z
Bestimmtheitsmass	0.313
Anzahl Beobachtungen	100

	Koeff.	S.A. (Koeff.)	F-partial	p-Wert
Nullpunktordinate	-771.2488	622.0322	1.5373	0.2181
Steigung (LAENGE)	5.7462	2.4865	5.3408	0.0230
Steigung (LINKS)	10.1203	3.3089	9.3543	0.0029
Steigung (RECHTS)	-7.5869	3.2925	5.3099	0.0234
Steigung (UNTEN)	-7.7486	1.9017	16.6024	0.0001
Steigung (OBEN)	-8.0169	1.8659	18.4606	0.0000
Steigung (DIAGONAL)	-4.5813	2.2528	4.1356	0.0448

ANOVA

	F.G.	Summenquadrat	F-Global	p-Wert
Regression	6	3096.7402	7.0554	0.0000
Residuen	93	6803.2598		
Insgesamt		9900.00000		

Tabelle 2.12: Regressions-Output Nr. 302 gegen ECHT 99 mit allen Variablen

Regression	
Zielgrösse	Z
Bestimmtheitsmass	0.210
Anzahl Beobachtungen	100

	Koeff.	S.A. (Koeff.)	F-partial	p-Wert
Nullpunktordinate	-1128.8150	344.2554	10.752	0.0015
Steigung (LINKS)	9.8684	2.7477	12.900	0.0005
Steigung (UNTEN)	-8.3141	1.9154	18.842	0.0000
Steigung (OBEN)	-8.2332	1.8992	18.793	0.0000

ANOVA

	F.G.	Summenquadrat	F-global	p-Wert
Regression	3	2074.6509	8.4838	0.0000
Residuen	96	7825.3491		
Insgesamt		9900.00000		

Tabelle 2.13: Regressions-Output Nr. 302 gegen ECHT 99 nach der Elimination

2.4 Spezifikationsanalyse

2.4.1 Problemstellung

In der Spezifikationsanalyse werden **multivariate Einstichprobentests** betrachtet. Dabei wird simultan für mehrere Variablen der Mittelwertsvektor $\boldsymbol{\mu} = (\mu_1, \ldots, \mu_p)$ mit einem *fest vorgegebenen* Vektor $\boldsymbol{\mu_0} = (\mu_{01}, \ldots, \mu_{0p})$, dem sogenannten **Spezifikationspunkt**, verglichen. Über die Nullhypothese H_0: $\boldsymbol{\mu} = \boldsymbol{\mu_0}$, oder in allen Komponenten ausgeschrieben

$$H_0 \ : \ \mu_1 = \mu_{01}, \ \mu_2 = \mu_{02}, \ldots, \mu_p = \mu_{0p} \ ,$$

möchte man prüfen, ob der p-dimensionale Mittelwert von n Beobachtungen signifikant vom Spezifikationspunkt $\boldsymbol{\mu_0}$ verschieden ist. Auch dieser Test kann mit einer multiplen Regression berechnet werden. Analog zur Diskriminanzanalyse lassen sich redundante Variablen eliminieren. Dieses Verfahren kann beispielsweise in der Qualitätskontrolle eingesetzt werden zur Prüfung, ob ein Produkt die vorgegebenen Normwerte bezüglich verschiedener Merkmale erfüllt.

2.4.2 Geometrische Betrachtung mit zwei Variablen

Die Abbildung 2.21 zeigt das Variablenpaar (UNTEN, OBEN) für die $n = 99$ echten Banknoten. Angenommen, die Produktion sollte durch die Spezifikation UNTEN = 9mm und OBEN = 10mm (mit Dreieck markiert) erfolgen. Die echten Banknoten haben aber einen Mittelwert in diesen Variablen (mit Kreis markiert), der sichtbar vom Spezifikationspunkt abweicht. Die Signifikanz dieser Abweichung kann, wie im nächsten Abschnitt 2.4.3 gezeigt wird, aus den Ergebnissen einer multiplen Regression abgeleitet werden.

2.4.3 Allgemeiner Fall mit p Variablen

Wie bei der Identifikationsanalyse berechnen wir zuerst eine multiple Regression mit einer binären Zielgrösse

$$Z = \begin{cases} 0 & \text{für alle } n \text{ Beobachtungen in der Gruppe} \\ 100 & \text{für den Spezifikationspunkt} \end{cases}$$

In unserem Beispiel betrachten wir für die 99 echten Banknoten die Spezifikationsvorgabe

$$\begin{aligned} \text{LAENGE} &= 215 \\ \text{LINKS} &= 130 \\ \text{RECHTS} &= 130 \\ \text{UNTEN} &= 9 \\ \text{OBEN} &= 10 \\ \text{DIAGONAL} &= 141.354 \end{aligned}$$

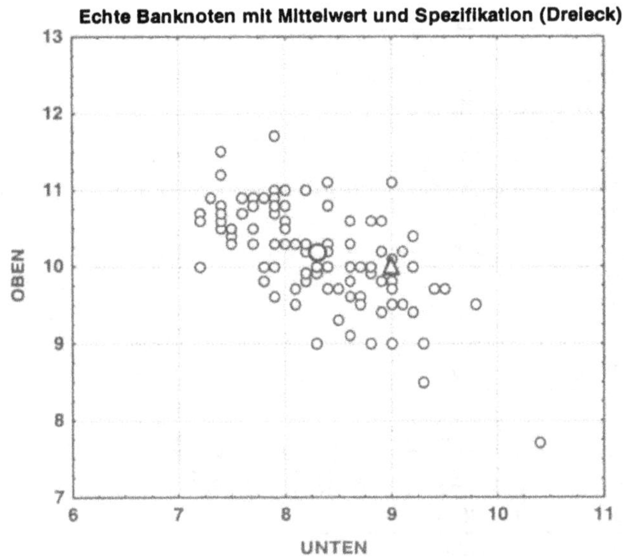

Abbildung 2.21: Spezifikationpunkt (Dreieck) im Punkteschwarm der echten Banknoten.

und erhalten den Regressions-Output der Tabelle 2.14.

Doch diese Ergebnisse können einzig im Fall der Regressionskoeffizienten übernommen werden. Die übrigen Grössen sind vorgängig zu transformieren. Folgendermassen berechnet man:

1. den Globaltest der Spezifikationsanalyse:

$$F_{global}(\text{Spezifikation}) = (n+1) \cdot F_{global}(\text{Regression}) \ ,$$

2. die Standarddistanz des Spezifikationspunktes vom Mittelwert der Stichprobe:

$$D = \sqrt{\frac{n^2-1}{n}\frac{R^2}{1-R^2}} \quad \text{mit dem Bestimmtheitsmass } R^2 \ ,$$

3. die partiellen F-Tests der Spezifikationsanalyse:

$$F^{\text{Spez}}_{partial}(\beta_j) = \frac{n+1}{\frac{nR^2+1}{F^{\text{Reg}}_{partial}(\beta_j)} - \frac{n(1-R^2)}{n-p}} \ ,$$

wo $F^{\text{Reg}}_{partial}(\beta_j)$ den Wert des Partialtests des j-ten Regressionskoeffizienten bezeichnet $(j = 1, \ldots, p)$

Regression	
Zielgrösse	Z
Bestimmtheitsmass	0.023954
Anzahl Beobachtungen (n + 1)	100

	Koeff.	S.A. (Koeff.)	F-partial	p-Wert
Nullpunktordinate	280.3333	746.8587	0.1409	0.7083
Steigung (LAENGE)	-0.8945	3.0458	0.0862	0.7697
Steigung (LINKS)	-2.9769	4.1255	0.5207	0.4724
Steigung (RECHTS)	3.1128	4.0214	0.5992	0.4409
Steigung (UNTEN)	2.5067	2.4466	1.0497	0.3082
Steigung (OBEN)	1.2598	2.4309	0.2686	0.6055
Steigung (DIAGONAL)	-0.9726	2.7420	0.1258	0.7236

ANOVA

	F.G.	Summenquadrat	F-global	p-Wert
Regression	6	237.1493	0.3804	0.8898
Residuen	93	9662.8507		
Insgesamt	99	9900.0000		

Tabelle 2.14: Regressions-Output Spezifikationspunkt gegen ECHT 99

4. die Standardabweichungen der Koeffizientenschätzungen:

$$\text{S.A.}(\hat{\beta}_j) = \frac{|\,\hat{\beta}_j\,|}{\sqrt{F^{\text{Spez}}_{partial}(\beta_j)}}, \quad j = 1, \ldots, p$$

Diese Transformationen ergeben die Spezifikationsergebnisse der Tabelle 2.15. Die Nullhypothese muss deutlich abgelehnt werden. Die Vorgabe wird von den 99 echten Banknoten nicht eingehalten. Der Mittelwertsvektor weicht 1.56 Standardabweichungen vom Spezifikationspunkt ab. Die p-Werte der partiellen $F-$Werte lassen vermuten, dass die LAENGE und evtl. auch die DIAGONALE eliminiert werden können. Die Spezifikation mit den vier restlichen Variablen LINKS, RECHTS, UNTEN und OBEN erhöht die Signifikanz bei einer geringen Reduktion der Standarddistanz. Die normierte Spezifikationsfunktion ist

NSpez = – 0.589 LINKS + 0.555 RECHTS + 0.515 UNTEN + 0.282 OBEN.

Auch die in Abschnitt 2.4.2 betrachtete bivariate Spezifikation für UNTEN und OBEN mit einem F-global von 71.695 ist stark signifikant.
Hätte der Fälscher die Spezifikationsvorgaben auch gehabt, so hätte dieser mit einer Spezifikationsanalyse feststellen können, dass seine 85er Auflage insbesondere in den Variablen RECHTS, UNTEN, OBEN und DIAGONAL vom Spezifikationspunkt signifikant abweicht (Tabelle 2.16).

F-global	38.04068
Standarddistanz	1.558669
Anzahl Beobachtungen n	99

	Koeff.	S.A. (Koeff.)	F-partial	p-Wert
Steigung (LAENGE)	-0.8945	0.5518	2.6279	0.1084
Steigung (LINKS)	-2.9769	0.6941	18.3944	0.0000
Steigung (RECHTS)	3.1128	0.6668	21.7959	0.0000
Steigung (UNTEN)	2.5067	0.3695	46.0242	0.0000
Steigung (OBEN)	1.2598	0.4275	8.6842	0.0041
Steigung (DIAGONAL)	-0.9726	0.4936	3.8823	0.0518

Tabelle 2.15: Spezifikationsanalyse gegen ECHT 99

	Koeff.	S. A. (Koeff.)	F-partial	p-Wert
RECHTS	0.07852	0.02144	13.413	0.0004
UNTEN	0.05301	0.01164	20.722	0.0000
OBEN	0.08199	0.01366	36.019	0.0000
DIAGONAL	-0.11472	0.01885	37.035	0.0000

Tabelle 2.16: Spezifikationsanalyse gegen FALSCH 85

In der Qualitätskontrolle kann die Spezifikationsanalyse wichtige Hinweise auf die Korrektur eines Fabrikationsprozesses liefern, indem versucht wird, die wichtigsten abweichenden Variablen in der Spezifikation zu korrigieren.

Zusammenhang von F-global mit Hotellings T^2-Test

H. Hotelling hat 1931 den klassischen univariaten t-Test verallgemeinert zum sogenannten T^2-Test. Die Grösse T^2 findet man aus dem globalen F-Wert der Spezifikationsanalyse als

$$T^2 = \frac{(n-1)\,p}{n-p} \cdot F_{global}(\text{Spezifikation}) \quad ,$$

und die Standarddistanz als

$$D = \sqrt{\frac{n-1}{n}\frac{p}{n-p} \cdot F_{global}(\text{Spezifikation})} \quad .$$

2.5 Hauptkomponentenanalyse

2.5.1 Problemstellung

Die Hauptkomponentenanalyse kann von verschiedenen Gesichtspunkten aus entwickelt werden. H. Hotelling hat gezeigt, dass man p korrelierte Variablen $X_1, \ldots, X_p$ in der Regel in p unkorrelierte Linearkombinationen $U_1, \ldots, U_p$, die sogenannten Hauptkomponenten, transformieren kann. K. Pearson suchte in einem Punktediagramm eine Gerade mit der Eigenschaft, dass die Summe der quadrierten rechtwinkligen (orthogonalen) Abstände der Punkte von der Geraden minimal wird (orthogonale Regression). Diese Gerade entspricht der ersten Hauptkomponente. Eine weitere äquivalente Fragestellung sucht nach einer normierten Linearkombination mit maximaler Standardabweichung.

2.5.2 Geometrische Betrachtung mit zwei Variablen

Betrachten wir n Beobachtungen der Variablen X_1 und X_2, von denen wir annehmen, dass sie **zentriert** sind, d.h.

$$\bar{x}_1 = \bar{x}_2 = 0 \ .$$

Ist dies nicht der Fall, so kann diese Eigenschaft durch Subtraktion der jeweiligen Mittelwerte erreicht werden. Die sogenannte **totale Varianz** s^2_{Total} der Vektoren (x_{1i}, x_{2i}), $i = 1, \ldots, n$ ist definiert als

$$s^2_{\text{Total}} = \frac{1}{n-1} \sum_{i=1}^{n} (x^2_{1i} + x^2_{2i}) \ .$$

Die Abbildung 2.22 zeigt $n = 10$ Punkte mit 10 Vektoren der Längen $e_i = \sqrt{x^2_{1i} + x^2_{2i}}$. Für die Komponenten gilt

$$s^2_{\text{Total}} = s^2_{X_1} + s^2_{X_2} \ ,$$

wo $s^2_{X_1}$ und $s^2_{X_2}$ die jeweilige Varianz von X_1 und X_2 angibt.

Die totale Varianz ist gleich der Summe der Varianzen ihrer Komponenten. Diese Eigenschaft bleibt erhalten nach jeder beliebigen Drehung des Achsensystems.

So gilt für die gedrehten Koordinatenachsen U_1 und U_2:

$$s^2_{\text{Total}} = s^2_{U_1} + s^2_{U_2}.$$

100 falsche Banknoten

In der Abbildung 2.23 betrachten wir für die 100 falschen Banknoten die zentrierten Variablen X_4 = UNTEN und X_5 = OBEN und projizieren diese in verschiedene Richtungen. Dadurch,

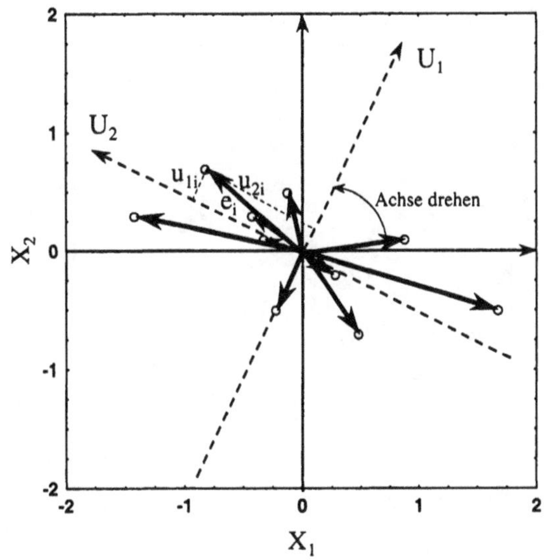

Abbildung 2.22: Rotation des Achsensystems

dass wir nur normierte Linearkombinationen betrachten, bleiben die Skalen in allen Richtungen gleich und wir können die Linearkombination mit maximaler Standardabweichung oder Varianz suchen.

Für die Variablen UNTEN und OBEN suchen wir die normierte Linearkombination

$$U_1 = b_{14}X_4 + b_{15}X_5 \quad \text{mit} \quad b_{14}^2 + b_{15}^2 = 1,$$

die die Varianz

$$s_{U_1}^2 = b_{14}^2 s_{X_4}^2 + b_{15}^2 s_{X_5}^2 + 2b_{14}b_{15}s_{X_4}s_{X_5}r_{45}$$

mit dem Korrelationskoeffizient r_{45} zwischen $UNTEN$ und $OBEN$ maximiert: $s_{U_1}^2$ wird maximal unter der Nebenbedingung $b_{14}^2 + b_{15}^2 = 1$, falls

$$U_1 = -0.91286X_4 + 0.40827X_5$$

ist. Die dazu orthogonale Linearkombination ist

$$U_2 = 0.40827X_4 + 0.91286X_5 \ .$$

Rechts oben in der Abbildung 2.24 ist das Histogramm mit maximaler Varianz $s_{U_1}^2$ zu sehen. Rechts unten im Bild erkennt man das Histogramm der dazu orthogonalen Linearkombination U_2. Die Lösung ist auch in Abbildung 2.25 illustriert.

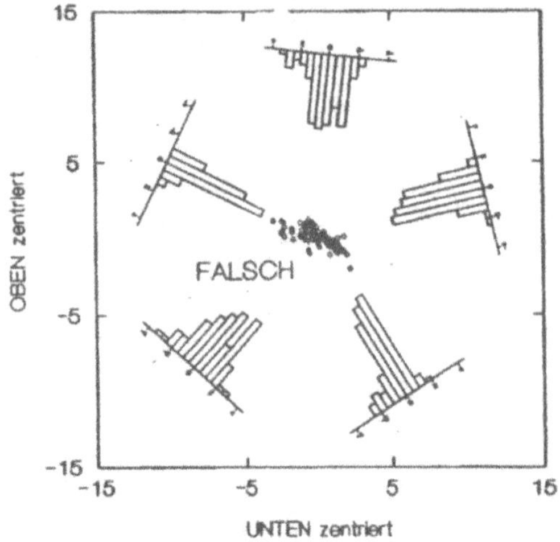

Abbildung 2.23: Projektion der 100 falschen Banknoten in verschiedene Richtungen

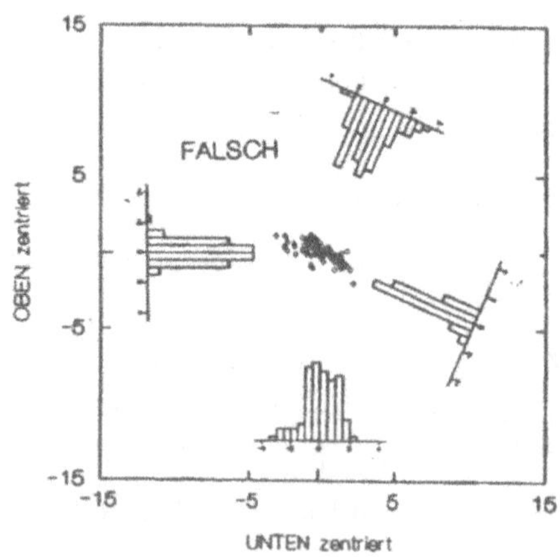

Abbildung 2.24: Linearkombination mit maximaler resp. minimaler Varianz

Da $s^2_{\text{Total}} = s^2_{X_4} + s^2_{X_5} = 1.686$ und die Varianz $s^2_{U_1} = 1.501$ beträgt, ist $s^2_{U_2} = s^2_{\text{Total}} - s^2_{U_1} =$

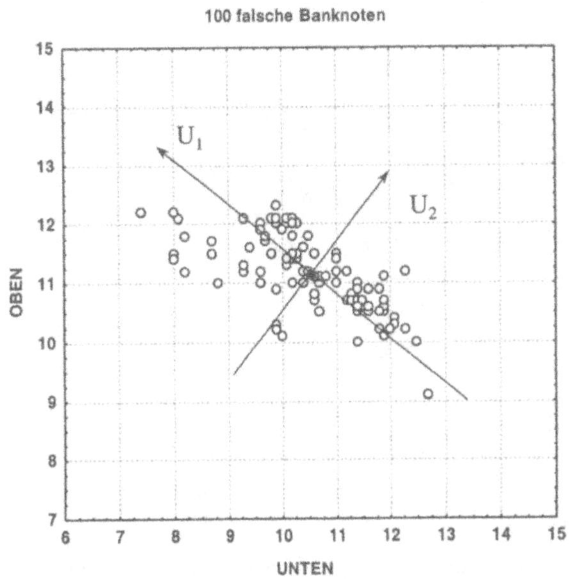

Abbildung 2.25: Hauptkomponenten U_1 und U_2 von 100 falschen Banknoten

0.185. Die neue Variable U_1 erklärt 89% der zweidimensionalen totalen Varianz. Weiter lässt sich zeigen, dass U_1 und U_2 **unkorreliert** sind, d.h. ihr Korrelationskoeffizient ist Null.

Wichtig: Die Lösung ist nicht skaleninvariant, d.h. wenn wir die Daten vorgängig standardisieren, so wird die Lösung ändern. Wir unterscheiden deshalb grundsätzlich zwischen den Hauptkomponenten U_1, U_2 der **zentrierten** Daten und den Hauptkomponenten U_1, U_2 der **standardisierten** Daten. Für die Berechnung benötigen wir spezielle Algorithmen, die nicht mit der multiplen Regression verwandt sind. Wir haben keine Verteilungsannahmen gemacht. In dem Sinne können wir die Hauptkomponenten als verteilungsfreie Methode auffassen.

99 echte Banknoten

In Abbildung 2.26 betrachten wir die Variablen UNTEN und OBEN der 99 echten Banknoten, die wir als annähernd zweidimensional normalverteilt ansehen können. Die Lösung obiger Optimalitätsaufgabe führt zu den Hauptkomponenten U_1, U_2, die identisch sind mit den Hauptachsen der Ellipsen konstanter Dichten einer zweidimensionalen Normalverteilung.

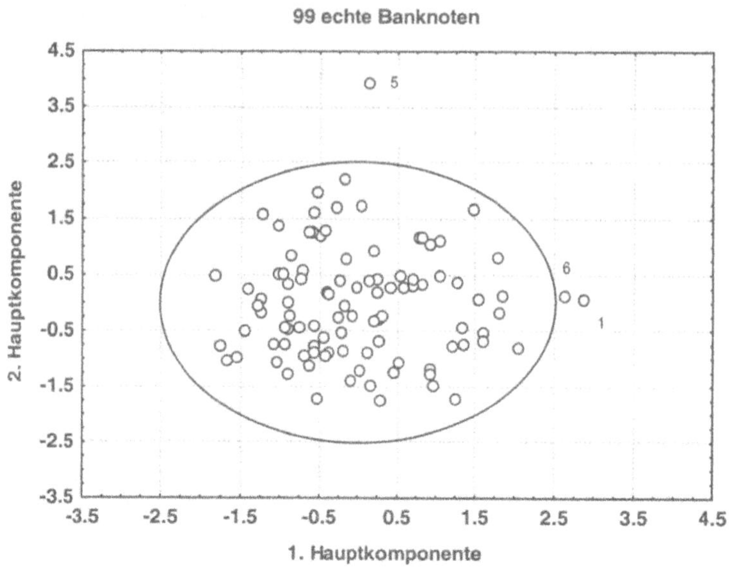

Abbildung 2.26: Hauptkomponenten U_1 und U_2 von 99 echten Banknoten mit einer Ellipse konstanter Dichte.

2.5.3 Allgemeiner Fall mit p standardisierten Variablen

Gegeben seien n Beobachtungen der p standardisierten Variablen $Z_1, \ldots, Z_p$:

$$(z_{1i}, z_{2i}, \ldots, z_{pi}), \quad \bar{z}_j = 0, \quad s^2_{Z_j} = 1, \quad i = 1, \ldots, n; \quad j = 1, \ldots, p$$

Die sukzessive Suche nach normierten Linearkombinationen, die die Varianz maximieren und zu den bereits gefundenen unkorreliert (orthogonal) sind, führt auf ein sogenanntes Eigenwertsproblem.

Achtung: In den Statistik-Software-Paketen werden Begriffe aus der Statistik, der Numerik und der Psychologie gebraucht, die den Anwender häufig verunsichern.

Die Standardisierung der Daten hat zur Folge, dass die totale Varianz gleich p, der Anzahl Variablen, ist. Die erste Hauptkomponente ist die normierte Linearkombination

$$U_1 = b_{11}Z_1 + \ldots + b_{p1}Z_p$$

mit maximaler Varianz $s^2_{U_1}$. Die zweite Hauptkomponente

$$U_2 = b_{12}Z_1 + \ldots + b_{p2}Z_p$$

soll orthogonal zur ersten stehen, d.h. es soll $r_{U_1U_2} = 0$ sein und $s^2_{U_2}$ maximiert werden. Die weiteren Hauptkomponenten gewinnt man analog. Das Ergebnis der Analyse ergibt uns p normierte Linearkombinationen $U_1, \ldots, U_p$, die paarweise unkorreliert sind und deren Varianzen sukzessive abnehmen.

$$s^2_{max} = s^2_{U_1} \geq s^2_{U_2} \geq \ldots \geq s^2_{U_p} \quad . \tag{2.4}$$

99 echte Banknoten

Für die 99 echten Banknoten sind die Varianzen in der Tabelle 2.17 und in der Abbildung 2.27 abzulesen. Es ist üblich, die Varianzen einzeln und kumuliert in Prozent der totalen Varianz anzugeben.

	Varianz	in %	Kumuliert in %
1	2.201	36.7	36.7
2	1.663	27.7	64.4
3	0.992	16.5	80.9
4	0.597	10.0	90.9
5	0.319	5.3	96.2
6	0.228	3.8	100.0
	6.000	100.0	

Tabelle 2.17: Varianz der Hauptkomponenten von 99 echten Banknoten.

Die Koeffizienten $b_{jh} (j = 1, \ldots, p;\ h = 1, \ldots, p)$ werden häufig gar nicht angegeben, sondern es werden mit ihrer Hilfe sofort die Werte der Hauptkomponenten (scores oder factor scores) für alle n Beobachtungen ermittelt:

$$u_{hi} = b_{1h}z_{1i} + b_{2h}z_{2i} + \ldots + b_{ph}z_{pi} \qquad h = 1, 2, \ldots p;\ i = 1, 2, \ldots, n \ ,$$

wobei gilt, dass die Mittelwerte $\bar{u}_h = 0$ und die Korrelationskoeffizienten $r_{U_hU_k} = 0 \quad (k \neq h)$ sind.

Für die Interpretation der Lösung berechnet man mit Vorteil alle Korrelationskoeffizienten der p Variablen und der p Hauptkomponenten. Vergleiche dazu die Tabelle 2.18 für die 99 echten Banknoten. Die Korrelationskoeffizienten zwischen den Variablen und den Hauptkomponenten werden auch als Faktorladungen (Factor loadings) bezeichnet und aus den hohen Korrelationen einer Hauptkomponente zu den einzelnen Variablen kann auf einfache lineare Strukturen in den Daten geschlossen werden. So könnte aus den hohen Korrelationen der ersten Hauptkomponente zu den Variablen LINKS und RECHTS vermutet werden, dass diese ähnlich zur Summe LIPLUSRT = LINKS + RECHTS sein könnte. In der Tabelle 2.18 haben wir diese Linearkombination auch aufgeführt, die mit der ersten Hauptkomponente tatsächlich

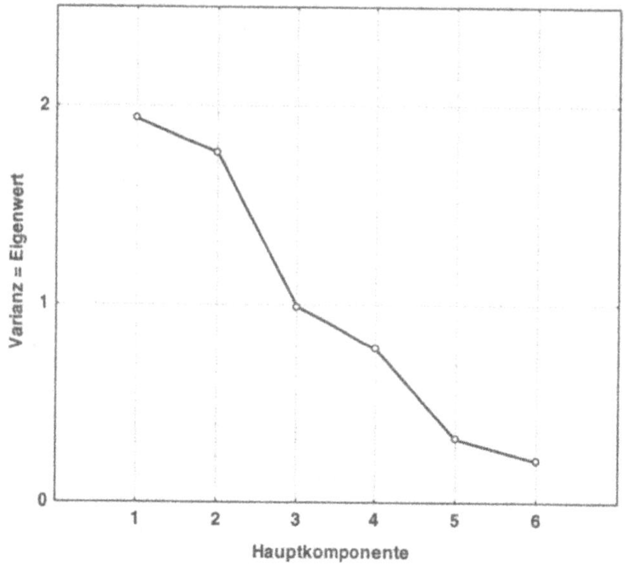

Abbildung 2.27: Varianz der Hauptkomponenten von 99 echten Banknoten.

stark korreliert ($r = 0.935$). UMINUSO = UNTEN - OBEN dagegen steht in enger Beziehung zur 2. Hauptkomponente ($r = 0.951$). Unsere früher eingeführte Linearkombination BILD widerspiegelt sich in der letzten Hauptkomponente ($r = 0.933$). Die Abbildung 2.28 der ersten und zweiten Hauptkomponente zeigt uns etwa in der Nummer 5 einen möglichen Ausreisser. Insbesondere die letzten Hauptkomponenten zeigen häufig mögliche Ausreisser.

Die Hauptkomponentenanalyse hat auch zum Ziel, die Dimension p der Daten zu reduzieren, indem diese durch eine kleinere Anzahl von Hauptkomponenten ersetzt werden. Eine Faustregel besagt, dass man alle Hauptkomponenten der standardisierten Variablen eliminieren könne, deren Varianzen kleiner als 1 sind. Oder man wählt die ersten Hauptkomponenten, deren kumulierter Varianzanteil mindestens 90 % beträgt. In unserem Beispiel dürften etwa die 2 oder 3 letzten Hauptkomponenten wenig zur Erklärung der totalen Varianz beitragen.

In der multiplen Regression kann eine vorgängige Hauptkomponentenanalyse uns vor Kollinearitäten schützen. Sind die letzten Varianzen der Hauptkomponenten Null, so heisst dies, dass einzelne Regressoren lineare Funktionen von den restlichen sind.

	LAENGE	LINKS	RECHTS	UNTEN	OBEN	DIAGONAL	HK1	HK2	HK3	HK4	HK5	HK6
LAENGE	1											
LINKS	0.413	1										
RECHTS	0.422	0.662	1									
UNTEN	0.229	0.246	0.264	1								
OBEN	0.061	0.199	0.113	-0.633	1							
DIAGONAL	0.026	-0.260	-0.101	-0.024	-0.214	1						
HK1	0.679	0.860	0.843	0.466	0.058	-0.262	1					
HK2	0.027	-0.194	-0.080	0.784	-0.934	0.362	0	1				
HK3	-0.423	0.069	-0.117	0.243	-0.140	-0.846	0	0	1			
HK4	-0.597	0.214	0.355	-0.019	-0.007	0.262	0	0	0	1		
HK5	0.037	-0.392	0.378	-0.072	-0.055	-0.114	0	0	0	0	1	
HK6	0.045	0.134	0.010	-0.322	-0.318	-0.053	0	0	0	0	0	1
LIPLUSRT	0.458	0.914	0.909	0.280	0.172	-0.200	0.935	-0.151	-0.025	0.311	-0.014	0.080
BILD	-0.078	0.026	0.115	-0.311	-0.380	0.186	-0.068	0.098	-0.160	0.252	0.165	0.933
UMINUSO	0.093	0.026	0.084	0.904	-0.903	0.105	0.226	0.951	0.212	-0.007	-0.010	-0.003

Tabelle 2.18: Korrelationsmatrix der 99 echten Banknoten

100 falsche Banknoten

Eine Hauptkomponentenanalyse der (inhomogenen) Gruppe der 100 gefälschten Banknoten entdeckt die Inhomogenität in der 1. und 3. Hauptkomponente der Abbildung 2.29 mit den 15 falschen Banknoten, die möglicherweise in einer separaten Auflage entstanden sind, wie aus der Abbildung 2.29 ersichtlich wird.

Beachte: Die Hauptkomponenten der zentrierten statt standardisierten Daten ergäben eine andere Lösung.

Eine Hauptkomponentenanalyse der standardisierten Beobachtungen bildet häufig den Ausgangspunkt einer sogenannten Faktorenanalyse. Die Faktoranalyse rotiert die standardisierten Hauptkomponenten - Faktoren genannt - und sucht einfach interpretierbare Strukturen zwischen den Variablen und den Faktoren.

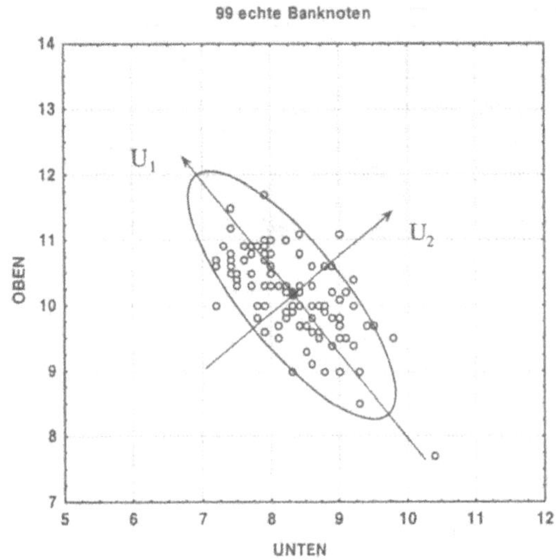

Abbildung 2.28: 1. und 2. Hauptkomponente der 99 echten Banknoten

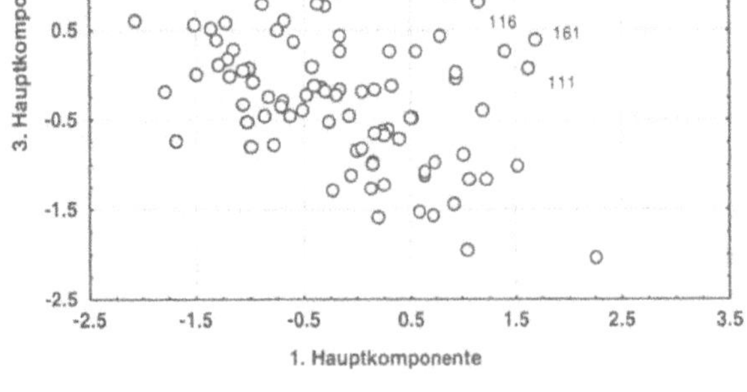

Abbildung 2.29: Die 1. und 2. Hauptkomponente der 100 falschen Banknoten

Kapitel 3

Planung und Auswertung von Versuchen

3.1 Zwei- und Mehrweg-Varianzanalyse mit Wiederholungen

3.1.1 Problemstellung

In den folgenden Kapiteln werden wir uns mit der Problematik von **Faktorversuchen** befassen. Unter einem **Faktor** versteht man eine kontrolliert veränderbare Einflussgrösse in einem (Faktor-)Versuch, in dem man eine Zielgrösse Y auf verschiedenen **Stufen** (d.h. bei verschiedenen Ausprägungen) der berücksichtigten Faktoren beobachtet und die erhaltenen Resultate analysiert.
In der in Abschnitt 1.6 behandelten Einweg-ANOVA betrachteten wir eine Zielgrösse Y in Abhängigkeit *eines* Faktors. Nun wenden wir uns der entsprechenden Situation zu, wobei die Zielgrösse bezüglich mehr als einem Faktor untersucht wird, d.h. jede Beobachtung kann bezüglich mehreren Merkmalen klassiert werden (Kreuzklassifikation). Besonderes Gewicht wird auf die Zweiweg-Varianzanalyse gelegt. Wir betrachten hier nur ausgewogene Faktorversuche, d.h. wir gehen davon aus, dass in jeder Zelle des Versuchsplans (also zu jeder Stufenkombination der beiden Faktoren) die gleiche Anzahl Beobachtungen vorliegt und dass diese grösser ist als eins. Es soll gezeigt werden, wie in dieser Situation die Struktur der Erwartungswerte in den verschiedenen Gruppen untersucht werden kann.
Die Betrachtungen aus der Zweiweg-Varianzanalyse lassen sich auf Fälle mit mehr als zwei Faktoren verallgemeinern.

3.1.2 Ein Zahlenbeispiel

In 8 Labors (nummeriert von 1 bis 8) wurden je zwei Proben von fünf verschiedenen Seren (benannt mit I, II, III, IV und V) auf den Gehalt von Beta-Karotin untersucht (Daten in Tabelle 3.1). Wir haben hier zwei Faktoren: einerseits den Faktor Labor mit den Stufen 1 bis 8 (Faktor L), andererseits den Faktor Serum mit den Stufen I, II, III, IV und V (Faktor S). Zu jeder Stufenkombination dieser beiden Faktoren liegt die gleiche Anzahl beobachteter

	Labor							
Serum	1	2	3	4	5	6	7	8
I	0.066	0.07	0.089	0.044	0.064	0.076	0.08	0.062
	0.062	0.07	0.082	0.050	0.058	0.073	0.08	0.057
II	0.146	0.14	0.213	0.120	0.142	0.149	0.23	0.140
	0.143	0.14	0.196	0.120	0.148	0.145	0.25	0.150
III	0.472	0.39	0.496	0.452	0.411	0.399	0.39	0.370
	0.436	0.39	0.523	0.472	0.416	0.396	0.38	0.390
IV	0.986	0.84	1.286	1.292	0.883	0.886	0.83	0.890
	0.904	0.82	1.241	1.131	0.874	0.859	0.78	0.910
V	1.708	1.25	1.897	1.844	1.372	1.204	1.16	1.330
	1.564	1.24	1.915	1.824	1.347	1.288	1.16	1.400

Tabelle 3.1: Daten zum Beispiel Gehalt von Beta-Karotin in Serum.

Werte der Zielgrösse Y = Gehalt an Beta-Karotin vor, nämlich zwei, somit handelt es sich um einen ausgewogenen Faktorversuch. Von diesen beiden Faktoren sollen nun Haupt- und Wechselwirkungen untersucht werden.

3.1.3 Modell, Hypothesen und klassischer Lösungsansatz

Modelle mit und ohne Wechselwirkung

Das volle Modell der Zweiweg-Varianzanalyse lässt sich in seiner einfachsten Form schreiben als

$$Y_{ijk} = \mu_{ij} + E_{ijk} \quad (i = 1, \ldots, I;\ j = 1, \ldots, J;\ k = 1, \ldots, K) \tag{3.1}$$

mit

$$E_{ijk} \text{ i.i.d.} \sim N(0, \sigma) \ .$$

I ist dabei die Anzahl der Stufen von Faktor A, J diejenige von Faktor B. $K\,(\geq 2)$ gibt die Anzahl der Beobachtungen pro Zelle an. Es wird also unterstellt, dass die Zielgrösse Y in einer gegebenen Zelle $(A, B) = (i, j)$ einer Normalverteilung um den Zellenmittelwert μ_{ij} folgt, mit einer Standardabweichung σ, die in allen Zellen identisch ist. Durch die μ_{ij} werden die zu erwartenden Unterschiede in den Werten der Zielgrösse auf den verschiedenen Stufenkombinationen der berücksichtigten Faktoren beschrieben, die sogenannte **Wirkung** (oder Effekt) der Faktoren. Man unterscheidet **Hauptwirkung** und **Wechselwirkung**. Unter der Hauptwirkung eines Faktors versteht man dessen mittlere Wirkung über die Stufenkombinationen aller übrigen Faktoren hinweg, während die Wechselwirkung (auch Interaktion oder Nichtadditivität genannt) Unterschiede in der Wirkung eines Faktors auf den verschiedenen Stufen der anderen Faktoren erfasst. Modell (3.1) lässt Wechselwirkungen zu.

Die Anzahl der Zellen ist $I \cdot J$ und der gesamte Stichprobenumfang beträgt

$$n = K \cdot I \cdot J \ .$$

Die Zahl der Freiheitsgrade des Fehlerterms in diesem Modell beträgt somit als Differenz zwischen Anzahl Beobachtungen und Anzahl zu schätzender Parameter

$$FG = K \cdot I \cdot J - I \cdot J = (K-1) \cdot I \cdot J \ .$$

Die Erwartungswerte μ_{ij} werden durch das arithmetische Mittel der K beobachteten Werte in der jeweiligen Zelle geschätzt:

$$\hat{\mu}_{ij} = \frac{1}{K} \sum_{k=1}^{K} y_{ijk} \ .$$

Das Modell (3.1) kann umgeschrieben werden zu

$$Y_{ijk} = \mu + \alpha_i + \beta_j + \gamma_{ij} + E_{ijk} \quad (i = 1, \dots, I;\ j = 1, \dots, J;\ k = 1, \dots, K) \ .$$

In dieser Notation werden die Erwartungswerte μ_{ij} additiv unterteilt in

- den Gesamtmittelwert μ;
- die Wirkung von Faktor A, ausgedrückt in den Parametern $\alpha_1, \alpha_2, \dots, \alpha_I$;
- die Wirkung von Faktor B, ausgedrückt in den Parametern $\beta_1, \beta_2, \dots, \beta_J$;
- die Wechselwirkung der Faktoren A und B, erfasst durch die Parameter γ_{ij} $(i = 1, \dots, I;\ j = 1, \dots, J)$.

Damit die Parametrisierung eindeutig bestimmt ist, müssen sie den Bedingungen

$$\sum_{i=1}^{I} \alpha_i = 0, \qquad \sum_{j=1}^{J} \beta_j = 0,$$

$$\sum_{j=1}^{J} \gamma_{ij} = 0 \quad (i = 1, \dots, I) \quad \text{sowie} \quad \sum_{i=1}^{I} \gamma_{ij} = 0 \quad (j = 1, \dots, J)$$

unterworfen werden.

Das volle Modell kann nun vereinfacht werden zu einem ANOVA-Modell ohne Wechselwirkungen. Dieses lautet

$$Y_{ijk} = \mu + \alpha_i + \beta_j + E_{ijk} \quad (i = 1, \dots, I;\ j = 1, \dots, J;\ k = 1, \dots, K) \tag{3.2}$$

mit

$$E_{ijk} \text{ i.i.d.} \sim N(0, \sigma) \ ,$$

wobei die α- und β-Parameter wiederum die Nebenbedingungen

$$\sum_{i=1}^{I} \alpha_i = 0 \qquad \text{und} \qquad \sum_{j=1}^{J} \beta_j = 0$$

erfüllen müssen. Modell (3.2) enthält nur Hauptwirkungen. Es ist keine Wechselwirkung zwischen den Faktoren A und B möglich, was bedeutet, dass der additive Effekt der Stufen von Merkmal A auf die Zielgrösse Y auf den verschiedenen Stufen von B der gleiche ist. Umgekehrt ist auch die additive Wirkung von B auf Y unabhängig davon, auf welcher Stufe die entsprechende Beobachtung bezüglich Faktor A liegt. Die Zahl der Freiheitsgrade beträgt in (3.2)

$$FG = n - I - J + 1 \ .$$

Test für Wechselwirkung

Will man untersuchen, ob in den vorliegenden Daten eine Wechselwirkung zwischen zwei Faktoren A und B vorhanden ist, so entspricht dies der Frage, ob sich Modell (3.1) zu (3.2) vereinfachen lässt. Bezeichnen wir die Fehlerquadratsumme aus (3.1) mit S_{Min} und diejenige aus (3.2) mit S^0_{Min}, so lautet die entsprechende F-Testgrösse

$$F(\text{Wechselwirkung}) = \frac{(S^0_{Min} - S_{Min})/((I-1)(J-1))}{S_{Min}/((K-1)IJ)} \ . \tag{3.3}$$

Unter der Nullhypothese, dass keine Wechselwirkung vorliegt, folgt sie einer F-Verteilung mit $(I-1)(J-1)$ Freiheitsgraden im Zähler und $(K-1)IJ$ im Nenner.

Tests für Hauptwirkungen

Nachdem gefunden worden ist, dass keine Wechselwirkung besteht, kann man die Hypothese prüfen, ob eine Hauptwirkung von Faktor A bzw. B vorhanden ist:

- Falls die Hauptwirkung von A untersucht werden soll, lautet die Nullhypothese

  $$H_0: \ \alpha_1 = \alpha_2 = \ldots = \alpha_I = 0 \ .$$

  Dieser F-Test prüft Modell (3.2) auf eine allfällige Vereinfachung zu

  $$Y_{ijk} = \mu + \beta_j + E_{ijk} \quad (i = 1, \ldots, I; \ j = 1, \ldots, J; \ k = 1, \ldots, K) \ .$$

  Dieses Nullmodell entpricht einem Modell der Einweg-Varianzanalyse (vgl. Modell (1.17) Seite 60). Die entsprechende F-Testgrösse folgt unter H_0 einer F-Verteilung mit $I-1$ und $n - I - J + 1$ Freiheitsgraden.

- Ist die Hauptwirkung von B von Interesse, so lautet die Nullhypothese

$$H_0 : \quad \beta_1 = \beta_2 = \ldots = \beta_J = 0 \ .$$

Dieser F-Test vergleicht Modell (3.2) mit

$$Y_{ijk} = \mu + \alpha_i + E_{ijk} \quad (i = 1, \ldots, I;\ j = 1, \ldots, J;\ k = 1, \ldots, K) \ .$$

Die resultierende F-Prüfgrösse folgt unter H_0 einer F-Verteilung mit $J - 1$ und $n - I - J + 1$ Freiheitsgraden.

3.1.4 Lösungsansatz mit Regression

Um die im letzten Abschnitt eingeführten Modelle als Regression ausdrücken zu können, müssen wir zuerst die dazu notwendigen Einflussgrössen definieren. Es handelt sich dabei ausschliesslich um Variablen, die als Werte 0 oder 1 annehmen, also um Dummy-Variablen. Wir definieren für $i = 1, \ldots, I$ die Einflussgrössen

$$z_i^A = \begin{cases} 1 & \text{für Beobachtungen auf der } i\text{-ten Stufe von Faktor } A \\ 0 & \text{für alle anderen Beobachtungen} \end{cases}$$

und für $j = 1, \ldots, J$

$$z_j^B = \begin{cases} 1 & \text{für Beobachtungen auf der } j\text{-ten Stufe von Faktor } B \\ 0 & \text{für alle anderen Beobachtungen} \end{cases} \ .$$

Weiter definieren wir für $i = 1, \ldots, I$ und $j = 1, \ldots, J$

$$z_{ij}^{AB} = z_i^A \cdot z_j^B \ .$$

Volles Modell

Die für die Zweiweg-Varianzanalyse wichtigen Modelle können als Regression ausgedrückt werden, indem man für jeden der Faktoren A und B eine Referenzstufe (Referenzgruppe) festlegt. Im Folgenden wird stets davon ausgegangen, dass dies die letzte Gruppe ist, also diejenige mit dem Index I bzw. J. Das Modell (3.1) ist dann äquivalent zu einer linearen Regression mit Y als Zielgrösse und den $IJ - 1$ Einflussgrössen

$$\begin{array}{c} z_1^A, \ldots, z_{I-1}^A, \qquad z_1^B, \ldots, z_{J-1}^B, \qquad \text{sowie} \\ z_{ij}^{AB} \quad \text{für} \quad i = 1, \ldots, I-1 \quad \text{und} \quad j = 1, \ldots, J-1 \ . \end{array}$$

Wir geben den Regressionskoeffizienten folgende Bezeichnungen:

Der zu z_i^A gehörende Koeffizient heisst β_i^A $\quad (i = 1, \ldots, I-1)$
Der zu z_j^B gehörende Koeffizient heisst β_j^B $\quad (j = 1, \ldots, J-1)$
Derjenige von z_{ij}^{AB} heisst β_{ij}^{AB} $\quad (i = 1, \ldots, I-1;\ j = 1, \ldots, J-1)$.

Dann stehen diese Parameter mit den μ_{ij} aus (3.1) in folgendem Zusammenhang:

$$\alpha + \beta_i^A + \beta_j^B + \beta_{ij}^{AB} = \mu_{ij} \ \ (i = 1, \dots, I;\ j = 1, \dots, J)\ ,$$

wobei

$$\beta_I^A = 0 \ \ , \qquad \beta_J^B = 0 \qquad , \qquad \beta_{1J}^{AB} = \beta_{2J}^{AB} = \ldots = \beta_{IJ}^{AB} = 0$$

und

$$\beta_{I1}^{AB} = \beta_{I2}^{AB} = \ldots = \beta_{IJ}^{AB} = 0$$

gesetzt werden muss.
Der Erwartungswert μ_{ij} für die Zelle (i,j) wird auf diese Weise additiv zerlegt in:

α	=	Erwartungswert in der Zelle (I, J),
β_i^A	=	Hauptwirkung von Faktor A auf der Stufe i, im Vergleich zur Referenzstufe I
β_j^B	=	Hauptwirkung von Faktor B auf der Stufe j, im Vergleich zur Referenzstufe J
β_{ij}^{AB}	=	Wechselwirkung für die Zelle (i,j)

Analog gilt für die Parameterschätzungen aus dem Regressionsmodell

$$\hat{\alpha} + \hat{\beta}_i^A + \hat{\beta}_j^B + \hat{\beta}_{ij}^{AB} = \hat{\mu}_{ij} \ \ (i = 1, \dots, I;\ j = 1, \dots, J)\ .$$

Die Fehlerquadratsumme aus dem vollen Modell bezeichnen wir mit $S_{Min}^{A\times B}$.

Modell ohne Wechselwirkung

Das Modell (3.2), in dem keine Interaktion zwischen den Faktoren A und B angenommen wird, lässt sich als lineare Regression ausdrücken, indem man als Zielgrösse wiederum Y wählt und als Einflussgrössen

$$z_1^A, \dots, z_{I-1}^A, \quad \text{und} \quad z_1^B, \dots, z_{J-1}^B\ .$$

Die Regressionskoeffizienten dieser Einflussgrössen seien gleich benannt wie im vollen Modell. Dann bestehen zu den Parametern im äquivalenten Modell (3.2) die folgenden Übereinstimmungen:

Regression		Notation (3.2)	
α	=	$\mu + \alpha_I + \beta_J$	
β_i^A	=	$\alpha_i - \alpha_I$	$(i = 1, \dots, I)$
β_j^B	=	$\beta_j - \beta_J$	$(j = 1, \dots, J)$

oder, bei umgekehrter Betrachtungsweise,

Notation (3.2)		Regression	
μ	=	$\alpha + \frac{1}{I}\sum_{i=1}^{I} \beta_i^A + \frac{1}{J}\sum_{j=1}^{J} \beta_j^B$	
α_i	=	$\beta_i^A - \frac{1}{I}\sum_{k=1}^{I} \beta_k^A$	$(i = 1, \dots, I)$
β_j	=	$\beta_j^B - \frac{1}{J}\sum_{l=1}^{J} \beta_l^B$	$(j = 1, \dots, J)$

Diese Gleichungen lassen sich wiederum auf die Parameterschätzungen übertragen. Die Fehlerquadratsumme aus diesem Modell bezeichnen wir mit $S_{Min}^{A,B}$.

Test für Wechselwirkung

Der in 3.1.3 eingeführte Test für Wechselwirkung prüft innerhalb des vollen Modells die Nullhypothese fehlender Wechselwirkung, d.h. unter H_0 werden die partiellen Regressionskoeffizienten der Einflussgrössen

$$z_{ij}^{AB} \quad \text{für} \quad i = 1, \dots, I-1 \quad \text{und} \quad j = 1, \dots, J-1$$

nullgesetzt: Die Nullhypothese in diesem Test lautet also

$$H_0 : \ \beta_{ij}^{AB} = 0 \ \ (\text{ für alle } i = 1, \dots, I-1;\ j = 1, \dots, J-1) \ .$$

Gemäss (3.3) lautet also die zu verwendende Testgrösse

$$F(\text{Wechselwirkung}) = \frac{(S_{Min}^{A,B} - S_{Min}^{A\times B})/((I-1)(J-1))}{S_{Min}^{A\times B}/((K-1)IJ)} \ . \tag{3.4}$$

Unter der Nullhypothese folgt sie einer F-Verteilung mit $(I-1)(J-1)$ und $(K-1)IJ$ Freiheitsgraden.

Test für Hauptwirkungen

Die Nullhypothese der Unabhängigkeit der Zielgrösse Y von einem Faktor A oder B setzt innerhalb des Modells ohne Wechselwirkung gewisse Regressionskoeffizienten gleich Null:

- falls dieser Test für Faktor A durchgeführt werden soll, werden unter H_0 die zu den Einflussgrössen

  $$z_1^A, z_2^A, \dots, z_{I-1}^A$$

  gehörenden Regressionskoeffizienten nullgesetzt. Das Nullmodell ist ein Modell der Einweg-Varianzanalyse, für welches im Regressionsansatz noch die Einflussgrössen

  $$z_1^B, z_2^B, \dots, z_{J-1}^B$$

  im Modell figurieren. Die Fehlerquadratsumme aus diesem Nullmodell nennen wir S_{Min}^{B}. Die entsprechende F-Testgrösse lautet dann

  $$F(\text{Hauptwirkung } A) = \frac{(S_{Min}^{B} - S_{Min}^{A,B})/(I-1)}{S_{Min}^{A,B}/(n-I-J+1)} \tag{3.5}$$

  und folgt unter der Nullhypothese einer F-Verteilung mit $I-1$ und $n-I-J+1$ Freiheitsgraden.

- falls einen die Frage der Unabhängigkeit der Zielgrösse Y von Faktor B interessiert, werden unter H_0 die zu den Einflussgrössen

$$z_1^B, z_2^B, \ldots, z_{J-1}^B$$

gehörenden Regressionskoeffizienten nullgesetzt. Das Nullmodell ist ein Modell der Einweg-Varianzanalyse, für welches im Regressionsansatz noch die Einflussgrössen

$$z_1^A, z_2^A, \ldots, z_{I-1}^A$$

im Modell figurieren. Die Fehlerquadratsumme aus diesem Nullmodell nennen wir S_{Min}^A. Die entsprechende F-Testgrösse lautet analog zu (3.2)

$$F(\text{Hauptwirkung } B) = \frac{(S_{Min}^A - S_{Min}^{A,B})/(J-1)}{S_{Min}^{A,B}/(n-I-J+1)} \tag{3.6}$$

und folgt unter der Nullhypothese einer F-Verteilung mit $J-1$ und $n-I-J+1$ Freiheitsgraden.

Dreiweg-Varianzanalyse

Das volle Modell der Dreiweg-Varianzanalyse mit den Faktoren A (I Stufen), B (J Stufen) und C (K Stufen) und einer Zellenbesetzung von L Wiederholungen pro Zelle (i, j, k) lautet

$$Y_{ijkl} = \mu_{ijk} + E_{ijkl} \quad (i = 1, \ldots, I;\ j = 1, \ldots, J;\ k = 1, \ldots, K;\ l = 1, \ldots, L)\ .$$

In die äquivalente Formulierung dieses Modells mittels Regressionsanalyse sind als Einflussgrössen zu berücksichtigen (jeweils für $i = 1, \ldots, I$; $j = 1, \ldots, J$ sowie $k = 1, \ldots, K$):

- für die Haupteffekte: z_i^A, z_j^B und z_k^C;
- für die Zweifach-Interaktionen: z_{ij}^{AB}, z_{ik}^{AC} und z_{jk}^{BC};
- die $i \cdot j \cdot k$ Dummy-Variablen der Dreifachinteraktionen:

$$z_{ijk}^{ABC} = z_i^A \cdot z_j^B \cdot z_k^C\ .$$

Bei der Modellselektion geht man vom vollen Modell aus und eliminiert jeweils Effekte mit hohen p-Werten, wobei bei der hier verwendeten Parametrisierung ein **hierarchisches Vorgehen** angezeigt ist, d.h. ein Effekt, der in einem Interaktionsterm höherer Ordnung im Modell erscheint, darf nicht eliminiert werden, auch wenn er keinen signifikanten Einfluss ausübt. Zum Beispiel wird der Haupteffekt A beibehalten, solange eine der Interaktionen AB oder AC signifikant ist, oder es werden keine Zweifachinteraktionen (und auch keine Haupteffekte) nullgesetzt, wenn die Dreifachinteraktion einen tiefen p-Wert besitzt. Sehr wohl kann hingegen der Haupteffekt A aus dem Modell genommen werden, auch wenn die Interaktion BC von Bedeutung ist. Nichthierarchischen Modellen, also beispielsweise einer

Zweiweg-Varianzanalyse, die Interaktions- aber keine Haupteffekte beinhaltet, muss, um sinnvolle Resultate zu erzielen, eine andere Parametrisierung zugrundegelegt werden.
Wir wollen an dieser Stelle nicht weiter auf die Dreiweg-Varianzanlyse eingehen. Eine Weiterführung dieser Verallgemeinerung zur Vier- und Mehrweg-Varianzanalyse erfolgt analog. Für zusätzliche Details sei auf die Fachliteratur verwiesen.

3.1.5 Lösungsvorschlag zum Zahlenbeispiel

Um das oben vorgestellte Beispiel mit einem Programm der linearen Regression lösen zu können, müssen zuerst die dazu notwendigen Einflussgrössen eingeführt werden. Wir bezeichnen die Dummy-Variablen für die verschiedenen Seren mit SERUMI, SERUMII, SERUMIII und SERUMIV. Für die Gruppe mit dem Serum V braucht es keine Variable, da diese die Rolle der Referenzgruppe übernimmt. Analog bilden wir die entsprechenden Grössen für den Faktor Labor und nennen sie LABOR1, LABOR2, ... , LABOR7. Die Referenzgruppe ist hier also das achte Labor. Die Dummy-Variablen für die Wechselwirkung sind die Variablen

$$\begin{array}{rcl} \text{WW(I1)} & = & \text{SERUMI} \cdot \text{LABOR1}, \\ \text{WW(I2)} & = & \text{SERUMI} \cdot \text{LABOR2}, \\ \vdots & \vdots & \vdots \quad\quad \vdots \\ \text{WW(IV7)} & = & \text{SERUMIV} \cdot \text{LABOR7}. \end{array}$$

Ihre Anzahl beträgt

$$(I-1)\cdot(J-1) = 4\cdot 7 = 28 \ .$$

Als Zielgrösse nehmen wir den logarithmierten Beta-Karotingehalt, da im Modell mit nicht transformierter Einflussgrösse ein Punkteschwarm der Residuen in Abhängigkeit der geschätzten Werte eine deutliche Nichtkonstanz der Streuung der Residuen zeigt. Mit logarithmierter Zielgrösse scheint diese Voraussetzung deutlich besser erfüllt. Tabelle 3.2 zeigt einen Teil des Computer-Outputs des vollen Modells. Dieses Modell entspricht einer multiplen Regression mit sämtlichen 39 Dummy-Variablen als Einflussgrössen. Die Fehlerquadratsumme lautet

$$S_{Min}^{S\times L} = 0.064776 \text{ mit 40 Freiheitsgraden.}$$

Aus der Tabelle 3.3, dem Output für das Modell ohne Wechselwirkungen, findet man die Fehlerquadratsumme für dieses Modell:

$$S_{Min}^{S,L} = 1.494315 \text{ mit 68 Freiheitsgraden.}$$

Mit Formel (3.4) findet man nun die Testgrösse für den Test auf Wechselwirkungen:

$$F(\text{Wechselwirkung}) = \frac{(S_{Min}^{S,L} - S_{Min}^{S\times L})/((I-1)(J-1))}{S_{Min}^{S\times L}/((K-1)IJ)}$$

$$= \frac{(1.494315 - 0.064776)/((5-1)(8-1))}{0.064776/((2-1)\cdot 5\cdot 8)} = 31.527 \ .$$

Zielgrösse	LNGEHALT
Bestimmtheitsmass	0.999
Anzahl Beobachtungen	80

	Koeff.	S.A.(Koeff.)	F-partial	p-Wert
Nullpunktord.	0.310826	0.028455	119.318483	0.000000
SERUMI	-3.133488	0.040242	6063.207396	0.000000
SERUMII	-2.242442	0.040242	3105.197610	0.000000
SERUMIII	-1.278756	0.040242	1009.771374	0.000000
SERUMIV	-0.416248	0.040242	106.992130	0.000000
LABOR1	0.180459	0.040242	20.109664	0.000060
LABOR2	-0.091698	0.040242	5.192383	0.028100
LABOR3	0.334170	0.040242	68.957579	0.000000
LABOR4	0.295659	0.040242	53.979438	0.000000
LABOR5	-0.003751	0.040242	0.008688	0.926200
LABOR6	-0.091456	0.040242	5.164983	0.028490
LABOR7	-0.162406	0.040242	16.287278	0.000240
WW(I1)	-0.107158	0.056910	3.545388	0.067000
WW(I2)	0.255101	0.056910	20.092717	0.000060
WW(I3)	0.028415	0.056910	0.249291	0.620310
WW(I4)	-0.532645	0.056910	87.597807	0.000000
WW(I5)	0.028321	0.056910	0.247646	0.621460
WW(I6)	0.316959	0.056910	31.018662	0.000000
WW(I7)	0.459339	0.056910	65.145399	0.000000
WW(II1)	-0.183373	0.056910	10.382122	0.002530
WW(II2)	0.057202	0.056910	1.010266	0.320880
WW(II3)	0.009394	0.056910	0.027251	0.869720
WW(II4)	-0.484306	0.056910	72.419589	0.000000
WW(II6)	0.105657	0.056910	3.446778	0.070750
WW(II5)	0.004132	0.056910	0.005271	0.942490
WW(II7)	0.666037	0.056910	136.967231	0.000000
WW(III1)	-0.002974	0.056910	0.002730	0.958590
⋮	⋮	⋮	⋮	⋮
WW(IV6)	0.060366	0.056910	1.125106	0.295180
WW(IV7)	0.050432	0.056910	0.785297	0.380820

ANOVA

	F.G.	Summenquadrat	F-global	p-Wert
Regression	39	105.262294	1666.69	0.000000
Residuen	40	0.064776		
Insgesamt	79	105.327070		

Tabelle 3.2: Beispiel Gehalt an Beta-Karotin in Seren: Output für das volle Modell.

Zielgrösse	LNGEHALT
Bestimmtheitsmass	0.986
Anzahl Beobachtungen	80

	Koeff.	S.A.(Koeff.)	F-partial	p-Wert
Nullpunktord.	0.286547	0.057413	24.909582	0.000000
SERUMI	-3.077447	0.052411	3447.768293	0.000000
SERUMII	-2.220599	0.052411	1795.132161	0.000000
SERUMIII	-1.231868	0.052411	552.442717	0.000000
SERUMIV	-0.419626	0.052411	64.103402	0.000000
LABOR1	0.095249	0.066295	2.064222	0.155380
LABOR2	-0.003490	0.066295	0.002771	0.958170
LABOR3	0.334545	0.066295	25.465043	0.000000
LABOR4	0.072120	0.066295	1.183439	0.280500
LABOR5	0.016377	0.066295	0.061024	0.805630
LABOR6	0.032504	0.066295	0.240394	0.625500
LABOR7	0.107904	0.066295	2.649179	0.108230

ANOVA

	F.G.	Summenquadrat	F-global	p-Wert
Regression	11	103.832755	429.544824	0.000000
Residuen	68	1.494315		
Insgesamt	79	105.327070		

Tabelle 3.3: Beispiel Gehalt an Beta-Karotin in Seren: Output für das Modell ohne Wechselwirkung.

Dieser Wert liegt jenseits des 95%-Quantils der F-Verteilung mit 28 und 40 Freiheitsgraden von 1.74, somit sind in diesem Modell signifikante Interaktionen vorhanden. Dies bedeutet, dass die gemessenen Unterschiede in den Werten der Zielgrösse Y = log(Gehalt an Beta-Karotin) zwischen den Seren nicht in allen Labors identisch waren, oder umgekehrt: Die Unterschiede von Labor zu Labor variierten für die verschiedenen Seren. Aufgrund dieses Resultats muss der erwartete Messwert für ein bestimmtes Serum in einem bestimmten Labor ausgehend von den Daten in Tabelle 3.1 durch den arithmetischen Mittelwert der beiden Messungen in dieser Zelle geschätzt werden.

In diesem Beispiel mit zahlreichen Stufenkombinationen ist das beschriebene Vorgehen aufgrund der vielen Dummy-Variablen ziemlich aufwendig. Für Beispiele, in denen nur Faktoren mit zwei oder drei Stufen vorkommen, stellt es sich hingegen als sehr praktisch heraus.

Interaktionsplot

In vielen Beispielen genügt dem Anwender die Aussage, dass Wechselwirkungen vorliegen, nicht. Vielmehr interessiert man sich für die Gestalt dieser Interaktionen. Um diese graphisch darstellen zu können, bietet sich die Möglichkeit, einen sogenannten *Interaktionsplot* zu zeichnen, wie ihn Abbildung 3.1 für das vorliegende Beispiel zeigt. In dieser Graphik sind die Zellenmittelwerte der Zielgrösse log(*Gehalt an Beta-Karotin*) in Abhängigkeit der Variablen Serum (x-Achse) und Labor (entsprechende Zahl als Symbol im Koordinatensystem) dargestellt. Bestünde zwischen diesen zwei Faktoren keine Wechselwirkung, so wären die Linien, welche jeweils gleiche Zahlen (also Resultate aus dem gleichen Labor) verbinden, parallel. Dies ist im vorliegenden Beispiel offensichtlich nicht der Fall: aus der Graphik ist zu lesen, dass es insbesondere die Labors mit den Nummern 4 und 7 sind, die ein auffälliges Verhalten aufweisen. Die Messungen aus Labor 3 ergeben zwar relativ hohe Werte, doch kann man in diesem Fall nicht von einer Interaktion sprechen, da die entsprechende Linie weitgehend parallel zu den andern (ausser 4 und 7) verläuft.

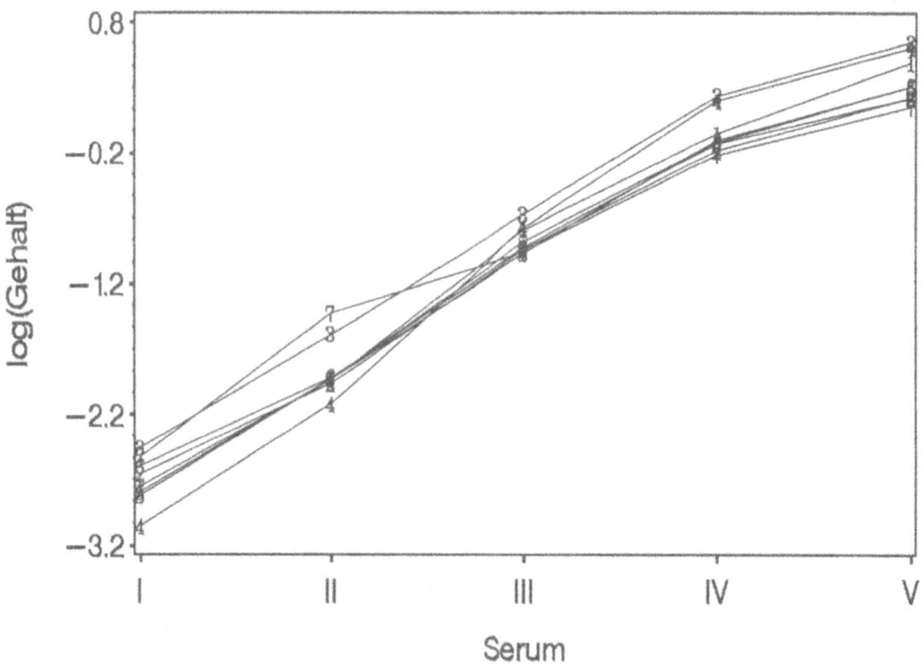

Abbildung 3.1: Interaktionsplot für das Beispiel Gehalt von Beta-Karotin.

3.2 Zwei- und Mehrweg-Varianzanalyse ohne Wiederholungen

3.2.1 Problemstellung

Liegt in einem Faktorversuch pro Stufenkombination jeweils genau eine Beobachtung vor, so kann dieser auch mittels einer Varianzanalyse analysiert werden. Dabei müssen aber gewisse Voraussetzungen im vorhinein als erfüllt betrachtet werden, da zu wenig Information zur gleichzeitigen Schätzung eines vollen Modells und einer Fehlerstandardabweichung zur Verfügung steht.

3.2.2 Zwei Zahlenbeispiele

(a) Zur Untersuchung des Einflusses von verschiedenen Stickstoffverbindungen auf den Gersteertrag wurde ein Experiment mit den Faktoren Bodentyp mit vier Stufen und Stickstoffverbindungen mit fünf Stufen durchgeführt. Zielgrösse ist der Gersteertrag in kg pro Parzelle. Die Böden wurden mit den Stickstoffverbindungen $(NH_4)SO_4$, NH_4NO_3, $CO(NH_2)_2$, $Ca(NO_3)_2$ und $NaNO_3$ behandelt. Als Kontrolle wurde je eine Parzelle pro Block nicht behandelt. Die Daten sind der Tabelle 3.4 zu entnehmen. Gesucht ist ein Modell, das die vorliegenden Resultate passend beschreibt.

	Bodentyp			
Behandlung	I	II	III	IV
$(NH_4)SO_4$	32.1	35.6	41.9	35.4
NH_4NO_3	30.1	31.5	37.1	30.8
$CO(NH_2)_2$	25.4	27.4	33.8	31.1
$Ca(NO_3)_2$	24.1	33.0	35.6	31.4
$NaNO_3$	26.1	31.0	33.8	31.9
Kontrolle	23.2	24.8	26.7	26.7

Tabelle 3.4: Daten zum Beispiel Gersteertrag

(b) Für einen Versuch zur Reduktion des Ausstosses eines bestimmten Schadstoffs bei Automobilen stehen vier Autos und vier Fahrer zur Verfügung. Es soll untersucht werden, ob mögliche Unterschiede zwischen vier Benzinzusätzen auszumachen sind. Obwohl es sich bei den Fahrzeugen um identische Modelle handelt, sind schwache systematische Unterschiede in ihren Leistungen wahrscheinlich, und obwohl jeder Fahrer sein Bestes geben wird, um den Wagen in der vom Test verlangten Art und Weise zu fahren, können geringe systematische Abweichungen von Fahrer zu Fahrer auftreten. Wie muss dieser Versuch geplant, durchgeführt und ausgewertet werden, um möglichst aussagekräftige Resultate zu erhalten?

Wagen	Fahrer	Zusatz	Schadstoffausstoss
1	I	A	21
1	II	D	23
1	III	B	15
1	IV	C	17
2	I	B	26
2	II	C	26
2	III	D	13
2	IV	A	15
3	I	D	20
3	II	A	20
3	III	C	16
3	IV	B	20
4	I	C	25
4	II	B	27
4	III	A	16
4	IV	D	20

Tabelle 3.5: Daten zum Beispiel Schadstoffausstoss.

3.2.3 Modell, Hypothesen und klassischer Lösungsansatz

Im Gegensatz zum Fall mit mehreren Beobachtungen pro Zelle kann im vorliegenden Fall ein volles Modell mit beliebigen Mittelwerten in allen Zellen nicht berechnet werden, da ein solches ebenso viele Parameter wie Beobachtungen besitzen würde, nämlich $n = I \cdot J$. Aus diesem Grund muss angenommen werden, dass keine Wechselwirkung der höchstmöglichen Ordnung besteht. Falls zwei Faktoren A (mit I Stufen) und B (mit J Stufen) betrachtet werden, bedeutet dies, dass keine Wechselwirkung zwischen diesen beiden Faktoren angenommen wird. Das allgemeinste Modell lautet also im Fall von zwei Faktoren

$$Y_{ij} = \mu + \alpha_i + \beta_j + E_{ij} \quad (i = 1, \ldots, I;\; j = 1, \ldots, J) \; . \tag{3.7}$$

mit $E_{ij} \sim N(0, \sigma)$. Die Parameter sollen dabei wiederum die Nebenbedingungen

$$\sum_{i=1}^{I} \alpha_i = 0 \qquad \text{und} \qquad \sum_{j=1}^{J} \beta_j = 0$$

erfüllen. In (3.7) werden wie gesagt nur Hauptwirkungen berücksichtigt. Der durch eine allfällige Wechselwirkung verursachte Anteil der Varianz in den y_i und derjenige des Fehlers können nicht getrennt werden, somit muss die Annahme fehlender Interaktionen getroffen werden, damit eine Residuenvarianz geschätzt werden kann. Die Fehlerquadratsumme von (3.7) nennen wir analog zum letzten Abschnitt $S_{Min}^{A,B}$. Diese besitzt $(I-1)(J-1)$ Freiheitsgrade. Der Test für Wechselwirkungen, der im letzten Abschnitt vorgestellt wurde, ist hier aus dem oben genannten Grund nicht durchführbar. In 3.3 wird ein approximativer Nichtadditivitätstest vorgestellt, der auch im hier vorliegenden Fall mit einfacher Zellenbesetzung anwendbar ist.

- Falls die Hauptwirkung von A untersucht werden soll, lautet die Nullhypothese

$$H_0: \quad \alpha_1 = \alpha_2 = \ldots = \alpha_I = 0 \ .$$

Dieser F-Test prüft Modell (3.7) auf eine allfällige Vereinfachung zu

$$Y_{ij} = \mu + \beta_j + E_{ij} \quad (i = 1, \ldots, I;\ j = 1, \ldots, J) \ .$$

Dieses Nullmodell entpricht einem Modell der Einweg-Varianzanalyse, in dem alle J Gruppen gleichen Umfang I besitzen. Seine Fehlerquadratsumme sei S^B_{Min} mit $n - J$ Freiheitsgraden. Die F-Testgrösse

$$F(\text{Hauptwirkung } A) = \frac{(S^B_{Min} - S^{A,B}_{Min})/(I-1)}{S^{A,B}_{Min}/((I-1)(J-1))} \tag{3.8}$$

folgt unter H_0 einer F-Verteilung mit $I - 1$ und $(I-1)(J-1)$ Freiheitsgraden.

- Ist die Hauptwirkung von B von Interesse, so lautet die Nullhypothese

$$H_0: \quad \beta_1 = \beta_2 = \ldots = \beta_I = 0 \ .$$

Hier wird (3.7) auf eine Vereinfachung zum Nullmodell

$$Y_{ij} = \mu + \alpha_i + E_{ij} \quad (i = 1, \ldots, I;\ j = 1, \ldots, J)$$

untersucht, also einer Einweg-Varianzanalyse, in der alle I Gruppen gleichen Umfang J besitzen. Die Fehlerquadratsumme aus diesem Modell bezeichnen wir mit S^A_{Min}, die Zahl ihrer Freiheitsgrade ist $n - I$. Die Prüfgrösse

$$F(\text{Hauptwirkung } B) = \frac{(S^A_{Min} - S^{A,B}_{Min})/(J-1)}{S^{A,B}_{Min}/((I-1)(J-1))} \tag{3.9}$$

folgt unter H_0 einer F-Verteilung mit $J - 1$ und $(I-1)(J-1)$ Freiheitsgraden.

Blockbildung

In vielen Anwendungen der Zweiweg-Varianzanalyse werden zwei Faktoren im Modell berücksichtigt, obwohl nur die Frage nach dem Vorhandensein einer Hauptwirkung *eines* der beiden Faktoren von Interesse ist. Der andere Faktor, der sogenannte **Blockfaktor**, wird mit dem Ziel ins Modell einbezogen, die Streuung der Residuen zu verringern, indem die Werte der Zielgrösse für die verschiedenen Stufen des ersten Faktors nicht über die Gesamtheit aller Beobachtungen hinweg verglichen werden, sondern jeweils innerhalb der gleichen Faktorstufe des Blockfaktors. Auf diese Weise kann der durch den Blockfaktor verursachte Anteil der Streuung der Zielgrösse eliminiert werden, während er bei der Berechnung einer Einweg-Varianzanalyse in die Residuenstreuung einfliessen würde. Durch dieses Vorgehen, das man **Blockbildung** nennt, kann die Güte des Verfahrens verbessert werden, d.h. die Wahrscheinlichkeit, dass sich ein bestehender Effekt (in unserem Fall der interessierende Haupteffekt des einen Faktors) im Test tatsächlich als signifikant herausstellt, wird erhöht. Die verschiedenen Stufen des Blockfaktors heissen **Blöcke**. Bei einem Faktorversuch mit einem oder mehreren Blöcken spricht man oft von einem **Blockplan**.

Im in Abschnitt 3.2.2(a) beschriebenen Beispiel ist man in erster Linie an einem Vergleich der Behandlungen der Böden mit verschiedenen Stickstoffverbindungen interessiert und hat zur Durchführung des Versuchs vier Felder mit verschiedener Bodenbeschaffenheit zur Verfügung. Da man annimmt, dass der Ertrag auf diesen vier Bodentypen unterschiedlich ausfallen dürfte, wird der Bodentyp als Blockfaktor in den Versuch mit einbezogen. Jedes der vier Felder wird in sechs Parzellen unterteilt, wodurch man die aus Tabelle 3.4 ersichtliche Versuchsanordnung erhält.

Randomisierung

Um die Ausschaltung von systematischen Effekten bestmöglichst zu gewährleisten, werden in der Praxis bei der Planung eines Faktorversuchs die zur Verfügung stehenden Einheiten auf zufällige Weise den verschiedenen Blöcken zugeordnet. Man spricht bei diesem Vorgehen von **Randomisierung** (vom englischen *random*, Zufall). Als Zufallsgenerator kann dabei eine geeignete Computer- oder Taschenrechnerfunktion verwendet werden, aber auch einfachere Verfahren wie etwa Münzen- oder Würfelwurf sind zulässig.

Lateinisches Quadrat

Interessiert man sich für die Abhängigkeit einer Zielgrösse Y von einem Faktor A (Behandlung) mit I Behandlungsstufen und will dabei den Effekt von zwei Blockfaktoren B und C berücksichtigen, so kann die Anzahl der notwendigen Versuchseinheiten durch Anwendung des Versuchsplanes eines sogenannten **Lateinischen Quadrates** gering gehalten werden. Voraussetzung ist dabei jedoch, dass die beiden Blockfaktoren B und C die gleiche Anzahl Stufen besitzen wie der Behandlungsfaktor A. Zudem kann die Auswertung der Resultate nur unter der Annahme erfolgen, dass zwischen den drei Faktoren keine Wechselwirkungen bestehen.
In einem Lateinischen Quadrat ist die Versuchsanordnung derart, dass mit $n = I^2$ Versuchseinheiten (Beobachtungen) jede Stufenkombination von A und B genau einmal auftritt. Ebenso verhält es sich mit den Stufenkombinationen von A und C resp. von B und C. Man beachte, dass hiermit nicht jede Stufenkombination aller drei Faktoren vorkommt, denn dazu wären I^3 Versuchseinheiten notwendig.

Es besteht sogar die Möglichkeit, mit der gleichen Anzahl Versuchseinheiten wie beim Lateinischen Quadrat die Wirkung eines Faktors mit I Stufen unter Berücksichtigung von drei Blockfaktoren, alle mit ebenfalls I Faktorstufen, zu untersuchen. Man benötigt dazu also I^2 Versuchseinheiten. Einen solchen Vesuchsplan nennt man ein **Griechisch-Lateinisches Quadrat**.

3.2.4 Lösungsansatz mit Regression

Wie schon im letzten Abschnitt gezeigt, ist es durch geeignete Kodierung der Modelle mittels Dummy-Variablen möglich, diese als Regressionsmodelle auszudrücken. Genau gleich wie bei der Zwei- und Mehrweg-Varianzanalyse mit Wiederholungen bezeichnen wir die beiden Faktoren mit A und B und bilden die dazugehörigen Dummy-Variablen

$$z_i^A = \begin{cases} 1 & \text{für Beobachtungen auf der } i\text{-ten Stufe von Faktor } A \\ 0 & \text{für alle anderen Beobachtungen} \end{cases}$$

für $i = 1, \ldots, I-1$ und

$$z_j^B = \begin{cases} 1 & \text{für Beobachtungen auf der } j\text{-ten Stufe von Faktor } B \\ 0 & \text{für alle anderen Beobachtungen} \end{cases}$$

für $j = 1, \ldots, J-1$. Die zugehörigen Regressionskoeffizienten nennen wir auch wieder $\beta_1^A, \beta_2^A, \ldots, \beta_{I-1}^A$ und $\beta_1^B, \beta_2^B, \ldots, \beta_{J-1}^B$. Die Dummy-Variablen für Interaktionen brauchen wir nicht, da wie erwähnt kein Modell mit Interaktionen gerechnet werden kann. Wir betrachten nun das Modell

$$Y_{ij} = \alpha + \beta_i^A + \beta_j^B + E_{ij} \quad (i = 1, \ldots, I;\ j = 1, \ldots, J) \ , \tag{3.10}$$

dessen Fehlerquadratsumme $S_{Min}^{A,B}$ ist. Dabei gilt für die Parameter der jeweiligen Referenzstufen:

$$\beta_I^A = \beta_J^B = 0 \ .$$

Die Übereinstimmungen zwischen den Parametern μ, α_i, β_j aus (3.7) und α, β_i^A und β_j^B in (3.10) sind genau identisch zu denen im vorangegangenen Abschnitt (vgl. 3.1.4, "Modell ohne Wechselwirkungen"). In diesem Modell betrachten wir die Tests für die Hauptwirkung von Faktor A bzw. B:

- Die Hypothese, dass A keinen Einfluss auf Y hat, lautet

  $$H_0: \ \beta_1^A = \beta_2^A = \ldots = \beta_{I-1}^A = 0 \ .$$

  Das entsprechende Nullmodell ist also

  $$Y_{ij} = \alpha + \beta_j^B + E_{ij} \quad (i = 1, \ldots, I;\ j = 1, \ldots, J)$$

  mit Fehlerquadratsumme S_{Min}^B. Die Testgrösse F(Hauptwirkung A) erhält man durch Einsetzen von $S_{Min}^{A,B}$ und S_{Min}^B in (3.8). Diese muss verglichen werden mit dem $(1-\alpha)$-Quantil der F-Verteilung mit $I-1$ und $(I-1)(J-1)$ Freiheitsgraden.

- Die Hypothese, dass Faktor B keine Wirkung auf Y ausübt, lautet

$$H_0: \quad \beta_1^B = \beta_2^B = \ldots = \beta_{I-1}^B = 0$$

und das zugehörige Nullmodell

$$Y_{ij} = \alpha + \beta_j^A + E_{ij} \quad (i = 1, \ldots, I;\ j = 1, \ldots, J) \ .$$

Die Fehlerquadratsummen $S_{Min}^{A,B}$ aus dem Alternativmodell und S_{Min}^{A} aus dem Nullmodell ergeben in (3.9) eingesetzt die Testgrösse F(Hauptwirkung B), deren Wert mit dem $(1-\alpha)$-Quantil der F-Verteilung mit $J-1$ und $(I-1)(J-1)$ Freiheitsgraden vergleichen werden muss.

Falls es sich bei Faktor B um einen Blockfaktor handelt, ist im Allgemeinen nur der Test F(Hauptwirkung A) von Interesse.

Das Modell zur Analyse eines Lateinischen Quadrates enthält zusätzlich zu den in einem einfachen Blockplan enthaltenen Einflussgrössen noch die Dummy-Variablen des zweiten Blockfaktors, dasjenige für ein Griechisch-Lateinisches Quadrat noch einen weiteren Satz von $I-1$ binären Codevariablen. Zur Auswertung eines Lateinischen Quadrats beachte man auch den Lösungsvorschlag zum Beispiel (b) im Abschnitt 3.2.5.

Analog zum Fall der Zweiweg-Varianzanalyse mit Wiederholungen (vgl. Abschnitt 3.1.4) ist eine Verallgemeinerung zu Modellen mit drei und mehr Faktoren möglich. Der wichtigste Unterschied zu jenem Fall besteht hier (d.h. bei einfacher Zellenbesetzung) darin, dass in einem Modell, das alle Wechselwirkungsterme enthält, kein minimales Summenquadrat und damit auch keine Tests gerechnet werden können. Im Beispiel zu Abschnitt 3.4 wird eine Fragestellung der Dreifach-Varianzanalyse ohne Wiederholungen behandelt, dort allerdings im Rahmen eines etwas spezielleren Problems.

3.2.5 Lösungsvorschläge zu den Zahlenbeispielen

(a) In diesem Beispiel hat man als Behandlungsfaktor A die verwendete Stickstoffbehandlung (mit sechs Stufen, eine davon ist die Kontrolle) und als Blockfaktor B den Bodentyp (vier Stufen). Um den Blockplan mittels Regressionsanalyse analysieren zu können, bilden wir für die Behandlung die Dummy-Variablen BEH1 für $(NH_4)SO_4$, BEH2 für NH_4NO_3, BEH3 für $CO(NH_2)_2$, BEH4 für $Ca(NO_3)_2$ und BEH5 für $NaNO_3$. Die Kontrollstufe ohne Behandlung des Bodens bietet sich als Referenzstufe an. Bei den Bodentypen bilden wir die Dummy-Variablen BODEN1, BODEN2 und BODEN3 und wählen als Referenzstufe den vierten Bodentyp. Es handelt sich also hier um einen Blockplan mit einem Blockfaktor, wobei $I = 6$ Behandlungsstufen und $J = 4$ Blöcke vorliegen. Die Anzahl Versuchseinheiten beträgt $n = I \cdot J = 24$.
Im vollen Modell betrachtet man den Ertrag in Abhängigkeit aller acht Dummy-Variablen. Es besitzt laut Tabelle 3.6 eine Fehlerquadratsumme von $S_{Min}^{Bod,Beh} = 44.527917$

Zielgrösse	ERTRAG
Bestimmtheitsmass	0.910
Anzahl Beobachtungen	24

	Koeff.	S.A.(Koeff.)	F-partial	p-Wert
Nullpunktord.	25.712500	1.055082	593.897	0.00000
BEH1	10.900000	1.218304	80.046	0.00000
BEH2	7.025000	1.218304	33.249	0.00004
BEH3	4.075000	1.218304	11.188	0.00443
BEH4	5.675000	1.218304	21.698	0.00031
BEH5	5.350000	1.218304	19.284	0.00053
BODEN1	-4.383333	0.994741	19.417	0.00051
BODEN2	-0.666667	0.994741	.449	0.51292
BODEN3	3.600000	0.994741	13.097	0.00253

ANOVA

	F.G.	Summenquadrat	F-global	p-Wert
Regression	8	447.831667	18.857482	0.000002
Residuen	15	44.527917		
Insgesamt	23	492.359584		

Tabelle 3.6: Beispiel Gersteertrag: Output für das volle Modell.

mit

$$(I-1)(J-1) = n - I - J + 1 = 15$$

Freiheitsgraden. Zur Abklärung der Nullhypothese, dass die Erträge bei den verschiedenen Behandlungen nicht voneinander abweichen, müssen wir das entsprechende Nullmodell rechnen, in welchem nur noch die Dummy-Variablen für die verschiedenen Bodentypen enthalten sind. Dabei finden wir als Fehlerquadratsumme $S_{Min}^{Bod} = 299.805$ mit $n - J = 20$ Freiheitsgraden (vgl. Tabelle 3.6). Um die gesuchte F-Testgrösse zu erhalten, setzen wir nun diese Ergebnisse in Formel (3.8) ein und erhalten

$$F(\text{Hauptwirkung der Behandlung}) = \frac{(299.805 - 44.527917)/5}{44.527917/15} = 17.20 \ ,$$

was jenseits des 95%-Quantils der F-Verteilung mit 5 und 15 Freiheitsgraden von 2.90 liegt, weshalb die Nullhypothese abgelehnt wird. Aus dem Output für das volle Modell ist zu erkennen, dass alle fünf Behandlungen zu einem signifikant höheren Ertrag führen als ohne Behandlung (partielle p-Werte der Variablen BEH1 bis BEH5) und dass mit der Stickstoffverbindung $(NH_4)SO_4$ (Behandlung 1) das beste Ergebnis erzielt wurde.

Der Test für Unterschiede zwischen den Böden ist zwar in diesem Beispiel nicht direkt von Interesse, soll aber hier der Vollständigkeit halber trotzdem erwähnt werden: Mit

Zielgrösse	ERTRAG
Bestimmtheitsmass	0.391
Anzahl Beobachtungen	24

	Koeff.	S.A.(Koeff.)	F-partial	p-Wert
Nullpunktord.	31.216667	1.580625	390.063	0.00000
BODEN1	-4.383333	2.235341	3.845	0.06396
BODEN2	-0.666667	2.235341	.089	0.76860
BODEN3	3.600000	2.235341	2.594	0.12296

ANOVA

	F.G.	Summenquadrat	F-global	p-Wert
Regression	3	192.554583	4.281774	0.017299
Residuen	20	299.805000		
Insgesamt	23	492.359584		

Tabelle 3.7: Beispiel Gersteertrag: Output für das Nullmodell.

der Fehlerquadratsumme im Nullmodell von $S_{Min}^{Beh} = 237.0825$ (18 Freiheitsgrade) erhält man

$$F(\text{Hauptwirkung der Böden}) = \frac{(237.0825 - 44.527917)/(3)}{44.527917/15} = 21.62 \ ,$$

was ebenfalls im Ablehnungsbereich des Tests liegt.

(b) Zu diesem Beispiel soll eingangs das Vorgehen bei der Planung und Durchführung eines solchen Versuchs diskutiert werden, bevor die Resultate aus Tabelle 3.5 unter Zuhilfenahme der Regressionsanalyse ausgewertet werden.

Planung und Durchführung des Experiments

Von Interesse ist in diesem Beispiel der Vergleich des Schadstoffausstosses für vier verschiedene Benzinzusätze, wobei der Aufwand des Versuchs, also die Anzahl der Versuchseinheiten, möglichst klein gehalten werden soll. Da man in der Auswertung die Unterschiede von Fahrzeug zu Fahrzeug sowie von Fahrer zu Fahrer ausschalten will, werden diese beiden Faktoren als Blockfaktoren in den Versuch mit einbezogen. Als Anzahl Stufen (d.h. Anzahl Fahrzeuge bzw. Fahrer) wird dabei die Anzahl der verschiedenen "Behandlungen" (Benzinzusätze) gewählt, also vier, da auf diese Weise der Versuchsplan eines Lateinischen Quadrats verwendet werden kann.
Als Grundlage zur Festlegung der Anordnung der Versuchseinheiten, wie sie aus den ersten drei Spalten der Tabelle 3.5 ersichtlich ist, dient ein Lateinisches Quadrat von der Dimension $k \times k$, in unserem Fall also 4×4. Eine Auswahl von solchen Quadraten für die Dimensionen $k = 3$ bis 9 ist am Ende dieses Abschnitts gegeben. Nachdem

		Fahrzeug 1	2	3	4
Fahrer	I	A	B	D	C
	II	D	C	A	B
	III	B	D	C	A
	IV	C	A	B	D

Tabelle 3.8: Versuchsanordnung für das Experiment über Schadstoffausstoss.

nun eines dieser Quadrate zufällig ausgewählt worden ist, werden die vier Zeilen bzw. Spalten zufällig permutiert und ebenfalls zufällig den Stufen der beiden Blockfaktoren zugeordnet (Randomisierung). Analog werden die Buchstaben A, B, C und D auf die vier Behandlungen verteilt. Tabelle 3.8 zeigt die in unserem Beispiel aus diesen Schritten resultierende Versuchsanordnung. Auch die Reihenfolge, in der die einzelnen Messungen erhoben werden, sollte im Rahmen der Möglichkeiten zufällig gewählt werden.

Auswertung des Versuchs

In diesem Beispiel ist die Frage von Interesse, ob das Beimischen von verschiedenen Benzinzusätzen (Faktor A) zu unterschiedlichem Schadstoffausstoss Y führt, wobei Fahrer (Faktor B) und Fahrzeuge (Faktor C) als Blockfaktoren mitberücksichtigt werden. Man beachte, dass die Grossbuchstaben A, B und C einerseits als Bezeichnungen für die drei Faktoren verwendet werden, andererseits auch als Stufen von Faktor A, also zur Bezeichnung der Benzinzusätze. Wie weiter oben erwähnt wurde, muss dabei von der Annahme ausgegangen werden, dass zwischen den drei Faktoren keine Wechselwirkungen bestehen. Wir haben somit als volles Modell

$$Y_{ijk} = \alpha + \beta_i^A + \beta_j^B + \beta_k^C + E_{ijk} \ ,$$

für gewisse $1 \leq i,j,k \leq 4$, wobei nicht alle $4^3 = 64$ möglichen Indexkombinationen (i,j,k) auftreten, sondern nur 16 bestimmte, wie sie in Tabelle 3.8 dargestellt wurden. Für die Residuen gilt wie immer die Verteilungsannahme $E_{ijk} \sim N(0,\sigma)$. Wir wählen jeweils die letzte Faktorstufe als Referenzstufe, was für die Parameter heisst, dass

$$\beta_4^A = \beta_4^B = \beta_4^C = 0$$

gilt. Dieses Modell kann auch als Regressionsmodell mit der Zielgrösse Schadstoffausstoss und den Einflussgrössen

$$z_1^A,\ z_2^A,\ z_3^A;\ z_1^B,\ z_2^B,\ z_3^B;\ z_1^C,\ z_2^C,\ z_3^C$$

geschrieben werden, wobei z_1^A die Dummy-Variable für die erste Stufe von Faktor A und β_1^A der zugehörige partielle Regressionskoeffizient ist, etc.

In diesem Modell möchten wir nun die Nullhypothese, dass Faktor A keine Wirkung hat,

$$H_0: \ \beta_1^A = \beta_2^A = \beta_3^A = 0 \ ,$$

überprüfen. Das entsprechende Nullmodell lautet

$$Y_{ijk} = \alpha + \beta_j^B + \beta_k^C + E_{ijk} \ ,$$

für dieselben Indexkombinationen (i, j, k) wie oben. Den Computer-Outputs in den Tabellen 3.9 (volles Modell) und 3.10 (Nullmodell) entnehmen wir die Fehlerquadratsummen $S_{Min} = 16$ mit 6 Freiheitsgraden und $S_{Min}^0 = 56$ mit 9 Freiheitsgraden. Die F-Teststatistik zur obigen Nullhypothese wird nun berechnet als

$$F = \frac{(56 - 16)/(9 - 6)}{16/6} = \frac{40 \cdot 6}{3 \cdot 16} = 5$$

(dieses Resultat erhält man zum Beispiel aus Formel (1.16) Seite 52). Dieser Wert ist zu vergleichen mit dem $(1 - \alpha)$-Quantil der F-Verteilung mit 3 und 6 Freiheitsgraden. Dieser beträgt bei $\alpha = 5\%$ $F_{.95}(3, 6) = 4.76$. Da der beobachtete Wert grösser ist, muss die Nullhypothese gleichen Schadstoffausstosses bei den verschiedenen Zusätzen abgelehnt werden. Aus den geschätzten Parametern in Tabelle 3.9 lässt sich herauslesen, dass der Ausstoss bei den Zusätzen A und D am tiefsten liegt, während das Beimischen der Zusätze C und vor allem B zu höheren Werten führt.

Zielgrösse	AUSSTOSS
Bestimmtheitsmass	0.946
Anzahl Beobachtungen	16

	Koeff.	S.A.(Koeff.)	F-partial	p-Wert
Nullpunktord.	21.000000	1.290994	264.599	0.00000
ZUSATZA	-0.500000	0.577350	.750	0.41975
ZUSATZB	1.500000	0.577350	6.750	0.04077
ZUSATZC	1.000000	0.577350	3.000	0.13397
FAHRER1	2.500000	0.577350	18.750	0.00493
FAHRER2	3.000000	0.577350	27.000	0.00202
FAHRER3	-1.500000	0.577350	6.750	0.04077
WAGEN1	-1.500000	0.577350	6.750	0.04077
WAGEN2	-1.000000	0.577350	3.000	0.13397
WAGEN3	-1.500000	0.577350	6.750	0.04077

ANOVA

	F.G.	Summenquadrat	F-global	p-Wert
Regression	9	280.000	11.666667	0.003666
Residuen	6	16.000		
Insgesamt	15	296.000		

Tabelle 3.9: Beispiel Schadstoffausstoss: Output für das volle Modell.

Zielgrösse	AUSSTOSS
Bestimmtheitsmass	0.811
Anzahl Beobachtungen	16

	Koeff.	S.A.(Koeff.)	F-partial	p-Wert
Nullpunktord.	20.000000	1.649916	146.938	0.00000
FAHRER1	2.500000	0.881917	8.03569	0.01957
FAHRER2	3.000000	0.881917	11.5714	0.00785
FAHRER3	-1.500000	0.881917	2.89285	0.12319
WAGEN1	-1.500000	0.881917	2.89286	0.12319
WAGEN2	-1.000000	0.881917	1.28571	0.28614
WAGEN3	-1.500000	0.881917	2.89286	0.12319

ANOVA

	F.G.	Summenquadrat	F-global	p-Wert
Regression	6	240.000	6.428571	0.007124
Residuen	9	56.000		
Insgesamt	15	296.000		

Tabelle 3.10: Beispiel Schadstoffausstoss: Output für das Nullmodell.

Einige Lateinische Quadrate für 3 bis 9 Behandlungsstufen

Im folgenden wird eine Auswahl von Lateinischen Quadraten angeführt, welche zur Planung von solchen Faktorversuchen benützt werden kann.

3×3:

$$\begin{matrix} A & B & C \\ B & C & A \\ C & A & B \end{matrix} \qquad \begin{matrix} A & B & C \\ C & A & B \\ B & C & A \end{matrix}$$

4×4:

$$\begin{matrix} A & B & C & D \\ B & A & D & C \\ C & D & A & B \\ D & C & B & A \end{matrix} \qquad \begin{matrix} A & B & C & D \\ D & C & B & A \\ B & A & D & C \\ C & D & A & B \end{matrix} \qquad \begin{matrix} A & B & C & D \\ C & D & A & B \\ D & C & B & A \\ B & A & D & C \end{matrix}$$

5×5:

$$\begin{matrix} A & B & C & D & E \\ B & C & D & E & A \\ C & D & E & A & B \\ D & E & A & B & C \\ E & A & B & C & D \end{matrix} \qquad \begin{matrix} A & B & C & D & E \\ C & D & E & A & B \\ E & A & B & C & D \\ B & C & D & E & A \\ D & E & A & B & C \end{matrix}$$

A	B	C	D	E	A	B	C	D	E
D	E	A	B	C	E	A	B	C	D
B	C	D	E	A	D	E	A	B	C
E	A	B	C	D	C	D	E	A	B
C	D	E	A	B	B	C	D	E	A

6×6:

A	B	C	D	E	F
B	A	F	E	C	D
C	F	B	A	D	E
D	C	E	B	F	A
E	D	A	F	B	C
F	E	D	C	A	B

7×7:

A	B	C	D	E	F	G	A	B	C	D	E	F	G
B	C	D	E	F	G	A	C	D	E	F	G	A	B
C	D	E	F	G	A	B	E	F	G	A	B	C	D
D	E	F	G	A	B	C	G	A	B	C	D	E	F
E	F	G	A	B	C	D	B	C	D	E	F	G	A
F	G	A	B	C	D	E	D	E	F	G	A	B	C
G	A	B	C	D	E	F	F	G	A	B	C	D	E

8×8:

A	B	C	D	E	F	G	H
B	A	D	C	F	E	H	G
C	D	A	B	G	H	E	F
D	C	B	A	H	G	F	E
E	F	G	H	A	B	C	D
F	E	H	G	B	A	D	C
G	H	E	F	C	D	A	B
H	G	F	E	D	C	B	A

A	B	C	D	E	F	G	H
E	F	G	H	A	B	C	D
B	A	D	C	F	E	H	G
F	E	H	G	B	A	D	C
G	H	E	F	C	D	A	B
C	D	A	B	G	H	E	F
H	G	F	E	D	C	B	A
D	C	B	A	H	G	F	E

9×9:

$$\begin{array}{ccccccccc} A & B & C & D & E & F & G & H & I \\ B & C & A & E & F & D & H & I & G \\ C & A & B & F & D & E & I & G & H \\ D & E & F & G & H & I & A & B & C \\ E & F & D & H & I & G & B & C & H \\ F & D & E & I & G & H & C & A & B \\ G & H & I & A & B & C & D & E & F \\ H & I & G & B & C & A & E & F & D \\ I & G & H & C & A & B & F & D & E \end{array}$$

$$\begin{array}{ccccccccc} A & B & C & D & E & F & G & H & I \\ G & H & I & A & B & C & D & E & F \\ D & E & F & G & H & I & A & B & C \\ B & C & A & E & F & D & H & I & G \\ H & I & G & B & C & A & E & F & D \\ E & F & D & H & I & G & B & C & H \\ C & A & B & F & D & E & I & G & H \\ I & G & H & C & A & B & F & D & E \\ F & D & E & I & G & H & C & A & B \end{array}$$

Griechisch-Lateinische Quadrate

Zur Bildung eines Griechisch-Lateinischen Quadrats werden zwei der Lateinischen Quadrate von oben übereinandergelegt.
Beispiel: Wir bilden ein Griechisch-Lateinisches Quadrat mit $k = 3$: dazu nimmt man die beiden obigen 3×3-Lateinischen Quadrate, wobei in einem der beiden die Grossbuchstaben durch griechische ersetzt werden:

$$\begin{array}{ccc} A & B & C \\ B & C & A \\ C & A & B \end{array} \quad \text{und} \quad \begin{array}{ccc} \alpha & \beta & \gamma \\ \gamma & \alpha & \beta \\ \beta & \gamma & \alpha \end{array} \quad \longrightarrow \quad \begin{array}{ccc} A\alpha & B\beta & C\gamma \\ B\gamma & C\alpha & A\beta \\ C\beta & A\gamma & B\alpha \end{array} .$$

Die Stufen der drei Blockfaktoren können in letzterer Darstellung als Zeilen, Spalten und griechische Buchstaben identifiziert werden, diejenigen der Behandlung als Grossbuchstaben. Analog werden Griechisch-Lateinische Quadrate für $k = 4, 5, 7, 8$ und 9 gebildet. Für $k = 6$ existiert kein Griechisch-Lateinisches Quadrat.

3.3 Nichtadditivitätstest auf einem Freiheitsgrad

3.3.1 Problemstellung

Wir betrachten in diesem Kapitel die Situation eines Faktorversuchs mit zwei Faktoren A, B und mit einer Beobachtung pro Zelle. Wir haben gesehen, dass in dieser Situation die Wechselwirkung nicht geschätzt werden kann. Tukey hat eine Modellerweiterung eingeführt, die es ermöglicht, einen Teil der Nichtadditivität auch bei einfacher Zellenbesetzung mit einem Freiheitsgrad zu erfassen. Dieses Verfahren, das sich auch auf kompliziertere Pläne anwenden lässt, soll im Folgenden vorgestellt werden.

3.3.2 Ein Zahlenbeispiel

Wir greifen hier nochmals die Daten aus der Tabelle 3.4 im Abschnitt 3.2.2 auf, bei denen es sich um einen Blockplan zum Vergleich der Behandlungeffekte von verschiedenen Stickstoffverbindungen auf den Gersteertrag handelt. Zur Erfassung allfälliger Ertragsdifferenzen zwischen verschiedenen Feldern wurde ein Blockfaktor "Bodentyp" mit vier Stufen miteinbezogen. Kann mit dem Nichtadditivtätstest eine Wechselwirkung zwischen den Faktoren Behandlung und Boden festgestellt werden?

3.3.3 Modell, Hypothesen und klassischer Lösungsansatz

Als Ausgangspunkt unserer Betrachtungen wählen wir das Modell (3.7) einer Zweiweg-Varianzanalyse mit genau einer Beobachtung pro Zelle. Dort gilt

$$E(Y_{ij}) = \mu + \alpha_i + \beta_j \quad (i = 1, \ldots, I;\ j = 1, \ldots, J) \tag{3.11}$$

mit

$$\sum_{i=1}^{I} \alpha_i = 0 \qquad \text{und} \qquad \sum_{j=1}^{J} \beta_j = 0 \ .$$

Dieses Modell berücksichtigt keine Interaktionen zwischen den Faktoren A und B. Um in diesem Modell Wechselwirkungen einbeziehen zu können, ohne jedoch völlig beliebige Zellenmittelwerte zuzulassen (wie dies im Modell $E(Y_{ij}) = \mu_{ij}$ der Fall wäre), wird als Alternative ein Modell der Form

$$E(Y_{ij}) = \mu + \alpha_i + \beta_j + \gamma_{ij} \quad (i = 1, \ldots, I;\ j = 1, \ldots, J) \tag{3.12}$$

vorgeschlagen, wobei sich die γ_{ij} als quadratische Funktionen von α_i und β_j darstellen lassen, etwa als

$$\gamma_{ij} = A + B\alpha_i + C\beta_j + D\alpha_i^2 + G\alpha_i\beta_j + H\beta_j^2 \ .$$

Es kann nun gezeigt werden, dass sich (3.12) unter Berücksichtigung dieser Gleichung sowie der Nebenbedingungen

$$\sum_{j=1}^{J} \gamma_{ij} = 0 \quad \text{für } i = 1, \ldots, I \quad \text{und} \quad \sum_{i=1}^{I} \gamma_{ij} = 0 \quad \text{für } j = 1, \ldots, J$$

als

$$E(Y_{ij}) = \mu + \alpha_i + \beta_j + G\alpha_i\beta_j \quad (i = 1, \ldots, I;\ j = 1, \ldots, J) \tag{3.13}$$

mit einem festen Parameter G schreiben lässt.

Schätzung von G

Die Modellgleichung (3.13) ist nicht mehr linear in den Parmetern α_i und β_j, weshalb sich die Kleinstquadratschätzungen nicht direkt mittels einer linearen Regression berechnen lassen. Nachdem aber das Modell ohne Interaktionen (3.11) angepasst worden ist, kann der Parameter G geschätzt werden, indem die zuvor erhaltenen Parameterschätzungen $\hat{\alpha}_i$ und $\hat{\beta}_j$ in die Gleichung

$$\hat{G} = \frac{\sum_{i=1}^{I} \sum_{j=1}^{J} Y_{ij}\, \hat{\alpha}_i\, \hat{\beta}_j}{\sum_{i=1}^{I} \sum_{j=1}^{J} \hat{\alpha}_i^2\, \hat{\beta}_j^2} \tag{3.14}$$

eingesetzt werden.

Nichtadditivitätstest

Der Nichtadditivitätstest untersucht, ob (3.13) zu (3.11) vereinfacht werden darf. Die Nullhypothese lautet also

$$H_0: \quad G = 0 \ .$$

Die Fehlerquadratsumme im Nullmodell S^0_{Min} ist das minimale Summanquadrat in Modell (3.11). Diejenige im Alternativmodell lässt sich berechnen als

$$S_{Min} = S^0_{Min} - \frac{\left(\sum_{i=1}^{I} \sum_{j=1}^{J} Y_{ij}\, \hat{\alpha}_i\, \hat{\beta}_j\right)^2}{\sum_{i=1}^{I} \sum_{j=1}^{J} \hat{\alpha}_i^2\, \hat{\beta}_j^2} \ .$$

Als Testgrösse erhält man

$$F(\text{Nichtadditivität}) = \frac{S^0_{Min} - S_{Min}}{S_{Min}/(n - I - J)} = \frac{\frac{\left(\sum_{i=1}^{I} \sum_{j=1}^{J} Y_{ij}\, \hat{\alpha}_i\, \hat{\beta}_j\right)^2}{\sum_{i=1}^{I} \sum_{j=1}^{J} \hat{\alpha}_i^2\, \hat{\beta}_j^2}}{S_{Min}/(n - I - J)}$$

mit $n = I \cdot J$. Diese folgt unter Annahme der Gültigkeit der Nullhypothese einer F-Verteilung mit einem und $n - I - J$ Freiheitsgraden.

3.3.4 Lösungsansatz mit Regression

Als Alternative zum in 3.3.3 vorgeschlagenen Vorgehen bietet sich für die Durchführung des Nichtadditivitätstests eine Möglichkeit an, die mit einem Computerprogramm der linearen Regression geringeren Rechenaufwand erfordert. Dabei ermittelt man in einem ersten Schritt das Modell (3.11), also ohne Interaktionen. Mit dem Quadrat der daraus resultierenden Schätzungen der Zielgrösse anstelle der Zielgrösse selbst (also $\hat{Y}^2$ anstatt Y) wird dann eine Regression mit den gleichen Einflussgrössen gerechnet. Falls die Nullhypothese des Nichtadditivitätstests $H_0: \ G = 0$ zutrifft, so sind die Residuen aus den beiden Modellen nur unbedeutend korreliert. Rechnet man nun eine einfache lineare Regression, in der eine der beiden Residuenvariablen als Einfluss- und die andere als Zielgrösse gewählt wird, so entspricht der F-Test für die Steigung dieser Geraden bis auf eine Korrektur bezüglich der Freiheitsgrade dem Nichtadditivitätstest:

$$F(\text{Nichtadditivität}) = \frac{n-I-J}{n-2} \cdot F(\text{Steigung} \neq 0) \ . \tag{3.15}$$

Diese Testgrösse ist bei Gültigkeit der Nullhypothese F-verteilt mit einem und $n - I - J$ Freiheitsgraden.

3.3.5 Lösungsvorschlag zum Zahlenbeispiel

Wir wählen das in 3.3.4 geschilderte Vorgehen: nach einem ersten Schritt, in dem die aus dem Modell ohne Interaktionen geschätzten Werte $\hat{Y}$ berechnet und die Residuen $y - \hat{y}$ gespeichert werden, setzt man in einem zweiten Schritt $q = \hat{Y}^2$ als Zielgrösse (bei gleichen Einflussgrössen wie vorher) und behält wiederum die Residuen $q - \hat{q}$ zurück.

y	$\hat{y}$	$y-\hat{y}$	$q=\hat{y}^2$	$q-\hat{q}$
32.1	32.229	-0.129	1038.72	-43.392
30.1	28.354	1.746	803.96	-12.230
⋮	⋮	⋮	⋮	⋮
⋮	⋮	⋮	⋮	⋮
26.7	25.713	0.988	661.13	-3.991

Tabelle 3.11: Beispiel Gersteertrag: Residuen und transformierte Zielgrösse q.

In einer einfachen linearen Regression, in der die eine Residuenvariable als Ziel- und die andere als Einflussgrösse gesetzt wird, erhält man einen F-Wert von $F(\text{Steigung} \neq 0) = 4.535$ (siehe Tabelle 3.12) und daraus

$$F(\text{Nichtadditivität}) = \frac{n-I-J}{n-2} \cdot F(\text{Steigung} \neq 0) = \frac{14}{22} \cdot 4.535 = 2.886 \ .$$

Regression	
Zielgrösse	RESID
Bestimmtheitsmass	0.171
Anzahl Beobachtungen	24

	Koeff.	S.A.(Koeff.)	F-partial	p-Wert
Nullpunktordinate	0.00000	0.26442	0.00000	1.00000
RESID	0.03047	0.01431	4.53528	0.04464

ANOVA

	F.G.	Summenquadrat	F-global	p-Wert
Regression	1	7.61049	4.53528	0.04464
Residuen	22	36.91742		
Insgesamt	23	44.5279		

Tabelle 3.12: Beispiel Gersteertrag: Output der Residuen $y - \hat{y}$ als Zielgrösse und $q - \hat{q}$ als Regressor.

Dieser Wert wird mit dem 95%-Quantil der F-Verteilung mit einem und 14 Freiheitsgraden von 4.60 verglichen, weshalb die Nullhypothese fehlender Interaktionen als gültig angenommen wird.

Dieses Ergebnis hätte man auch bei Anwendung der in 3.3.3 beschriebenen Vorgehensweise gefunden.

Den Namen (" ... auf einem Freiheitsgrad") hat das vorgestellte Verfahren deshalb, weil vom residualen Summenquadrat von 44.52792 mit 15 F.G. (Tabelle 3.12) 7.61049 mit 1 F.G. abgespalten und mit dem neuen verbleibenden residualen Summenquadrat von 36.91742 mit 14 F.G. getestet werden kann.

3.4 Kovarianzanalyse

3.4.1 Problemstellung

Liegt in einem Faktorversuch mit einfacher Zellenbesetzung zu jeder Beobachtung neben der Zielgrösse noch eine (oder evtl. mehrere) quantitative Einflussgrösse x vor, von der man annimmt, dass sie einen Einfluss auf die Zielgrösse ausüben könnte (z.B. die Tagestemperatur), so kann durch diese zusätzliche Information ein Teil der Reststreuung eliminiert, d.h. das minimale Summenquadrat S_{Min} kann durch den Einbezug dieser Variablen ins Modell verringert werden. Eine solche Einflussgrösse x nennt man **Kovariable**, das entsprechende Analyseverfahren heisst **Kovarianzanalyse**.
Im Rahmen eines Faktorversuchs kann eine Kovariable auf zwei Arten auftreten:

- Die Werte der Kovariablen sind zufällige Nebenprodukte des Versuchs und können nicht vom Untersucher gesteuert werden. Trotzdem will man bei der Auswertung deren Einfluss auf die Ergebnisse berücksichtigen. Dies ist die Situation, in der von der Kovarianzanalyse Gebrauch gemacht wird.

- Ihre Werte können im Voraus festgelegt werden. In diesem Fall kann man die Wahl der x-Werte bei der Planung des Versuchs auf die Zielsetzung der Untersuchung ausrichten. Meistens empfiehlt es sich dann, diese Variable als ein weiterer Faktor in den Versuch aufzunehmen.

Die entsprechende Situation mit mehreren Beobachtungen pro Zelle stimmt mit der Fragestellung aus Abschnitt 1.8 (resp. mit einer Verallgemeinerung davon) überein. Da im vorliegenden Fall mit einfacher Zellenbesetzung die Parallelität nicht testbar ist, ist hier ein anderes Vorgehen angezeigt.

3.4.2 Ein Zahlenbeispiel

In diesem Beispiel betrachten wir die Anfangsgewichte und Wachstumsraten von 30 Schweinen, die nach Stall, Geschlecht und der verabreichten Futtersorte klassifiziert sind. Das Problem besteht dabei im Studium des Futtereffektes nach Elimination des Anfangsgewichtes, wobei auch der Einfluss der Faktoren Geschlecht und Stall ausgeschaltet werden soll. Die Rohdaten dazu findet man in der Tabelle 3.13.

3.4.3 Modell, Hypothesen und klassischer Lösungsansatz

Wir betrachten hier den Fall, wo neben der Kovariablen x zwei Faktoren A (mit I Stufen) und B (mit J Stufen) gegeben sind. Bezeichnen wir mit Y_{ij} bzw. x_{ij} die beobachteten Werte von Y und x auf der i-ten Stufe von A und der j-ten Stufe von B, dann lautet der verwendete Modellansatz

$$Y_{ij} = \mu + \alpha_i + \beta_j + \gamma x_{ij} + E_{ij} \quad (i = 1, \ldots, I;\ j = 1, \ldots, J) \tag{3.16}$$

Wachstum	Gewicht	Geschlecht	Stall	Behandlung
9.94	48	0	1	1
10	48	0	1	2
9.75	48	0	1	3
9.11	48	1	1	3
8.51	39	1	1	2
9.52	38	1	1	1
9.24	32	0	2	2
8.66	28	0	2	3
9.48	32	0	2	1
8.5	37	1	2	3
8.21	35	1	2	1
9.95	38	1	2	2
7.63	33	0	3	3
9.32	35	0	3	1
9.34	41	0	3	2
8.43	46	1	3	2
8.9	42	1	3	3
9.32	41	1	3	1
10.37	50	0	4	3
10.56	48	1	4	1
9.68	46	0	4	2
10.98	46	0	4	1
8.86	40	1	4	2
9.51	42	1	4	3
9.67	37	0	5	2
8.82	32	0	5	1
8.57	30	0	5	3
9.2	40	1	5	2
8.76	40	1	5	3
10.42	43	1	5	1

Tabelle 3.13: Daten zum Beispiel Wachstumsraten von Schweinen.

mit den i.i.d. $N(0,\sigma)$-verteilten Residuen E_{ij}. Die Anzahl der Beobachtungen beträgt $n = I \cdot J$. Für die Parameter müssen wir wie in (3.7) (Seite 178) die Nebenbedingungen

$$\sum_{i=1}^{I} \alpha_i = 0 \qquad \text{und} \qquad \sum_{j=1}^{J} \beta_j = 0$$

verlangen. Die Fehlerquadratsumme aus Modell (3.16) hat $n - I - J$ Freiheitsgrade. Wir bezeichnen sie mit $S_{Min}^{A,B,x}$.

Folgende Nullhypothesen können in Modell (3.16) von Interesse sein:

- Die Hypothese

$$H_0: \quad \gamma = 0 \ ,$$

die davon ausgeht, dass die Kovariable x zusätzlich zu den Hauptwirkungen der beiden Faktoren A und B keinen weiteren Beitrag zur Schätzung der Zielgrösse Y leisten kann. Im entsprechenden Test wird das obige Modell mit einem Nullmodell der Zweiweg-Varianzanalyse ohne Wiederholungen verglichen, nämlich

$$Y_{ij} = \mu + \alpha_i + \beta_j + E_{ij} \quad (i = 1, \ldots, I;\ j = 1, \ldots, J) \ .$$

Dessen Fehlerquadratsumme, $S_{Min}^{A,B}$, besitzt $(I-1)(J-1) = n-I-J+1$ Freiheitsgrade. Die Verträglichkeit der zu untersuchenden Daten mit diesem Nullmodell wird mit der F-Testgrösse

$$F(\gamma \neq 0) = \frac{S_{Min}^{A,B} - S_{Min}^{A,B,x}}{S_{Min}^{A,B,x}/(n-I-J)} \tag{3.17}$$

geprüft, deren Verteilungsgesetz bei erfüllter Nullhypothese F mit einem und $n-I-J$ Freiheitsgraden ist.

- Die Hypothese

$$H_0: \quad \alpha_1 = \alpha_2 = \ldots = \alpha_I = 0$$

postuliert, dass der Erwartungswert der Zielgrösse Y bei gegebener Faktorstufe von B und festem x-Wert auf allen Stufen von Faktor A identisch ist, d.h. nicht vom Faktor A abhängt. In diesem Fall lautet das Nullmodell:

$$Y_{ij} = \mu + \beta_j + \gamma x_{ij} + E_{ij} \quad (i = 1, \ldots, I;\ j = 1, \ldots, J) \ .$$

Die zugehörige Fehlerquadratsumme nennen wir $S_{Min}^{B,x}$ mit $n-J-1$ Freiheitsgraden. Die in dieser Situation angebrachte F-Testgrösse folgt unter H_0 einer F-Verteilung mit $I-1$ und $n-I-J$ Freiheitsgraden.

- Die Hypothese

$$H_0: \quad \beta_1 = \beta_2 = \ldots = \beta_J = 0$$

unterstellt Unabhängigkeit der Zielgrösse Y vom Faktor B. Das entsprechende Nullmodell ist

$$Y_{ij} = \mu + \alpha_i + \gamma x_{ij} + E_{ij} \quad (i = 1, \ldots, I;\ j = 1, \ldots, J)$$

mit Fehlerquadratsumme $S_{Min}^{A,x}$ ($n-I-1$ Freiheitsgrade). Der entsprechende F-Test folgt unter H_0 einer F-Verteilung mit $J-1$ und $n-I-J$ Freiheitsgraden.

3.4.4 Lösungsansatz mit Regression

Wir führen wiederum die Dummy-Variablen

$$z_i^A = \begin{cases} 1 & \text{für Beobachtungen auf der } i\text{-ten Stufe von Faktor } A \\ 0 & \text{für alle anderen Beobachtungen} \end{cases}$$

für $i = 1, \ldots, I-1$ und

$$z_j^B = \begin{cases} 1 & \text{für Beobachtungen auf der } j\text{-ten Stufe von Faktor } B \\ 0 & \text{für alle anderen Beobachtungen} \end{cases}$$

für $j = 1, \ldots, J-1$ sowie die zugehörigen Regressionskoeffizienten $\beta_1^A, \beta_2^A, \ldots, \beta_{I-1}^A$ bzw. β_1^B, $\beta_2^B, \ldots, \beta_{J-1}^B$ ein. Für die Parameter der Referenzstufen gilt auch hier wieder $\beta_I^A = \beta_J^B = 0$.

Die für die Tests benötigten Fehlerquadratsummen erhält man aus den folgenden Regressionsmodellen:

- Modell (3.16) entspricht einer linearen Regression mit Zielgrösse Y und Einflussgrössen $z_1^A, z_2^A, \ldots, z_{I-1}^A, z_1^B, z_2^B, \ldots, z_{J-1}^B$ sowie x. Die entsprechende Fehlerquadratsumme ist $S_{Min}^{A,B,x}$.
- $S_{Min}^{B,x}$ ist die Fehlerquadratsumme aus einer Regression mit Y als Ziel- sowie $z_1^B, z_2^B, \ldots, z_{J-1}^B$ und x als Einflussgrössen.
- $S_{Min}^{A,x}$ erhält man aus einer Regression mit Y als Ziel- sowie $z_1^A, z_2^A, \ldots, z_{I-1}^A$ und x als Einflussgrössen.
- $S_{Min}^{A,B}$ ist die Fehlerquadratsumme aus einer Regression mit Y als Zielgrösse und den Einflussgrössen $z_1^A, z_2^A, \ldots, z_{I-1}^A, z_1^B, z_2^B, \ldots, z_{J-1}^B$.

Die Testgrössen aus dem letzten Abschnitt ergeben sich somit als

$$F(\gamma \neq 0) = \frac{S_{Min}^{A,B} - S_{Min}^{A,B,x}}{S_{Min}^{A,B,x}/(n-I-J)}$$

mit einem und $n-I-J$ Freiheitsgraden,

$$F(\text{Hauptwirkung } A) = \frac{(S_{Min}^{B,x} - S_{Min}^{A,B,x})/(I-1)}{S_{Min}^{A,B,x}/(n-I-J)}$$

mit $I-1$ und $n-I-J$ Freiheitsgraden sowie

$$F(\text{Hauptwirkung } B) = \frac{(S_{Min}^{A,x} - S_{Min}^{A,B,x})/(J-1)}{S_{Min}^{A,B,x}/(n-I-J)}$$

mit $J-1$ und $n-I-J$ Freiheitsgraden. Der erste dieser Tests ergibt sich auch als Partialtest für die Variable x im Modell mit allen Einflussgrössen. Stellt sich der Parameter γ als nicht signifikant von Null verschieden heraus, so sollte die Kovariable aus der Analyse entfernt werden.

Die Behandlung einer Kovariablen kann leicht auf die Situation einer Mehrweg-Varianzanalyse mit mehr als zwei Faktoren verallgemeinert werden, wie im Zahlenbeispiel zu diesem Kapitel gezeigt wird.

3.4.5 Lösungsvorschlag zum Zahlenbeispiel

In diesem Beispiel soll die Zielgrösse Wachstumsrate in Abhängigkeit der drei Faktoren Geschlecht (Faktor G; 2 Stufen), Stall (S; 5 Stufen) und Futter (F; 3 Stufen) sowie der Kovariable Gewicht betrachtet werden. Wir führen die folgenden 0/1-codierten Dummy-Variablen ein:

- Dummy-Variablen für Haupteffekte:
  z_1^G $= 1$ für männliche Tiere; $= 0$ sonst.
  $z_1^S, \ldots, z_4^S$ $= 1$ für Tiere aus dem jeweiligen Stall; $= 0$ sonst.
  z_1^F, z_2^F $= 1$ für mit dem jew. Futtermittel ernährte Tiere; $= 0$ sonst.
- Dummy-Variablen für Zweifachinteraktionen:
  $z_{1j}^{GS} = z_1^G \cdot z_j^S \quad (j = 1, \ldots, 4)$
  $z_{1k}^{GF} = z_1^G \cdot z_k^F \quad (k = 1, 2)$
  $z_{jk}^{SF} = z_j^S \cdot z_k^F \quad (j = 1, \ldots, 4; k = 1, 2)$
- Dummy-Variablen für Dreifachinteraktionen:
  $z_{1jk}^{GSF} = z_1^G \cdot z_j^S \cdot z_k^F \quad (j = 1, \ldots, 4;\ k = 1, 2)$

Eine grosse Zahl von Modellen kann mit diesen Daten berechnet werden, wovon eine Auswahl mit den jeweiligen Fehlerquadratsummen und der zugehörigen Anzahl Freiheitsgraden in der Tabelle 3.14 angeführt ist. Jedes dieser Modelle kann als Regression gerechnet werden, indem alle Dummy-Variablen der im Modell enthaltenen Effekte sowie gegebenfalls die Kovariable Gewicht als Einflussgrössen und die Wachstumsrate als Zielgrösse gesetzt werden. Zwei Modelle, von denen das allgemeinere das andere als Spezialfall enthält, lassen sich aufgrund der Angaben in Tabelle 3.14 durch F-Tests vergleichen.
Will man ein Modell mit allen möglichen Wechselwirkungen, also auch mit der Dreifachinteraktion $G \times S \times F$ (jedoch ohne die Kovariable Gewicht) berechnen, so erhält man eine Fehlerquadratsumme von Null, da die Anzahl Parameter identisch mit der Anzahl Beobachtungen wird. Nach Weglassen der Dreifachinteraktion bleibt ein nicht erklärtes Summenquadrat von 3.2162 (8 FG), wovon durch Miteinbeziehen des Gewichts ein Anteil von 0.6350 erklärt werden kann.

Da wir zahlreiche Einflussgrössen im Modell haben, ist es sinnvoll, eine Variablenselektion vorzunehmen. Wir gehen dabei vom Modell mit der Kovariablen Gewicht und allen Faktoren und Zweifachinteraktionen aus und eliminieren im Sinne einer Rückwärtselimination sukzessiv

im Modell enthaltene Effekte	Fehler-QS	FG der Fehler-QS
G, S, F, $G \times S$, $G \times F$, $S \times F$, $G \times S \times F$	0	0
G, S, F, $G \times S$, $G \times F$, $S \times F$	3.2162	8
G, S, F, $G \times S$, $G \times F$, $S \times F$, Gew.	2.5812	7
G, S, F, $G \times S$, $G \times F$, Gew.	4.5385	15
G, S, F, $G \times S$, $G \times F$, Gew.	2.6469	9
G, S, F, $G \times F$, $S \times F$, Gew.	2.8181	11
G, S, F, $G \times S$, Gew.	4.5909	17
G, S, F, $G \times F$, Gew.	4.8741	19
G, S, F, $S \times F$, Gew.	2.9253	13
G, S, F, Gew.	4.9615	21
G, S, Gew.	7.3614	23
G, F, Gew.	7.4038	25
S, F, Gew.	6.2914	22
G, Gew.	9.7865	27
S, Gew.	8.6745	24
F, Gew.	8.6044	26
Gew.	10.9807	28
konstant	16.6068	29

Tabelle 3.14: Fehlerquadratsumme und Freiheitsgrade für eine Auswahl von Modellen im Beispiel Wachstumsraten von Schweinen.

denjenigen Faktor bzw. diejenige Wechselwirkung mit dem höchsten p-Wert. Dabei fallen nacheinander die Interaktionen Geschlecht×Stall, Geschlecht×Futter, Stall×Futter sowie die Faktoren Stall und Geschlecht mit p-Werten jeweils über 5% heraus. Nach diesen Schritten bleibt das Modell mit den Einflussgrössen Gewicht und Futter, in dem die Nullhypothese

$$H_0: \text{ der Faktor Futtersorte hat keine Wirkung auf das Wachstum}$$

mit der Testgrösse

$$F = \frac{(10.9807 - 8.6044)/(28 - 26)}{8.6044/26} = 3.590$$

getestet wird. Das entsprechende 95%-Quantil ist $F_{0.95}(2, 26) = 3.37$, d.h. dieser Test liefert einen p-Wert, der unter 5% liegt. Daraus darf nicht ohne weiteres gefolgert werden, dass die Futtersorten zu signifikanten Wachstumsunterschieden führen, denn man hat eine grosse Anzahl Tests durchgeführt. Dieses Resultat ist vielmehr mit grosser Vorsicht zu geniessen. Der Einfluss der Kovariablen Gewicht (genauer: die Nullhypothese, dass er nicht vorhanden ist) lässt sich entweder in demjenigen Modell untersuchen, welches den Faktor Futter enthält, oder in einem einfachen linearen Regressionmodell. Man findet die folgenden F-Tests:

- mit dem Faktor Futter im Modell:

$$F = \frac{(14.2826 - 8.6044)/(27 - 26)}{8.6044/26} = 17.158$$

- ohne den Faktor Futter:

$$F = \frac{(16.6068 - 10.9807)/(29 - 28)}{10.9807/28} = 14.346$$

Die Nullhypothese wird auf jeden Fall mit einem p-Wert unter 0.001 abgelehnt, unabhängig davon, ob der Faktor Futtersorte im Modell belassen wird oder nicht.

3.5 Unvollständige Blockpläne

3.5.1 Problemstellung

Ist in einem Blockplan die Anzahl der Versuchseinheiten pro Block (d.h. pro Stufe des Blockfaktors) fest vorgegeben, und ist diese kleiner als die Anzahl der zu vergleichenden Behandlungen, so ist es nicht möglich, einen vollständigen Blockplan (wie etwa im Beispiel 3.2.2(a)) anzusetzen. Man muss in solchen Fällen auf sogenannte **ausgewogene unvollständige Blockpläne** zurückgreifen, in denen nicht jede Kombinationsstufe von Behandlungs- und Blockfaktor auftritt. Stattdessen wird verlangt, dass jedes Paar von Behandlungen gleich oft innerhalb desselben Blockes auftritt, d.h. dass die Bedingung der **Ausgewogenheit** erfüllt ist. Wie solche Versuchspläne durch Zuhilfenahme von Dummy-Variablen mittels Regressionsanalyse ausgewertet werden können, wird in diesem Abschnitt beschrieben.

3.5.2 Ein Zahlenbeispiel

Vier verschiedene Reifenbeläge, wir nennen sie A, B, C und D, sollen in einem Versuch verglichen werden. Es besteht die Möglichkeit, das Profil eines Reifens in drei verschieden lange Abschnitte zu teilen und auf jedem Abschnitt einen anderen Belag anzubringen. Um Streuungen zwischen verschiedenen Fahrzeugen auszuschliessen, untersucht man nur die vier Reifen *eines* Testwagens, der eine vorgegebene Strecke zurücklegen muss. Die Reifen der vier Räder des Testfahrzeugs dienen als Blöcke, d.h. pro Block können nur drei Messungen vorgenommen werden, weshalb ein vollständiger Blockplan zum Vergleich der vier "Behandlungen" (Beläge) nicht möglich ist. Versieht man je einen der vier Reifen mit den Belagskombinationen (A, B, C), (A, B, D), (A, C, D) und (B, C, D), so entspricht dies einem ausgewogenen unvollständigen Blockplan, denn jedes Paar von Belägen tritt gemeinsam genau auf zwei Reifen auf. Der Versuch ergab die in Tabelle 3.15 gezeigten Ergebnisse.

Reifen	Belag			
(Block)	A	B	C	D
1	238	238	279	.
2	196	213	.	308
3	254	.	334	367
4	.	312	421	412

Tabelle 3.15: Abnützung der Reifen nach Belag und Block.

3.5.3 Modell, Hypothesen und klassischer Lösungsansatz

Wir nennen wiederum den Behandlungsfaktor A (I Stufen) und den Blockfaktor B (J Stufen), k sei die Anzahl Versuchseinheiten pro Block, n die totale Anzahl der Versuchseinheiten. Es gilt hier im Gegensatz zu vollständigen Blockplänen $k < I$ und $n < IJ$. Das Modell, welches zur Analyse in einem unvollständigen Blockplan angesetzt wird, ist von der Parametrisierung her identisch mit Modell (3.7), das bei vollständigen Blöcken verwendet wird:

$$Y_{ij} = \mu + \alpha_i + \beta_j + E_{ij} \quad \text{für gewisse } 1 \leq i \leq I \text{ und } 1 \leq j \leq J \ . \tag{3.18}$$

Man geht weiter davon aus, dass E_{ij} i.i.d. $\sim N(0, \sigma)$, dass zwischen den Faktoren A und B keine Wechselwirkungen bestehen und dass die Nebenbedingungen

$$\sum_{i=1}^{I} \alpha_i = 0 \qquad \text{und} \qquad \sum_{j=1}^{J} \beta_j = 0$$

erfüllt sind. Es ist wichtig, dass die Versuchsanordnung das Kriterium der Ausgewogenheit erfüllt, wonach jedes Paar von Behandlungen in der gleichen Anzahl Blöcke gemeinsam auftritt. Wir bezeichnen diese Anzahl mit λ. Ist diese Voraussetzung nicht gewährleistet, so können die geschätzten Effekte nicht eindeutig den interessierenden Faktoren zugeordnet werden und eine sinnvolle Interpretation der Resultate wird unmöglich. Von Interesse ist in erster Linie ein Test für die Nullhypothese, dass der Behandlungsfaktor A keinen Einfluss auf die Zielgrösse besitzt, der sowohl die Wirkung des Blockfaktors B als auch die Unvollständigkeit der Versuchsanordnung berücksichtigt. Formal lautet diese Nullhypothese in Modell (3.18)

$$H_0 : \ \alpha_1 = \alpha_2 = \ldots = \alpha_I = 0 \ .$$

Das Vorgehen bei der Analyse eines unvollständigen Blockplans unterscheidet sich von demjenigen bei einem vollständigen Blockplan. Im Folgenden soll das übliche schrittweise Vorgehen aufgezeigt werden. Mit $\sum_i \sum_j$ angegebene Doppelsummen laufen über alle n Beobachtungen, allgemein gültige Summationsgrenzen lassen sich wegen der leeren Zellen nicht angeben.

1. Man bestimmt zuerst für jede Behandlungsstufe $i = 1, \ldots, I$ das Total T_i der beobachteten Werte der Zielgrösse Y. Dann wird (wieder für $i = 1, \ldots, I$) die Summe T_i^B der beobachteten Werte der Zielgrösse in allen Blöcken, in denen die i-te Behandlung auftritt, berechnet. Daraus erhält man die Grössen

   $$Q_i = k \cdot T_i - T_i^B \quad (i = 1, \ldots, I) \ .$$

2. Der geschätzte Effekt der i-ten Behandlung lässt sich dann bestimmen als

   $$\hat{\alpha}_i = \frac{Q_i}{I \cdot \lambda} \ .$$

3. Die bezüglich der Unvollständigkeit des Plans korrigierten Erwartungswerte der Zielgrösse für die verschiedenen Behandlungsstufen erhält man als

   $$\hat{\mu}_i = \bar{y} + \hat{\alpha}_i \ ,$$

   wobei $\bar{y}$ der arithmetische Mittelwert aller Beobachtungen der Zielgrösse ist. Als Standardabweichung dieser Schätzer setzt man

   $$\text{S.A.}(\hat{\mu}_i) = \sqrt{\frac{k}{I \cdot \lambda}} \cdot \hat{\sigma} \ .$$

Den Schätzer $\hat{\sigma}$ für die Standardabweichung der Residuen findet man gemäss den Punkten 4 und 5.

4. Die Varianzzerlegung erfolgt, indem man das um den Gesamtmittelwert $\bar{y}$ korrigierte totale Summenquadrat

$$S_{yy} = \sum_i \sum_j (y_{ij} - \bar{y})^2$$

in drei Komponenten zerlegt, nämlich:

S^A	(der durch den Behandlungsfaktor A erklärte Anteil des totalen Summenquadrats),
S^B	(der durch den Blockfaktor B erklärte Anteil des totalen Summenquadrats) und
S_{Min}	(die Fehlerquadratsumme der Residuen).

Die Komponenten des totalen Summenquadrats werden folgendermassen bestimmt, wobei wir von

$$\begin{aligned} S^M &= \tfrac{1}{n}\left(\textstyle\sum_i \sum_j y_{ij}\right)^2 \quad \text{und} \\ U_j &= \text{Summe aller Werte der Zielgrösse im Block } j \quad (j = 1, \ldots, J) \end{aligned}$$

Gebrauch machen:

Quelle	Symbol	Berechnung	Freiheitsgrade
Behandlung	S^A	$= \sum_{i=1}^{I} Q_i^2/(\lambda \cdot k \cdot I)$	$I - 1$
Blöcke	S^B	$= \sum_{j=1}^{J} U_j^2/k - S^M$	$J - 1$
Residuen	S_{Min}	$= S_{yy} - S^A - S^B$	$n - I - J + 1$
Total	S_{yy}		$n - 1$

5. Aus der obigen Varianzanalysetabelle können nun eine Schätzung der Standardabweichung der Residuen sowie der F-Tests für Behandlungsunterschiede abgeleitet werden. Die Residuenstreuung erhält man als Wurzel des Quotienten der Fehlerquadratsumme mit der zugehörigen Anzahl Freiheitsgrade

$$\hat{\sigma} = \sqrt{\frac{S_{Min}}{n - I - J + 1}} \, ,$$

und die F-Testgrösse für Behandlungsunterschiede lautet

$$F(\text{Behandlungsunterschiede}) = \frac{S^A/(I-1)}{S_{Min}/(n - I - J + 1)} \, . \tag{3.19}$$

Ist die Nullhypothese gleicher Behandlungseffekte für alle Stufen von Faktor A erfüllt, so ist diese Statistik F-verteilt mit $I - 1$ und $n - I - J + 1$ Freiheitsgraden.

3.5.4 Lösungsansatz mit Regression

Damit ein ausgewogener unvollständiger Blockplan mittels Regressionsanalyse untersucht werden kann, muss der gegebene Datensatz vorerst ergänzt werden. Dazu stellt man die Versuchsanordnung am besten als Kreuztabelle aller Stufenkombinationen dar, wie dies in Tabelle 3.15 für das Beispiel über Abnützung von Reifenbelägen gemacht ist. Nun wird jede leere Zelle mit dem Wert $\bar{y}$ (Gesamtmittelwert aller beobachteten Werte der Zielgrösse Y) besetzt. Mit diesen fiktiven Versuchseinheiten erhöht sich die Anzahl der Beobachtungen auf $n' = I \cdot J$, und der erweiterte Datensatz weist nun für jede Stufenkombination der Faktoren A und B einen Wert der Zielgrösse auf. Die $n' - n$ ursprünglich leeren Zellen werden mit $l = 1, 2, \ldots, n' - n$ durchnummeriert. Zusätzlich zu den Dummy-Variablen $z_1^A, \ldots, z_{I-1}^A$ für die Faktorstufen von A und $z_1^B, \ldots, z_{J-1}^B$ für die Faktorstufen von B wird nun für jede der ursprünglich leeren Zellen eine Dummy-Variable

$$z_l^L = \begin{cases} 1 & \text{für die Beobachtung in der } l\text{-ten leeren Zelle,} \\ 0 & \text{für alle anderen Beobachtungen} \end{cases}$$

(für $l = 1, 2, \ldots, n' - n$) definiert.

Nach diesen vorbereitenden Schritten kann man nun zur Berechnung der Regressionsmodelle übergehen. Zwei Regressionsmodelle sind notwendig, um die Resultate aus Abschnitt 3.5.3 ableiten zu können, nämlich

- das Modell mit Zielgrösse Y und den Einflussgrössen

  $$z_1^A,\, z_2^A, \ldots,\, z_{I-1}^A;\;\; z_1^B,\, z_2^B, \ldots,\, z_{J-1}^B;\;\; z_1^L,\, z_2^L, \ldots,\, z_{n'-n}^L \;,$$

  dessen Fehlerquadratsumme wir mit $S_{Min}^{A,B}$ bezeichnen, und

- das Modell mit Zielgrösse Y und den Einflussgrössen

  $$z_1^B,\, z_2^B, \ldots,\, z_{J-1}^B;\;\; z_1^L,\, z_2^L, \ldots,\, z_{n'-n}^L$$

  mit Fehlerquadratsumme S_{Min}^B.

Die korrigierten Behandlungseffekte $\hat{\alpha}_i$ für die I Behandlungsstufen erhält man aus den partiellen Regressionskoeffizienten der Dummy-Variablen z_i^A im vollen Modell, welche wir mit $\hat{\beta}_i^A$ bezeichnen:

$$\hat{\alpha}_i = \hat{\beta}_i^A - \frac{1}{I} \sum_{m=1}^{I-1} \hat{\beta}_m^A \qquad (i = 1, \ldots, I) \;. \tag{3.20}$$

Sie erfüllen die Bedingung $\sum_{i=1}^{I} \hat{\alpha}_i = 0$. Die Standardabweichung der Residuen wird geschätzt als

$$\hat{\sigma} = \sqrt{\frac{S_{Min}^{A,B}}{n - I - J + 1}} \;. \tag{3.21}$$

Indem man $\hat{\alpha}_i$, $\hat{\sigma}$ sowie $\bar{y}$ in die Formeln in Punkt 3 von Abschnitt 3.5.3 einsetzt, erhält man die bezüglich der Unvollständigkeit des Plans korrigierten Erwartungswerte $\hat{\mu}_i$ der Zielgrösse Y für die verschiedenen Behandlungsstufen und die (für alle Behandlungsstufen identische) Standardabweichung dieser Schätzer.
Die durch den Behandlungs- bzw. Blockfaktor erklärten Anteile S^A und S^B der quadratischen Streuung findet man als

$$S^A = S^B_{Min} - S^{A,B}_{Min} \qquad \text{und} \qquad S^B = S_{yy} - S^B_{Min} \ ,$$

das Residuensummenquadrat in Modell (3.18), S_{Min}, entspricht $S^{A,B}_{Min}$. Durch Einsetzen in (3.19) erhält man den F-Test für Behandlungsunterschiede.

Wie bereits erwähnt, ist es wichtig, dass ein unvollständiger Versuchsplan ausgewogen ist, damit die hier beschriebenen Analyseverfahren angebracht sind. Eine nützliche Auswahl von ausgewogenen unvollständigen Versuchsplänen findet man beispielsweise im Buch "Statistics for Experimenters" von G.E.P. Box, W.G. Hunter und J.S. Hunter auf den Seiten 269 ff.

3.5.5 Lösungsvorschlag zum Zahlenbeispiel

Als erstes müssen wir die notwendigen Dummy-Variablen einführen. Wir nennen die Dummy-Variablen für die Beläge A, B und C `BELAGA`, `BELAGB` und `BELAGC`. Diejenigen für die Reifen bezeichnen wir mit `REIF1`, `REIF2`, `REIF3` und diejenigen für die leeren Zellen mit `Z1`, `Z2`, `Z3` und `Z4`. Wie oben beschrieben müssen wir nun zwei Regressionsmodelle berechnen, nämlich eines mit all diesen Dummy-Variablen als Einflussgrössen und eines ohne die Variablen, welche die Stufen des Behandlungsfaktors "Belag" kennzeichnen. Die Outputs zu diesen Modellen sind in den Tabellen 3.16 und 3.17 finden. Aus diesen beiden Tabellen sind nun sämtliche interessierenden Grössen abzuleiten.

F-Test für Behandlungsunterschiede

Als erstes wollen wir der Frage nachgehen, ob zwischen den verschiedenen Belägen Unterschiede in der Abnützung auszumachen sind. Dazu berechnen wir vorerst die Grössen

$$S^A = S^B_{Min} - S^{A,B}_{Min} = 22\,480.00 - 1750.92 = 20\,729.08$$

und

$$S_{Min} = S^{A,B}_{Min} = 1750.92 \ .$$

Da in unserem Beispiel die Anzahl der Behandlungsstufen $I = 4$, die Anzahl der Stufen des Blockfaktors $J = 4$ und die gesamte Anzahl der Beobachtungen $n = 12$ betragen, erhält man nun aus (3.19)

$$F(\text{Behandlungsunterschiede}) = \frac{S^A/(I-1)}{S_{Min}/(n-I-J+1)} = \frac{20\,729.08/3}{1750.92/5} = 19.73 \ .$$

Regression	
Zielgrösse	WUNSCH
Bestimmtheitsmass	0.972
Anzahl Beobachtungen	16

	Koeff.	S.A.(Koeff.)	F-partial	p-Wert
Nullpunktordinate	422.042	14.292	900.000	0.000
BELAGA	-100.875	16.206	38.745	0.002
BELAGB	-96.500	16.206	35.457	0.002
BELAGC	-24.625	16.206	2.309	0.189
REIF1	-96.375	16.206	35.365	0.002
REIF2	-117.250	16.206	52.344	0.001
REIF3	-61.875	16.206	14.577	0.012
Z1	-28.000	25.338	1.221	0.319
Z2	17.500	25.338	0.477	0.521
Z3	34.000	25.338	1.801	0.237
Z4	-23.500	25.338	0.860	0.396

ANOVA

	F.G.	Summenquadrat	F-global	p-Wert
Regression	10	59851.75	17.091547	0.002944
Residuen	5	1750.92		
Insgesamt	15	61602.67		

Tabelle 3.16: Computer-Output zum Beispiel Reifentest, volles Modell.

Dieser Wert liegt über dem 95%-Quantil der F-Verteilung mit $I-1=3$ und $n-I-J+1=5$ Freiheitsgraden, weshalb die Nullhypothese, dass alle Beläge gleichwertig sind, abgelehnt wird. Nun möchte man die tatsächlichen Behandlungseffekte kennen. Dazu berechnen wir vorerst die $\hat{\alpha}_i$. Aus den Regressionskoeffizienten in der Tabelle 3.16 findet man mit (3.20) die Werte

$$\begin{aligned}
\hat{\alpha}_1 &= -100.875-(-100.875-96.5-24.625)/4 &&= -45.375 \ , \\
\hat{\alpha}_2 &= -96.5-(-100.875-96.5-24.625)/4 &&= -41 \ , \\
\hat{\alpha}_3 &= -24.625-(-100.875-96.5-24.625)/4 &&= 30.875 \quad \text{und} \\
\hat{\alpha}_4 &= 0-(-100.875-96.5-24.625)/4 &&= 55.5 \ .
\end{aligned}$$

Die erwarteten Werte der Zielgrösse für die verschiedenen Behandlungsstufen lauten somit aufgrund von

$$\hat{\mu}_i = \bar{y} + \hat{\alpha}_i \qquad \text{und} \qquad \bar{y} = 297.67 \ :$$

Regression	
Zielgrösse	WUNSCH
Bestimmtheitsmass	0.972
Anzahl Beobachtungen	16

	Koeff.	S.A.(Koeff.)	F-partial	p-Wert
Nullpunktordinate	381.667	30.605	144.000	0.000
REIF1	-130.000	43.282	9.021	0.017
REIF2	-142.667	43.282	10.865	0.011
REIF3	-63.333	43.282	2.141	0.182
Z1	46.000	61.210	0.565	0.474
Z2	58.667	61.210	0.919	0.366
Z3	-20.666	61.210	0.114	0.744
Z4	-84.000	61.210	1.883	0.207

ANOVA

	F.G.	Summenquadrat	F-global	p-Wert
Regression	7	39122.67	1.988951	0.177879
Residuen	8	22480.00		
Insgesamt	15	61602.67		

Tabelle 3.17: Computer-Output zum Beispiel Reifentest, reduziertes Modell.

$$\begin{aligned} \hat{\mu}_1 &= 297.67 - 45.375 &&= 252.29 \ , \\ \hat{\mu}_2 &= 297.67 - 41 &&= 256.67 \ , \\ \hat{\mu}_3 &= 297.667 + 30.875 &&= 328.54 \quad \text{und} \\ \hat{\mu}_4 &= 297.67 + 55.5 &&= 353.17 \ . \end{aligned}$$

Die Abnützung ist also bei Belag D am höchsten und bei Belag A am geringsten. Als Standardabweichung dieser Schätzungen erhalten wir mit (3.21)

$$\hat{\sigma} = \sqrt{\frac{S_{Min}^{A,B}}{n - I - J + 1}} = \sqrt{\frac{1750.92}{5}} = 18.71 \ .$$

3.6 Fehlende Werte

3.6.1 Problemstellung

Auch bei gut geplanten Versuchen kann es passieren, dass ein oder mehrere Werte der Zielgrösse nicht beobachtet werden können oder wegen Schwierigkeiten bei der Durchführung als fragwürdig betrachtet und bei der Analyse ausgeschlossen werden müssen. Möchte man bei der Auswertung trotzdem von den einfachen und leicht zu interpretierenden Auswertungsmethoden vollständiger Versuchspläne profitieren, so lässt sich unter gewissen Umständen der fehlende Wert aus den vorhandenen Daten schätzen.
Wir erläutern das Vorgehen ausführlich für den Fall eines vollständigen Blockplans mit einem Behandlungs- und einem Blockfaktor. Es lässt sich auch auf kompliziertere Versuchpläne verallgemeinern. Man beachte, dass die leeren Zellen im Gegensatz zur Situation im vorangegangenen Kapitel nicht Elemente der geplanten Versuchsanordnung sind, sondern sich aufgrund von unvorhergesehenen Problemen bei der Erhebung ergeben.

3.6.2 Ein Zahlenbeispiel

Wir illustrieren dieses Verfahren an den Daten aus der Tabelle 3.4 (Beispiel 3.2.2(a)) und betrachten den Wert 35.6 der Behandlung $(NH_4)SO_4$ beim Bodentyp II und den Wert 31.1 der Behandlung $CO(NH_2)_2$ beim Bodentyp IV als unbekannt.

	Bodentyp			
Behandlung	I	II	III	IV
$(NH_4)SO_4$	32.1	-	41.9	35.4
NH_4NO_3	30.1	31.5	37.1	30.8
$CO(NH_2)_2$	25.4	27.4	33.8	-
$Ca(NO_3)_2$	24.1	33.0	35.6	31.4
$NaNO_3$	26.1	31.0	33.8	31.9
Kontrolle	23.2	24.8	26.7	26.7

Tabelle 3.18: Daten zum Beispiel Gersteertrag mit 2 fehlenden Werten.

3.6.3 Modell und Hypothesen

Wir gehen von einem Modell der Zweiweg-Varianzanalyse mit einer Beobachtung pro Zelle aus, wobei wir annehmen, dass zwischen dem Behandlungsfaktor A (I Stufen) und dem Blockfaktor B (J Stufen) keine Wechselwirkung besteht:

$$Y_{ij} = \mu + \alpha_i + \beta_j + E_{ij} \quad \text{für gewisse } 1 \leq i \leq I \text{ und } 1 \leq j \leq J \ .$$

Bezeichnen wir die Anzahl der fehlenden Werte mit L, so ergibt dies als totale Anzahl Beobachtungen $n = I \cdot J - L$. Es dürfen nicht beliebig viele Werte fehlen, sondern nur vereinzelte.

Sind bei der Erhebung zu viele Beobachtungen verlorengegangen, so ist unter Umständen keine sinnvolle Auswertung des Versuches mehr möglich (z.B. falls alle Beobachtungen einer Behandlungsstufe fehlen).
Das Vorgehen besteht darin, die interessierenden Grössen durch geschickte Verwendung von Dummy-Variablen und Einsetzen geeigneter Werte in die leeren Zellen zu finden, wobei unter Umständen eine Korrektur der Anzahl Freiheitsgrade notwendig wird. Diese Idee lässt sich mit der Regressionsanalyse umsetzen, wie im nächsten Abschnitt gezeigt wird.

3.6.4 Lösungsansatz

Als vorbereitende technische Massnahmen werden wie bereits in 3.5.4 bei unvollständigen Blockplänen beschrieben die Dummy-Variablen

$$z_1^A,\, z_2^A, \dots ,\, z_{I-1}^A;\;\; z_1^B,\, z_2^B, \dots ,\, z_{J-1}^B;\;\; z_1^L,\, z_2^L, \dots ,\, z_L^L$$

gebildet, wobei die z_i^A die Faktorstufen von A angeben, die z_j^B diejenigen von Faktor B und

$$z_l^L = \begin{cases} 1 & \text{für die Beobachtung in der } l\text{-ten Zelle mit fehlendem Wert,} \\ 0 & \text{für alle anderen Beobachtungen} \end{cases}$$

(für $l = 1, 2, \dots , L$) die L Zellen ohne Beobachtung. Wir betrachten zwei Regressionsmodelle:

1. Im ersten Modell wird in jede Zelle mit fehlender Beobachtung der Wert 0 für die Zielgrösse Y eingesetzt. Dann wird eine Regression mit sämtlichen $I + J + L - 2$ Dummy-Variablen als Einflussgrössen gerechnet. Die Parameter der Regressionsgleichung bezeichnen wir mit α (Nullpunktordinate), $\beta_1^A, \dots , \beta_{I-1}^A;\;\; \beta_1^B, \dots , \beta_{J-1}^B;\;\; \beta_1^L, \dots , \beta_L^L$.
   Von den Resultaten aus dieser Rechnung sind alle Parameterschätzungen, deren Standardabweichungen, die partiellen F-Tests sowie die Fehlerquadratsumme S_{Min} und ihre Freiheitsgrade korrekt für die vorliegende Situation fehlender Werte. Dem totalen Summenquadrat, dem Bestimmtheitsmass und dem globalen F-Test hingegen sollte keine Beachtung geschenkt werden.

2. Nun werden die zuvor in die l Zellen mit fehlenden Werten eingesetzten Nullen ersetzt durch das Negative des jeweiligen geschätzten Regressionskoeffizienten $\hat{\beta}_l^L$, und die obige Rechnung wird wiederholt. Als Parameterschätzungen für β_l^L sollte man nun (bis auf Rundungsfehler) Null erhalten.
   Neben den bereits im ersten Schritt korrekten Resultaten liefert der Regressions-Output nun das Bestimmtheitsmass und das totale Summenquadrat, letzteres allerdings mit einer falschen Angabe von Freiheitsgraden: die Zahl der Freiheitsgrade muss um L nach unten korrigiert werden. Deshalb wird die globale F-Testgrösse angepasst gemäss

$$\text{korrektes } F(global) = \frac{I+J}{I+J-2} \cdot F(global) \text{ aus dem Output }.$$

F-Tests für die Faktoren A und B

Ist man ausschliesslich an F-Tests für die Wirkung der Faktoren A und B interessiert, so muss der zweite Schritt nicht vollzogen werden, denn die Fehlerquadratsumme mit ihrer Anzahl Freiheitsgrade genügt zur Ermittlung dieser Tests.
Als volles Modell wird jeweils das oben unter 1. beschriebene Modell verwendet, welchem je nach zu testender Hypothese ein Nullmodell gegenübergestellt wird. Mögliche Nullhypothesen sind:

- die Hypothese, dass Faktor A keinen Einfluss auf die Zielgrösse hat:

$$H_0: \ \beta_1^A = \beta_2^A = \ldots = \beta_{I-1}^A = 0 \ .$$

  In diesem Fall enthält das Nullmodell die Einflussgrössen $z_1^B, \ldots, z_{J-1}^B$ sowie $z_1^L, \ldots, z_L^L$.

- die Hypothese, dass Faktor B keinen Einfluss auf die Zielgrösse hat:

$$H_0: \ \beta_1^B = \beta_2^B = \ldots = \beta_{J-1}^B = 0 \ .$$

  Die Einflussgrössen im Nullmodell sind hier $z_1^A, \ldots, z_{I-1}^A$ und $z_1^L, \ldots, z_L^L$.

Der Test erfolgt auf die übliche Art und Weise durch den Vergleich der Fehlersummenquadrate,

$$F = \frac{\left(S_{Min}^0 - S_{Min}\right)/q}{S_{Min}/(n-I-J+1)} \ , \tag{3.22}$$

wo S_{Min}^0 die Fehlerquadratsumme im Nullmodell, S_{Min} diejenige im allgemeinen Modell und q die Anzahl in der Nullhypothese nullgesetzter Parameter angibt. Falls die Nullhypothese gleiche Effekte auf den Stufen des Faktors A unterstellt, gilt somit $q = I - 1$, für Faktor B analog $q = J - 1$.
Zur Ermittlung des Bestimmtheitsmasses in einem Nullmodell müssen analog zum oben geschilderten Vorgehen im vollen Modell geeignete Werte in die leeren Zellen eingesetzt werden.

3.6.5 Lösungsvorschlag zum Zahlenbeispiel

Wie beschrieben fügen wir dem Datensatz aus Tabelle 3.18 zwei Beobachtungen mit dem Wert 0 in der Zielgrösse hinzu und bilden 2 Dummy-Variablen LEER1 und LEER2, die den z_L^l entsprechen. Nun berechnen wir eine multiple lineare Regression mit Zielgrösse Ertrag und den Einflussgrössen BEH1, BEH2, BEH3, BEH4, BEH5, BODEN1, BODEN2, BODEN3, sowie LEER1 und LEER2. Den Computer-Output dazu zeigt Tabelle 3.19. Alle Parameterschätzungen sowie die Standardabweichungen und Partialtests dazu sind aus dieser Tabelle herauszulesen. Auch die Fehlerquadratsumme von $S_{Min} = 41.46988$ mit 13 Freiheitsgraden ist korrekt.

Zielgrösse	ERTRAG
Bestimmtheitsmass	0.981
Anzahl Beobachtungen	24

	Koeff.	S.A. (Koeff.)	F-partial	p-Wert
Nullpunktord.	25.415179	1.135259	501.183	0.00000
BEH1	11.074107	1.383986	64.026	0.00000
BEH2	7.025000	1.262931	30.941	0.00009
BEH3	3.538393	1.383986	6.537	0.02389
BEH4	5.675000	1.262931	20.192	0.00060
BEH5	5.350000	1.262931	17.945	0.00097
BODEN1	-4.025595	1.098062	13.440	0.00285
BODEN2	-0.192857	1.169247	0.027	0.87153
BODEN3	3.957738	1.098062	12.991	0.00321
LEER1	-36.296429	2.264237	256.971	0.00000
LEER2	-28.953571	2.264237	163.516	0.00000

ANOVA

	F.G.	Summenquadrat	F-global	p-Wert
Regression	10	2146.89512	67.30098	0.000000
Residuen	13	41.46988		
Insgesamt	23	2188.36500		

Tabelle 3.19: Beispiel Gersteertrag: Output für das volle Modell mit 2 Nullen anstelle der fehlenden Beobachtungen.

Da wir uns für das Bestimmtheitsmass und den globalen F-Wert interessieren, rechnen wir das volle Modell auch in der zweiten Form. Dazu setzen wir die mit (-1) multiplizierten geschätzten Werte der Steigungsparameter von LEER1 bzw. LEER2, also 36.2964 und 28.9536, an die Stellen der fehlenden Beobachtungen. Der resultierende Output ist in Tabelle 3.20 wiedergegeben. Daraus entnehmen wir das Bestimmtheitsmass von $R^2 = 0.918$, das totale Summenquadrat von $S_{yy} = 501.919$ und den globalen F-Wert von

$$F(global) = \frac{I+J}{I+J-2} \cdot F(global) \text{ aus dem Output} = \frac{10}{8} \cdot 14.466 = 18.08.$$

Zusätzlich soll nun noch der F-Test für Behandlungsunterschiede durchgeführt werden. Zu diesem Zweck wählen wir für das Nullmodell wieder den Ertrag als Zielgrösse und als Einflussgrössen die Variablen BODEN1, BODEN2, BODEN3, LEER1 und LEER2. In die leeren Zellen können wir beliebige Werte einsetzen, wichtig ist jedoch, dass diese zwei fiktiven Beobachtungen berücksichtigt werden. Dem Output (bei eingesetzten Werten 0) in Tabelle 3.21 entnehmen wir die Fehlerquadratsumme von 269.1857 mit 18 Freiheitsgraden. Dieser wird

Zielgrösse	ERTRAG
Bestimmtheitsmass	0.918
Anzahl Beobachtungen	24

	Koeff.	S.A. (Koeff.)	F-partial	p-Wert
Nullpunktord.	25.415179	1.135259	501.183	0.00000
BEH1	11.074107	1.383986	64.026	0.00000
BEH2	7.025000	1.262931	30.941	0.00009
BEH3	3.538393	1.383986	6.537	0.02389
BEH4	5.675000	1.262931	20.192	0.00060
BEH5	5.350000	1.262931	17.945	0.00097
BODEN1	-4.025595	1.098062	13.440	0.00285
BODEN2	-0.192857	1.169247	0.027	0.87153
BODEN3	3.957738	1.098062	12.991	0.00321
LEER1	0.000000	2.264237	0.000	1.00000
LEER2	0.000000	2.264237	0.000	1.00000

ANOVA

	F.G.	Summenquadrat	F-global	p-Wert
Regression	10	461.449207	14.465534	0.000018
Residuen	13	41.469881		
Insgesamt	23	502.919088		

Tabelle 3.20: Beispiel Gersteertrag: Output für das volle Modell mit den geschätzten Werten für die fehlenden Beobachtungen.

als S^0_{Min} in die Formel (3.22) eingesetzt und man findet

$$F = \frac{\left(S^0_{Min} - S_{Min}\right)/q}{S_{Min}/(n-I-J+1)} = \frac{(269.186 - 41.470)/5}{41.470/(22-6-4+1)} = 14.28 \ .$$

Da dieser Wert jenseits des 95%-Quantils der F-Verteilung mit 5 und 13 Freiheitsgraden liegt, schliesst man daraus, dass Behandlungsunterschiede zwischen den verschiedenen Stickstoffverbindungen vorhanden sind. Die Steigungsparameter von BEH1, ... , BEH5 in Tabelle 3.19 bzw. 3.20 beschreiben diese Behandlungsunterschiede, jeweils für eine Stickstoffverbindung im Vergleich zum Ertrag ohne Behandlung.

Zielgrösse	ERTRAG
Bestimmtheitsmass	0.877
Anzahl Beobachtungen	24

	Koeff.	S.A. (Koeff.)	F-partial	p-Wert
Nullpunktord.	31.240000	1.729437	326.297	0.00000
BODEN1	-4.406667	2.341669	3.541	0.07613
BODEN2	-1.700000	2.445793	0.483	0.49589
BODEN3	3.576667	2.341669	2.333	0.14404
LEER1	-29.540000	4.236238	48.623	0.00000
LEER2	-31.240000	4.236238	54.376	0.00000

ANOVA

	F.G.	Summenquadrat	F-global	p-Wert
Regression	5	1919.17933	25.6665	0.000000
Residuen	18	269.18567		
Insgesamt	23	2188.36500		

Tabelle 3.21: Beispiel Gersteertrag: Output für das Nullmodell ohne Faktor Behandlung.

3.7 2^r-Faktorversuche

3.7.1 Problemstellung

Will man von r Einflussgrössen simultan untersuchen, ob sie eine Wirkung auf eine Zielgrösse Y besitzen, und soll dabei die Zahl der Versuchseinheiten möglichst klein gehalten werden, so ist es sinnvoll, jede dieser Einflussgrössen auf zwei Stufen zu betrachten. Oft geschieht dies im Rahmen einer Voruntersuchung zur Selektion möglicher Faktoren für das eigentliche Experiment. Bei diesen Einflussgrössen kann es sich entweder um Faktoren mit zwei Stufen handeln, oder um quantitative Grössen, von denen zwei geeignete Werte als Faktorstufen festgelegt werden müssen. Wird die Zielgrösse auf jeder möglichen Stufenkombination dieser Faktoren einmal beobachtet, so ergibt dies 2^r Versuchseinheiten, weshalb man von **2^r-Faktorversuchen** spricht. Solche Experimente können an sich mit den oben vorgestellten Methoden als r-Weg-Varianzanalyse ausgewertet werden. Es haben sich aber teilweise von diesem Vorgehen abweichende, jedoch durchaus verwandte Konzepte für die Analyse solcher 2^r-Faktorversuche durchgesetzt. Diese werden in diesem Abschnitt vorgestellt.

3.7.2 Ein Zahlenbeispiel

In einer Prozessentwicklungsstudie wird die Umwandlungsrate in Prozent beobachtet in Abhängigkeit von 4 Faktoren, die alle auf zwei Stufen gehalten werden:

Variable		0	resp.	1
A	Katalisatorladung (lb)	10	resp.	15
B	Temperatur (°C)	220	resp.	240
C	Druck (psi)	50	resp.	80
D	Konzentration (%)	10	resp.	12
Y	Umwandlungsrate (%)		Zielgrösse	

Die Daten sind in der Tabelle 3.22. Von den vier Faktoren A, B, C und D möchte man nun anhand eines 2^4-Faktorversuchs herausfinden, ob sie einen massgeblichen Beitrag zur Bestimmung von Y leisten.

3.7.3 Modell und Hypothesen

Grundsätzlich unterscheiden sich die verwendeten Modelle nicht von einer Mehrweg-Varianzanalyse ohne Wiederholung, wie wir sie in 3.2 betrachtet haben. Der hier zu behandelnde Spezialfall mit zwei Stufen in allen Faktoren kann im folgenden Lösungsansatz der spezifischen Zielsetzung angepasst und vereinfacht werden. Insbesondere erweist sich eine von der in früheren Abschnitten verwendeten Form abweichende Codierung der Dummy-Variablen als vorteilhaft.

Nr.	A	B	C	D	Y
1	0	0	0	0	71
2	1	0	0	0	61
3	0	1	0	0	90
4	1	1	0	0	82
5	0	0	1	0	68
6	1	0	1	0	61
7	0	1	1	0	87
8	1	1	1	0	80
9	0	0	0	1	61
10	1	0	0	1	50
11	0	1	0	1	89
12	1	1	0	1	83
13	0	0	1	1	59
14	1	0	1	1	51
15	0	1	1	1	85
16	1	1	1	1	78

Tabelle 3.22: Daten zum Beispiel Prozessentwicklungsstudie.

3.7.4 Lösungsansatz

Wir betrachten den allgemeinen Fall mit r Faktoren und bezeichnen die verwendeten Faktoren mit A, B, C etc. Im Folgenden wird für alle Faktoren von einer "höheren" und einer "tieferen" Faktorstufe gesprochen. Bei Faktoren, wo diese Unterscheidung nicht natürlich vorgegeben ist, muss eine der beiden Stufen als die "höhere" bestimmt werden. Als erstes wird ein Modell mit allen möglichen Interaktionen berechnet. Ein solches Modell besitzt ebenso viele Parameter wie Beobachtungen, d.h. alle Residuen werden Null, und die Schätzung eines Fehlerterms ist unmöglich. Wie die Parametrisierung dieses Modells vorgenommen wird, soll im folgenden am Beispiel eines 2^4-Faktorversuchs demonstriert werden (vgl. Tabelle 3.23):

- Die Hauptwirkungen der Faktoren A, B, C und D werden durch je eine Dummy-Variable codiert. Diejenige für A definiert man als

  $$z^A = \begin{cases} 1 & \text{für Beobachtungen mit dem Faktor } A \text{ auf der höheren Stufe,} \\ 0 & \text{für Beobachtungen mit dem Faktor } A \text{ auf der tieferen Stufe.} \end{cases}$$

  Die Variablen z^B, z^C und z^D werden analog definiert.

- Die sechs Zweiweg-Interaktionen werden je durch eine Dummy-Variable beschrieben, welche wir mit z^{AB}, z^{AC}, z^{AD}, z^{BC}, z^{BD} und z^{CD} bezeichnen. z^{AB} ist beispielsweise

	z^A	z^B	z^{AB}	z^C	z^{AC}	z^{BC}	z^{ABC}	z^D	z^{AD}	z^{BD}	z^{ABD}	z^{CD}	z^{ACD}	z^{BCD}	z^{ABCD}
-	0	0	1	0	1	1	0	0	1	1	0	1	0	0	1
A	1	0	0	0	0	1	1	0	0	1	1	1	1	0	0
B	0	1	0	0	1	0	1	0	1	0	1	1	0	1	0
AB	1	1	1	0	0	0	0	0	0	0	0	1	1	1	1
C	0	0	1	1	0	0	1	0	1	1	0	0	1	1	0
AC	1	0	0	1	1	0	0	0	0	1	1	0	0	1	1
BC	0	1	0	1	0	1	0	0	1	0	1	0	1	0	1
ABC	1	1	1	1	1	1	1	0	0	0	0	0	0	0	0
D	0	0	1	0	1	1	0	1	0	0	1	0	1	1	0
AD	1	0	0	0	0	1	1	1	1	0	0	0	0	1	1
BD	0	1	0	0	1	0	1	1	0	1	0	0	1	0	1
ABD	1	1	1	0	0	0	0	1	1	1	1	0	0	0	0
CD	0	0	1	1	0	0	1	1	0	0	1	1	0	0	1
ACD	1	0	0	1	1	0	0	1	1	0	0	1	1	0	0
BCD	0	1	0	1	0	1	0	1	0	1	0	1	0	1	0
$ABCD$	1	1	1	1	1	1	1	1	1	1	1	1	1	1	1

Tabelle 3.23: Dummy-Variablen für die Codierung eines 2^4-Faktorversuches: jede Zeile entspricht einer Versuchseinheit, jede Spalte einer Dummy-Variablen. In der ersten Spalte stehen diejenigen Faktoren, die in der entsprechenden Versuchseinheit auf der höheren Stufe gehalten werden.

definiert als

$$z^{AB} = \begin{cases} 1 & \text{für } A \text{ und } B \text{ auf der höheren Stufe,} \\ 0 & \text{für } A \text{ auf der höheren und } B \text{ auf der tieferen Stufe,} \\ 0 & \text{für } A \text{ auf der tieferen und } B \text{ auf der höheren Stufe,} \\ 1 & \text{für } A \text{ und } B \text{ auf der tieferen Stufe.} \end{cases}$$

Die Dummy-Variablen für die restlichen fünf Zweiweg-Interaktionen werden analog gebildet.

- Die Definition der Dummy-Variablen für die Dreifachinteraktionen z^{ABC}, z^{ABD}, z^{ACD} und z^{BCD} sowie der Vierfachinteraktion z^{ABCD} sind eine Verallgemeinerung derjenigen für Zweifachinteraktionen. Sie können geschrieben werden als

$$z^{ABC} = \begin{cases} 1 & \text{für eine gerade Anzahl der Faktoren } A, B \text{ und } C \\ & \text{auf der tieferen Stufe,} \\ 0 & \text{für eine ungerade Anzahl der Faktoren } A, B \text{ und } C \\ & \text{auf der tieferen Stufe,} \end{cases}$$

(und analog für z^{ABD}, z^{ACD} und z^{BCD}), resp.

$$z^{ABCD} = \begin{cases} 1 & \text{für eine gerade Anzahl der Faktoren } A,\ B,\ C \text{ und } D \\ & \text{auf der tieferen Stufe,} \\ 0 & \text{für eine ungerade Anzahl der Faktoren } A,\ B,\ C \text{ und } D \\ & \text{auf der tieferen Stufe.} \end{cases}$$

Man beachte, dass mit den obigen Definitionen die Beziehungen $z_i^{AB} = z_i^A \cdot z_i^B$, $z_i^{ABC} = z_i^A \cdot z_i^B \cdot z_i^C$ etc. zwischen den Dummy-Variablen keine Gültigkeit mehr haben. Das Generieren der Einflussgrössen kann somit etwas aufwendiger werden, muss jedoch hinsichtlich des weiteren Vorgehens unbedingt auf die beschriebene Weise vorgenommen werden.
Die in der Tabelle 3.23 verwendete Reihenfolge der Versuchseinheiten bzw. Dummy-Variablen bietet sich als Standardreihenfolge bei der Aufzählung von Stufenkombinationen bzw. Effekten in einem 2^4-Versuchsplan an. Die ersten vier Spalten beinhalten alle Versuchseinheiten eines 2^2-Versuches, die ersten acht diejenigen eines 2^3-Versuches, usw. Um die Standardreihenfolge für einen 2^5-Faktorversuch mit einem zusätzlichen Faktor E zu erhalten, hängt man bei allen bestehenden Stufenkombinationen ein E an und fügt die resultierende Aufzählung derjenigen in Tabelle 3.23 an. Auf analoge Weise erhält man dann sukzessiv die Standardreihenfolge für die Stufenkombinationen bzw. Effekte von Versuchsplänen mit mehr als fünf Faktoren. Die in 2^r-Faktorversuchen mit $r > 4$ benötigten Dummy-Variablen für Interaktionen höherer Ordnung werden auf die gleiche Weise wie oben gebildet.
Die (wahren) Regressionskoeffizienten der insgesamt $2^r - 1$ $z^{(\ )}$-Variablen nennen wir $\beta^{(\ )}$, wobei der obere Index "( )" die gleiche Aufzählung von Faktoren enthält wie bei der entsprechenden Dummy-Variablen. Diese Parameter werden auch als **Effekte** bezeichnet. Die geschätzten Effekte kennzeichnen wir mit $\hat{\beta}^{(\ )}$.

Volles Modell

Das volle Modell erhält man nun als Regression mit Zielgrösse Y und allen $2^r - 1$ Dummy-Variablen als Einflussgrössen. Wir gehen wiederum davon aus, dass die Residuen unabhängig und normalverteilt mit Erwartungswert 0 und identischer Standardabweichung σ sind. Leider sind nicht alle Softwarepakete in der Lage, Parameterschätzungen für ein voll parametrisiertes Modell wie dieses zu berechnen, auch wenn diese eindeutig berechenbar sind.

Quantil-Plot

Unter den getroffenen Annahmen und bei Gültigkeit der globalen Nullhypothese, dass alle Effekte gleich Null sind, sind sämtliche geschätzten Effekte $\hat{\beta}^{(\ )}$ unabhängig normalverteilt mit Erwartungswert 0 und gleicher Standardabweichung. Diese Tatsache wird nun ausgenützt, um diejenigen Effekte zu identifizieren, welche von Null verschieden sind, indem man einen sogenannten **Quantil-Plot** der geschätzten Effekte zeichnet.
Ein Quantil-Plot für die Normalverteilung ist eine graphische Darstellungsart, die üblicherweise dazu genutzt wird, die Verteilung einer Variablen in einem gegebenen Datensatz vom Umfang

m optisch auf Normalität hin zu überprüfen, indem auf der horizontalen Achse eines Koordinatensystems die m geordneten Werte der untersuchten Variablen und auf der vertikalen Achse die ebenfalls geordneten Quantile $\Phi^{-1}\left(\frac{k-\frac{1}{3}}{m+\frac{1}{3}}\right)$ (für $k = 1, \ldots, m$) abgetragen werden. $\Phi(.)$ ist dabei die Verteilungsfunktion der Standard-Normalverteilung, Φ^{-1} demnach die Quantilfunktion dieser Verteilung. Folgt die untersuchte Variable einer Normalverteilung, so liegen die Punkte ungefähr auf einer Geraden.
Im vorliegenden Fall mit geschätzten Effekten eines 2^4-Faktorversuchs liegen $m = 2^r - 1$ "Beobachtungen" vor. Sind einige dieser Effekte in Wirklichkeit gleich Null und andere von Null verschieden, so sollten in einem Quantil-Plot die zu den ersteren Effekten gehörenden Punkte auf einer Geraden liegen, während sich die anderen sichtbar von dieser Geraden abheben. Indem man den Quantil-Plot auf dieses Muster hin untersucht, strebt man an, die von Null verschiedenen Effekte zu identifizieren. In praktischen Anwendungen beobachtet man in den meisten Fällen, dass höhrere Interaktionen eher selten von Bedeutung sind, Haupteffekte und niedrigere Wechselwirkungen hingegen öfter.
Bemerkung: In dem Schritt, wo der Quantil-Plot zur Identifizierung signifikanter Effekte eingesetzt wird ist es entscheidend, dass die Codierung der Dummy Variablen auf die in diesem Kapitel beschriebene Weise vorgenommen wurde. Ein Quantil-Plot mit Parametern, die auf der in früheren Abschnitten eingeführten Definition beruhen, führt hier zu falschen Resultaten!

Reduziertes Modell

Nachdem ein Teil der Effekte aufgrund des Quantil-Plots als nicht von Null verschieden befunden wurde, werden diese nullgesetzt, indem die zugehörigen Dummy-Variablen aus dem Regressionsmodell entfernt werden. Mit dem reduzierten Regressionsmodell kann nun ein Fehlerterm geschätzt werden und es können auch Signifikanztests für die im Modell verbliebenen Effekte durchgeführt werden. Aufgrund dieser kann nun mit der Methode der Rückwärtselimination nach einem Modell gesucht werden, das keine redundanten Effekte mehr enthält. In den meisten Anwendungen empfiehlt sich hierbei ein hierarchisches Vorgehen, d.h. ein Effekt wird nur dann eliminiert, wenn er auch in keinem Interaktionsterm höherer Ordnung im Modell erscheint. Allerdings können bei der hier verwendeten Codierung der Variablen auch nichthierarchische Modelle gerechnet werden, im Gegensatz zum Fall mit früher verwendeten 0/1-codierten Dummy-Variablen (vgl. dazu die Ausführungen zur Dreiweg-Varianzanalyse in 3.1.4).

3.7.5 Lösungsvorschlag zum Zahlenbeispiel

Wir können die Standardreihenfolge der Effekte aus Tabelle 3.23 übernehmen und nach Bildung der benötigten Dummy-Variablen wird das volle Modell gerechnet. Die geschätzten Effekte aus dem Output zeigt Tabelle 3.24. Es verbleiben wie erwähnt keine Freiheitsgrade zur Beurteilung der Signifikanz derselben.
Der Quantil-Plot in Abbildung 3.2 zeigt uns, dass die Haupteffekte A, B, D sowie der Wechselwirkungseffekt BD deutlich von der Normalverteilung abweichendes Verhalten zei-

Effekt	Dummy-Variable	geschätzter Koeffizient
Nullpuktordinate	-	66.50
A	z^A	−8.00
B	z^B	24.00
AB	z^{AB}	1.00
C	z^C	−2.25
AC	z^{AC}	0.75
BC	z^{BC}	−1.25
ABC	z^{ABC}	−0.75
D	z^D	−5.50
AD	z^{AD}	0.00
BD	z^{BD}	4.50
ABD	z^{ABD}	0.50
CD	z^{CD}	−0.25
ACD	z^{ACD}	−0.25
BCD	z^{BCD}	−0.75
ABCD	z^{ABCD}	−0.25

Tabelle 3.24: Geschätzte Effekte im vollen Modell im Beispiel Prozessentwicklungsstudie.

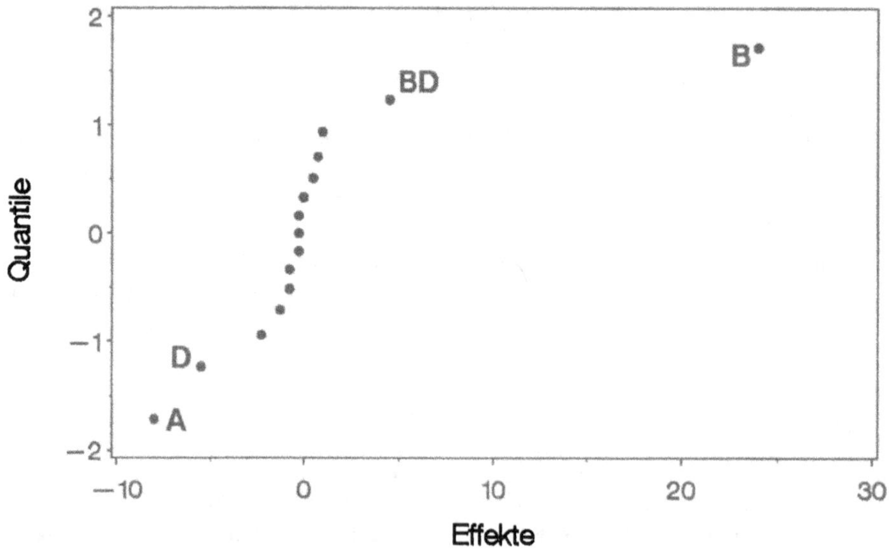

Abbildung 3.2: Quantil-Plot der geschätzten Effekte im Beispiel Prozessentwicklungsstudie.

gen, während die restlichen Punkte einigermassen entlang einer Geraden zu liegen kommen. Wir schliessen, dass dies die von Null verschiedenen Effekte sind, nehmen also die Dummy-Variablen aller anderen Effekte aus dem Modell. Diese Selektion entspricht dem hierarchischen Eliminieren von Variablen, denn beide Haupteffekte, die in der Interaktion BD erscheinen, sind weiterhin im Modell vertreten.

Zielgrösse	Y
Bestimmtheitsmass	0.986
Anzahl Beobachtungen	16

	Koeff.	S.A.(Koeff.)	F-partial	p-Wert
Nullpunktord.	64.75	1.0526	3784.0564	0.0000
A	-8.00	0.9415	72.2058	0.0000
B	24.00	0.9415	649.8462	0.0000
D	-5.50	0.9415	34.1282	0.0001
BD	4.50	0.9415	22.8462	0.0006

ANOVA

	F.G.	Summenquadrat	F-global	p-Wert
Regression	4	2762	194.7564	0.0000
Residuen	11	39		
Insgesamt	15	2801		

Tabelle 3.25: Regressions-Output für das reduzierte Modell im Beispiel Prozessentwicklungsstudie.

Das Modell mit den vier verbleibenden Effekten A, B, D und BD liefert den in der Tabelle 3.25 gezeigten Output. Alle Effekte besitzen signifikanten Einfluss auf die Zielgrösse, auch die Interaktion BD. Bei den Faktoren A und D liefert die tiefere Stufe ein höheres Y, beim Faktor B hingegen die höhere Stufe. Die Wirkungen von B und D lassen sich nicht einfach addieren: ihr Wechselwirkungseffekt muss zusätzlich berücksichtigt werden.

3.7.6 Blockbildung

Es ist in 2^r-Faktorversuchen möglich, einen oder mehrere Blockfaktoren (im Folgenden mit Bl bezeichnet) einzubauen, ohne die Anzahl der Versuchseinheiten zu erhöhen, jedoch kann die Anzahl Blöcke bzw. die Grösse eines Blockes nicht beliebig gewählt werden. Die Grösse eines Blockes muss immer eine Zweierpotenz kleiner als 2^r, etwa 2^k ($k < r$), sein. Als Anzahl Blöcke ergibt sich somit $2^r/2^k = 2^{r-k}$. Da aufgrund der Grösse der Blöcke nicht jede Behandlungskombination in jedem Block vorkommen kann, handelt es sich um unvollständige Blöcke. Bei der Analyse geht man in der Regel davon aus, dass *zwischen Behandlungs- und Blockfaktoren keine Wechselwirkungen bestehen.*

r	Anzahl Blöcke	Blockgenerator(en)	vermengte Wechselwirkungen
3	2	Bl_1=ABC	ABC
	4	Bl_1=AB, Bl_2=AC	AB,AC,BC
4	2	Bl=$ABCD$	$ABCD$
	4	Bl_1=ABD, Bl_2=ACD	ABD,ACD,BC
	8	Bl_1=AB, Bl_2=BC, Bl_3=CD	alle 2-fach-WW, $ABCD$
5	2	Bl=$ABCDE$	$ABCDE$
	4	Bl_1=ABC, Bl_2=CDE	ABC,CDE,$ABDE$
	8	Bl_1=ABE, Bl_2=BCE, Bl_3=CDE	ABE,BCE,CDE,AC, $ABCD$,BD,ADE
	16	Bl_1=AB, Bl_2=AC, Bl_3=CD, Bl_4=DE	alle 2- und 4-fach-WW
6	2	Bl=$ABCDEF$	$ABCDEF$
	4	Bl_1=$ABCF$, Bl_2=$CDEF$	$ABDF$,$CDEF$,$ABDE$
	8	Bl_1=ACE, Bl_2=$ABEF$, Bl_3=$ABCD$	ACE,$ABEF$,$ABCD$,BCF, BDE,$CDEF$,ADF
	16	Bl_1=ABF, Bl_2=ACF, Bl_3=CDF, Bl_4=DEF	ABF,ACF,CDF,DEF,BC, $ABCD$,$ABDE$,AD,$ACDE$,CE, BDF,$BCDEF$,$ABCEF$,AEF,BE
	32	Bl_1=AB, Bl_2=BC, Bl_3=CD, Bl_4=DE, Bl_5=EF	alle 2-, 4- und 6-fach-WW

Tabelle 3.26: Verschiedene Blockgeneratoren für 2^r-Versuchspläne mit $r = 3, 4, 5, 6$.

Blockbildung aufgrund von Dummy-Variablen

Betrachten wir wiederum exemplarisch den Fall $r = 4$, also mit $2^4 = 16$ Versuchseinheiten, welche in zwei Blöcke zu je 8 Einheiten eingeteilt werden sollen. Dies soll derart geschehen, dass die Schätzung der Effekte möglichst zuverlässig wird. In diesem Beispiel erweist es sich als ideal, die 16 Versuchseinheiten gemäss der Dummy-Variablen der höchsten Interaktion, z^{ABCD}, auf die beiden Blöcke zu verteilen (siehe Tabelle 3.23), d.h. die Versuchseinheiten mit $z^{ABCD} = 1$ bilden einen Block, diejenigen mit $z^{ABCD} = 0$ den anderen. Dadurch wird es zwar unmöglich, den Effekt β^{ABCD} zu schätzen, doch der Verlust bleibt gering, da Wechselwirkungseffekte höherer Ordnungen nur in Ausnahmefällen auftreten. Es kommt in diesem Fall bei der Schätzung des Modells zu einer Vermengung der Vierfachinteraktion der Faktoren A, B, C und D mit der Wirkung des Blockfaktors Bl, was bedeutet, dass man letztendlich mit $\hat{\beta}^{ABCD}$ die Summe der beiden Effekte schätzt. Diese Tatsache kann kürzer geschrieben werden mit dem Ausdruck

$$Bl = ABCD \quad ,$$

welcher **Blockgenerator** genannt wird. Analog würde in diesem Fall auch für die entsprechenden Dummy-Variablen gelten $z^{Bl} = z^{ABCD}$.

Da es keine einfache und allgemeingültige Methode zur Bestimmung eines optimalen Blockgenerators bei gegebener Ausgangslage gibt, ist in Tabelle 3.26 eine Auswahl von optimalen Blockgeneratoren für 2^r-Pläne mit $r = 3$ bis 6 angegeben. Einen Blockfaktor mit vier Blöcken einzuführen, erweist sich als gleichwertig zur Einführung von zwei Blockfaktoren zu je zwei Stufen; entscheidend ist die totale Anzahl Blöcke bzw. Blockkombinationen, und diese beträgt in beiden Fällen vier. Analog lässt sich ein Blockfaktor mit acht Stufen zurückführen auf drei Blockfaktoren zu je zwei Stufen, etc.

Im Folgenden soll anhand eines Beispiels gezeigt werden, wie ein Blockfaktor mit mehr als zwei Faktorstufen (=Blöcke) definiert werden kann. Will man in einem 2^4-Faktorversuch einen Blockfaktor mit vier Blöcken bilden, so entspricht dies einer Blockgrösse von $16/4 = 4$ Versuchseinheiten. Nach Tabelle 3.26 sind die Generatoren $Bl_1 = ABD$ und $Bl_2 = ACD$ geeignet. Man setzt also $z^{Bl_1} = z^{ABD}$ und $z^{Bl_2} = z^{ACD}$ und konstruiert dann daraus einen Blockfaktor mit vier Blöcken, etwa gemäss

$$\begin{array}{lcl}
\text{falls } z^{Bl_1} = 1 \text{ und } z^{Bl_2} = 1 & \longrightarrow & \text{erster Block;} \\
\text{falls } z^{Bl_1} = 1 \text{ und } z^{Bl_2} = 0 & \longrightarrow & \text{zweiter Block;} \\
\text{falls } z^{Bl_1} = 0 \text{ und } z^{Bl_2} = 1 & \longrightarrow & \text{dritter Block;} \\
\text{falls } z^{Bl_1} = 0 \text{ und } z^{Bl_2} = 0 & \longrightarrow & \text{vierter Block.}
\end{array}$$

Auf analoge Weise lassen sich ausgehend von einem 2^r-Faktorversuch Blockpläne mit 2, 4, 8, ..., 2^{r-1} Blöcken konstruieren.

"Multiplikation" von Effekten

Bei Blockbildungen werden bei mehr als zwei Blöcken neben den als Blockgeneratoren angegebenen Interaktionen weitere Wechselwirkungseffekte von ursprünglichen Faktoren mit solchen von Blockfaktoren vermengt. In diesem Zusammenhang ist es sinvoll, eine spezielle Operation einzuführen, mit der Haupt- und Interaktionseffekte miteinander "multipliziert" werden. Eigenschaften dieser Verknüpfung sind

- Wechselwirkungseffekte ergeben sich als Produkt der darin auftretenden Haupteffekte:

$$ABCD = A \times B \times C \times D = AB \times CD = ABC \times D \quad \text{etc.}$$

- Sie ist kommutativ und assoziativ. Somit können die in einer Gleichung auftretenden Symbole für Haupteffekte beliebig permutiert und in einen anderen Faktor des Produkts verschoben werden:

$$ABC = BCA = AB \times C = CB \times A \quad \text{etc.}$$

- Sie besitzt das Einselement I, für das gilt:

$$I \times A = A \times I = A \quad \text{etc.}$$

- Jeder Effekt ist zu sich selbst invers, d.h.

$$AA = BB = CC = \ldots = I$$

Zur Anwendung dieser Operation beziehen wir uns auf das obige Beispiel, wo in einem 2^4-Versuchsplan vier Blöcke gebildet wurden. Dabei wurden die Blockgeneratoren $Bl_1 = ABD$ und $Bl_2 = ACD$ verwendet. Wie oben erwähnt, sind die Blockfaktoren Bl_1 und Bl_2 mit den in den Generatoren auftretenden Effekten vermengt. Es tritt aber noch eine weitere Vermengung auf: die Wechselwirkung zwischen den beiden Blockfaktoren, $Bl_1 \times Bl_2$ ist mit dem Effekt

$$ABD \times ACD = BC$$

vermengt, oder kurz:

$$Bl_1 \times Bl_2 = ABD \times ACD = BC \; .$$

Das Gleichheitszeichen in der beschriebenen Multiplikation von Effekten kann also gelesen werden als "ist vermengt mit". Dies trifft bereits in den Gleichungen zur Definition von Blockgeneratoren zu. Für jede Versuchsanordnung von 2^r-Blockversuchen gibt es eine bestimmte Anzahl Vermengungen von jeweils einem Wechselwirkungseffekt von ursprünglichen Faktoren und einem von Blockfaktoren. Diese Zahl ist gleich der Anzahl Blöcke minus eins. In Tabelle 3.26 sind in der hintersten Spalte jeweils diejenigen Effekte aufgeführt, welche mit Blockeffekten vermengt sind. Generell kann gesagt werden, dass eine grosse Anzahl Stufen bzw. Stufenkombinationen von Blockfaktoren zu einem komplizierten Vermengungsmuster führt. Die Angaben in Tabelle 3.26 basieren auf der Annahme, dass zwischen Behandlungs- und Blockfaktoren (jeweils Haupteffekte) keine Wechselwirkungen bestehen. Ist diese Bedingung verletzt, so herrscht tatsächlich ein erheblich komplexeres Vermengungsmuster vor.

Auswertung von 2^r-Blockplänen

Bei der Auswertung von 2^r-Versuchsplänen mit Blöcken wird genau gleich vorgegangen wie bei Anordnungen ohne Blockbildung, Unterschiede bestehen auf der Ebene der Deutung der Resultate. Als erstes wird das volle Modell mit allen $2^r - 1$ Dummy-Variablen z^A, z^B, z^{AB}, ... als Einflussgrössen berechnet, woraus man Parameterschätzungen für die Effekte bekommt. Mit diesen geschätzten Effekten zeichnet man einen Quantil-Plot, und diejenigen Effekte werden im Modell belassen, welche sich sichtbar von einer Geraden abheben. Eine allfällige weitere Vereinfachung des Modells kann dann aufgrund von Signifikanztests erfolgen. Bei der Selektion und Interpretation der Effekte ist allerdings auf die Rolle der jeweiligen Dummy-Variablen (insbesondere bzgl. Blockfaktoren) sowie auf die Vermengungsstruktur im Modell zu achten. Bei den Versuchsanordnungen in Tabelle 3.26 sind keine Haupteffekte mit irgendwelchen Blockeffekten vermengt. Bereits auf der Ebene der Zweifachinteraktionen aber sind manche Effekte der ursprünglichen Faktoren nicht mehr von den Blockeffekten zu trennen. Unter Umständen kann gewisses Vorwissen aus vorgängigen Untersuchungen zu Hilfe genommen werden, z.B. Kenntnisse über das (Nicht-)Auftreten bestimmter Interaktionseffekte. Bereits in der Planungsphase sollte zudem Wert darauf gelegt werden, dass Interaktionen, die von ausdrücklichem Interesse sind, eindeutig zu schätzen sind, d.h. sie dürfen nicht in der Aufzählung der vermengten Wechselwirkungen in Tabelle 3.26 figurieren.

3.7.7 Teilpläne: 2_R^{r-q}-Faktorversuche

In einem 2^r-Faktorversuch kann die Zahl der benötigten Versuchseinheiten bei einer grösseren Anzahl berücksichtigter Faktoren recht hoch werden: in einem 2^6-Versuch sind es 64, in einem 2^7-Experiment schon 128. Es besteht die Möglichkeit, diese Zahlen bedeutend zu senken, wobei als Preis für diese Einsparung an Ressourcen eine gewisse Vermengung von Effekten in Kauf genommen werden muss.

Konstruktion von Teilplänen

Als Beispiel betrachten wir einen 2^4-Versuch, in den ein weiterer zweistufiger Faktor E eingebaut werden soll, ohne die Anzahl der Versuchseinheiten zu erhöhen. Analog zu oben bei der Einführung eines Blockfaktors geschieht dies mit dem Generator

$$E = ABCD \quad ,$$

was bedeutet, dass der Faktor E bei denjenigen Beobachtungen auf der höheren Stufe gehalten wird, bei denen von den anderen vier Faktoren je eine gerade Anzahl auf der tieferen und höheren Stufe sind (oder äquivalent: E auf der höheren Stufe, falls $z^{ABCD} = 1$; E auf der tieferen Stufe, falls $z^{ABCD} = 0$). Wir haben also $2^4 = 16$ Beobachtungen (d.h. 16 Freiheitsgrade) zur Verfügung, mit denen $2^5 = 32$ Parameter geschätzt werden sollen, nämlich der Achsenabschnitt und 31 Effekte. Dies ist nur dadurch möglich, dass mit jedem Freiheitsgrad zwei Parameter geschätzt werden, d.h. es sind immer zwei Effekte miteinander vermengt, und zwar sind dies immer ein Effekt, der den hinzugefügten Faktor E enthält und einer, der ihn nicht enthält (dies gilt auch für die vier anderen Faktoren). Konkret sind im vorliegenden Versuchsplan miteinander vermengt:

E	mit	$ABCD$,	AE	mit	BCD,
BE	mit	ACD,	CE	mit	ABD,
DE	mit	ABC,	ABE	mit	CD,
ACE	mit	BD,	ADE	mit	BC,
BCE	mit	AD,	BDE	mit	AC,
CDE	mit	AB,	$ABCE$	mit	D,
$ABDE$	mit	C,	$ACDE$	mit	B,
$BCDE$	mit	A,	$ABCDE$	mit	dem Achsenabschnitt.

Man sieht, dass jeweils eine Zweifach- mit einer Dreifachinteraktion, Haupteffekte mit Vierfachinteraktionen sowie der Achsenabschnitt und die Fünffachinteraktion miteinander vermengt sind. Bei einem solchen Vermengungsmuster spricht man von **Auflösung der Ordnung** V (fünf). Bei einer Versuchsanordnung ist eine möglichst hohe Auflösung erstrebenswert, denn in diesem Fall sind die in erster Linie interessierenden Effekte, also Haupteffekte

und Zweifachinteraktionen, mit Interaktionen höherer Ordnung vermengt, welche in der Regel als vernachlässigbar betrachtet werden können. Allgemein ist in einem Plan von der Auflösung R kein Interaktionseffekt von p Faktoren mit einem Effekt von weniger als $R-p$ Faktoren vermengt. Im Fall von Auflösung III etwa sind keine Haupteffekte miteinander vermengt, Vermengungen von Haupteffekten mit Zweifaktorinteraktionen hingegen treten auf. Die Auflösung beurteilt also die Versuchsanordnung bezüglich der Vermengungsstruktur der auftretenden Faktoren: eine möglichst hohe Ordnung der Auflösung (im Rahmen der Anzahl verfügbarer Versuchseinheiten) ist erstrebenswert.
Den beschriebenen Versuchsplan bezeichnet man als 2_V^{5-1}-**Faktorversuch**. In dieser Notation kommt zum Ausdruck, dass die Wirkung von 5 zweistufigen Faktoren untersucht wurde, dass die Anzahl der Beobachtungen gegenüber einem vollen 2^5-Faktorversuch um den Faktor 2^1 reduziert wurde, und dass die Auflösung des Plans von der Ordnung V ist. Allgemeiner spricht man von einem 2_R^{r-q}-Faktorversuch, falls

- r zweistufige Faktoren im Versuch einbezogen werden,
- die Anzahl der Versuchseinheiten durch geeignete Wahl von Generatoren gegenüber einem 2^r-Faktorversuch von 2^r auf 2^{r-q} gesenkt wird, und
- die Auflösung des Plans von der Ordnung R ist.

Ausgehend von einer vollen 2^r-Versuchsanordnung erfolgt die Wahl von Generatoren für die $r-q$ zusätzlichen Faktoren ähnlich wie bei der Einführung von Blockfaktoren. Geeignete Generatoren für $r=3$ bis 7 gibt Tabelle 3.27.

Anstatt eines Generators wie z.B. $E=ABCD$ kann auch $E=-ABCD$ mit negativem Vorzeichen gewählt werden. Dies würde heissen, dass der Faktor E bei denjenigen Beobachtungen auf der tieferen (statt beim Generator $E=ABCD$ auf der höheren) Stufe gehalten wird, bei denen von den vier Faktoren A, B, C, D eine gerade Anzahl auf der tieferen Stufe sind, bzw:
E auf der tieferen Stufe, falls $z^{ABCD}=1$
E auf der höheren Stufe, falls $z^{ABCD}=0$.
(Beim Generator $E=ABCD$ war diese Zuteilung der Stufen von E umgekehrt.) Das Vermengungsmuster ist nicht davon abhängig, welches Vorzeichen gewählt wird; die Auswahl der Versuchseinheiten (Stufenkombinationen der Faktoren) jedoch schon.

Auswertung von Teilplänen

Die Auswertung von 2_R^{r-q}-Teilplänen erfolgt wiederum analog zur Analyse von 2^r-Faktorversuchen. Zuerst rechnet man ein voll bestimmtes Regressionsmodell mit den 2^{r-q} Beobachtungen und den $2^{r-q}-1$ Dummy-Variablen z^A, z^B, z^{AB}, ... , die in einem vollen 2^p-Faktorversuch mit $p=r-q$ verwendet würden, als Einflussgrössen. Durch Betrachtung eines Quantil-Plots der geschätzten Effekte identifiziert man die wichtigsten Effekte. Anschliessend kann ein Regressionsmodell mit diesen Effekten als Einflussgrössen bestimmt werden, wobei eine weitere Selektion anhand von partiellen F-Tests möglich ist.

r	q	Aufl.	Plan	Generatoren
3	1	III	2_{III}^{3-1}	$C = \pm AB$
4	1	IV	2_{IV}^{4-1}	$D = \pm ABC$
5	1	V	2_{V}^{5-1}	$E = \pm ABCD$
	2	III	2_{III}^{5-2}	$D = \pm AB,\ E = \pm AC$
6	1	VI	2_{VI}^{6-1}	$F = \pm ABCDE$
	2	IV	2_{IV}^{6-2}	$E = \pm ABC,\ F = \pm BCD$
	3	III	2_{III}^{6-3}	$D = \pm AB,\ E = \pm AC,\ F = \pm BC$
7	1	VII	2_{VII}^{7-1}	$G = \pm ABCDEF$
	2	IV	2_{IV}^{7-2}	$F = \pm ABCD,\ G = \pm ABDE$
	3	IV	2_{IV}^{7-3}	$E = \pm ABC,\ F = \pm BCD,\ G = \pm ACD$
	4	III	2_{III}^{7-4}	$D = \pm AB,\ E = \pm AC,\ F = \pm BC,\ G = \pm ABC$

Tabelle 3.27: Teilpläne mit $r = 3$ bis 7 Faktoren und ihre Generatoren.

Das Hauptproblem dabei, und zugleich der grosse Unterschied zur Analyse eines vollen 2^r-Faktorversuchs, besteht darin, dass nun jeder Parameter die Summe von 2^q Effekten schätzt, die miteinander vermengt sind. Bei genügend hoher Auflösung, etwa Ordnung V oder höher, sind die wichtigsten Effekte, nämlich Haupteffekte und Zweifachinteraktionen, nur mit Wechselwirkungen höherer Ordnung vermengt, die entsprechenden Parameter können somit weitgehend diesen Effekten zugeschrieben werden. Bei einer Auflösung der Ordnung IV oder gar III hingegen kann auch die Vermengung dieser im Vordergrund stehenden Wirkungen auftreten. Es ist deshalb wichtig, dass man sich schon in der Planungsphase Klarheit über das Vorgehen bei der Analyse und die zu erwartende Vermengung verschafft und sich mit den möglichen Problemen in Bezug auf Interpretierbarkeit von geschätzten Wirkungen befasst. Zu diesem Zweck kann der folgende Abschnitt hilfreich sein.

Generieren des Vermengungsmusters mittels Zufallszahlen und Regression

Mit Hilfe der Regressionsanalyse kann das Vermengungsmuster in einem Teilplan ermittelt werden. Dies kann unabhängig von gemessenen Werten einer Zielgrösse geschehen, und es ist sinnvoll, diese Überlegungen bereits in der Planungsphase eines Experimentes anzustellen. Wir wollen dies an zwei Beispielen illustrieren, nämlich den Teilplänen 2_{IV}^{4-1} und 2_{IV}^{6-2}. Dabei wird eine Fallunterscheidung notwendig:

- Fall 1: Die Versuchseinheit (-) aus der vollen 2^r-Versuchsanordnung (d.h. diejenige, bei der sämtliche Faktoren auf der tieferen Stufe gehalten werden) ist im 2^{r-q}-Teilplan vertreten:

Ein 2^3-Versuchsplan wird mit Hilfe des Generators $D = ABC$ erweitert zu einem 2_{IV}^{4-1}-Teilplan. Dies ist äquivalent dazu, in einem vollen 2^4-Plan diejenigen Einheiten auszuwählen, für welche

$$z^{ABCD} = 1$$

gilt (vgl. dazu Tabelle 3.23). Zur Bestimmung des oberen Index $ABCD$ transformiert man die Generatorgleichung $D = ABC$ derart, dass auf einer Seite der Gleichung das Einselement I steht:

$$D \times ABC = ABCD \implies I = ABCD.$$

Nun bilden wir im unvollständigen 2^4-Plan die Variable y_V als Produkt von z^{ABCD} und einer Variable, die Zufallszahlen aus einem beliebigen Zufallszahlengenerator enthält (d.h. diejenigen Versuchseinheiten mit $z^{ABCD} = 1$ erhalten als Wert von y_V eine Zufallszahl, die restlichen 0). Nun wird eine Regression gerechnet mit y_V als Ziel- und allen 15 Dummy-Variablen z^A, z^B, z^{AB}, ... , z^{ABCD} als Einflussgrössen. Von den geschätzten Regressionskoeffizienten weisen je nun zwei Effekte denselben Wert auf: diese sind jeweils miteinander vermengt. Einzige Ausnahme bildet dabei die Nullpunktordinate. Den mit der Nullpunktordinate vermengten Effekt findet man als denjenigen, welcher in der transformierten Generatorgleichung (mit I auf der linken Seite des Gleichheitszeichens) steht, in unserem Fall also $ABCD$. Die Resultate können anhand der Tabelle 3.28 nachvollzogen werden (die Zufallszahlen stammen hier aus einer Gleichverteilung auf dem Einheitsintervall $(0, 1)$).

- Fall 2: die Versuchseinheit (-) aus der vollen 2^r-Versuchsanordnung ist im 2^{r-q}-Teilplan nicht vertreten:

Im obigen Beispiel ist es möglich, anstelle der Stufenkombinationen mit $z^{ABCD} = 1$ diejenigen mit $z^{ABCD} = 0$ in den Versuch einzubeziehen. Das Vermengungsmuster (und damit auch die Auflösung) bleibt dabei gleich. Der entsprechende Generator wird mit

$$D = -ABC$$

bezeichnet, oder in der transformierten Form

$$I = -ABCD \ .$$

Analog zu oben wird nun die Grösse y_V gebildet, die aber nun für die Versuchseinheiten mit $z^{ABCD} = 0$ Zufallszahlen als Werte erhält und sonst Null. Es wird dann eine Regression gerechnet mit y_V als Ziel- und allen Dummy-Variablen als Einflussgrössen. Miteinander vermengte Effekte besitzen nun in den Parameterschätzungen den gleichen Absolutbetrag, weisen jedoch entgegengesetztes Vorzeichen auf, und auch die *Nullpunktordinate* stellt im Gegensatz zum ersten Fall *keine Ausnahme* dar. Zu diesem Beispiel siehe Tabelle 3.29.

Vers.-Einh./Effekt	y_V	geschätzter Koeffizient
(-)/Nullpktord.	0.10068	0.1906
A	0	0.2308
B	0	-0.0930
AB	0.59648	-0.1400
C	0	0.0087
AC	0.88461	-0.0976
BC	0.40742	-0.0125
ABC	0	-0.0871
D	0	-0.0871
AD	0.86325	-0.0125
BD	0.04547	-0.0976
ABD	0	0.0087
CD	0.16413	-0.1400
ACD	0	-0.0930
BCD	0	0.2308
ABCD	0.21961	0.4102

Tabelle 3.28: Vermengungsmuster in einem 2_{IV}^{4-1}-Versuchsplan mit Generator $I = ABCD$. Die Symbole in der ersten Spalte haben zwei Bedeutungen: einerseits Versuchseinheiten (bezüglich der Werte von y_V), andererseits Effekte (bzgl. den geschätzten Koeffizienten).

Vers.-Einh./Effekt	y_V	geschätzter Koeffizient
(-)/Nullpktord.	0	0.5552
A	0.78873	0.0446
B	0.43252	-0.0607
AB	0	-0.2226
C	0.02894	0.0282
AC	0	0.0681
BC	0	0.1409
ABC	0.41474	-0.1390
D	0.66849	0.1390
AD	0	-0.1409
BD	0	-0.0681
ABD	0.21825	-0.0282
CD	0	0.2226
ACD	0.97733	0.0607
BCD	0.91260	-0.0446
ABCD	0	-0.5552

Tabelle 3.29: Vermengungsmuster in einem 2_{IV}^{4-1}-Versuchsplan mit Generator $I = -ABCD$.

Ein weiteres Beispiel: 2^{6-2}_{IV}-Teilplan

Zum Abschluss soll noch in einem etwas komplizierteren Plan das Vermengungsmuster gefunden werden, nämlich im 2^{6-2}_{IV}-Teilplan. In einer vollen 2^4-Versuchsanordnung werden mit den Generatoren $E = ABC$ und $F = -BCD$ zwei weitere zweistufige Faktoren eingeführt (vgl. Tabelle 3.27). Aus einem vollen 2^6-Versuch werden somit nur diejenigen Versuchseinheiten ausgewählt, für welche

$$z^{ABCE} = 1 \quad \text{und} \quad z^{BCDF} = 0$$

ist. Zur Ermittlung des Vermengungsmusters wird die Grösse y_V gebildet gemäss $y_V = z^{ABCE} \cdot (1 - z^{BCDF})\cdot$ Zufallszahl, d.h.

$$y_V = \begin{cases} \text{Zufallszahl} & \text{falls } z^{ABCE} = 1 \text{ und } z^{BCDF} = 0 \\ 0 & \text{sonst.} \end{cases}$$

Dieses y_V wird dann als Zielgrösse eingesetzt in eine Regression mit den $2^6 - 1 = 63$ Dummy-Variablen z^A, z^B, z^{AB}, ... , z^{ABCDEF} als Einflussgrössen. Dieser Schritt ist in der Tabelle 3.30 illustriert. Aus der Tabelle sieht man, dass immer vier Effekte dem Absolutbetrag nach gleich geschätzt werden, beispielsweise A, BCE, $ABCDF$ und DEF, ebenso AB, CE, $ACDF$ und $BDEF$, usw. Diese vier sind jeweils miteinander vermengt. In der obigen Fallunterscheidung liegt hier der zweite Fall vor: mit der Nullpunktordinate vermengt sind $ABCE$, $BCDF$ (aus den Generatoren) sowie ihr Produkt, $ABCE \times BCDF = ADEF$, jeweils mit einem geschätzten Wert von ± 0.2018.

Vers.-Einh./Effekt	y_V	geschätzter Koeffizient
(-)/Nullpktord.	0	0.2018
A	0	0.0533
B	0	0.0033
AB	0.38780	-0.0168
C	0	0.0001
AC	0.33955	-0.0304
BC	0	-0.0002
ABC	0	-0.0398
D	0.40863	0.0686
AD	0	0.0135
BD	0	-0.0099
ABD	0	-0.0781
CD	0	-0.0431
ACD	0	-0.0496
BCD	0.90997	0.0277
ABCD	0	-0.0588
E	0	-0.0398
AE	0	-0.0002
BE	0.13632	-0.0304
ABE	0	0.0001
CE	0.42477	-0.0168
ACE	0	0.0033
BCE	0	0.0533
ABCE	0	0.2018
DE	0	-0.0588
ADE	0.98119	0.0277
BDE	0	-0.0496
ABDE	0	-0.0431
CDE	0	-0.0781
ACDE	0	-0.0099
BCDE	0	0.0135
ABCDE	0.08346	0.0686
F	0.14102	-0.0277
AF	0	0.0588
BF	0	0.0431
ABF	0	0.0496
CF	0	0.0099
ACF	0	0.0781
BCF	0.04496	-0.0686
ABCF	0	-0.0135
DF	0	0.0002
ADF	0	0.0398
BDF	0	-0.0001
ABDF	0.85962	0.0304
CDF	0	-0.0033
ACDF	0.77351	0.0168
BCDF	0	-0.2018
ABCDF	0	-0.0533
EF	0	-0.0135
AEF	0.05434	-0.0686
BEF	0	0.0781
ABEF	0	0.0099
CEF	0	0.0496
ACEF	0	0.0431
BCEF	0	0.0588
ABCEF	0.60177	-0.0277
DEF	0	-0.0533
ADEF	0	-0.2018
BDEF	0.25739	0.0168
ABDEF	0	-0.0033
CDEF	0.05247	0.0304
ACDEF	0	-0.0001
BCDEF	0	0.0398
ABCDEF	0	0.0002

Tabelle 3.30: Vermengungsmuster in einem 2_{IV}^{6-2}-Versuchsplan mit Generatoren $I = ABCE$ und $I = -BCDF$.

Literaturverzeichnis

Lehrbücher in englischer Sprache

Anderson, T.W. (1984), An lntroduction to Multivariate Statistical Analysis, 2nd ed., Wiley, New York.

Box, G.E.P., Hunter, W.G. Hunter, J.S. (1978), Statistics for Experimenters, Wiley, New York.

Chatterjee, S.,Price, B. (1991), Regression Analysis By Example, 2nd ed., Wiley, New York.

Christensen, R., (1996), Analysis of Variance, Design and Regression, Chapman and Hall, London.

Cochran, W.G., Cox, G.M. (1957), Experimental Design, Wiley, New York.

Cook, R. D., Weisberg, S. (1994), An Introduction to Regression Graphics, Wiley, New York.

Cox, D. R. (1958), Planning of Experiments, Wiley, New York.

Cox, D. R., Snell, E. J. (1981), Applied Statistics, Chapman and Hall, London.

Daniel, C. (1976), Applications of Statistics to Industrial Experimentation, Wiley, New York.

Daniel, C., Wood, F. S. (1980), Fitting Equations to Data, 2nd ed., Wiley, New York.

Draper, N., Smith, H. (1981), Applied Regression Analysis, 2nd ed., Wiley, New York.

Flury, B. (1997), A first Course in Multivariate Statistics, 2nd ed., Springer, New York.

Flury, B., and Riedwyl, H. (1988), Multivariate Statistics: A Practical Approach, Chapman and Hall, London.

Hand, D.J. (1981), Discrimination and Classification, Wiley, New York.

Johnson. R.A., and Wichern, D. W. (1988), Applied Multivariate Statistical Analysis, 2nd ed. Englewood Cliffs, Prentice-Hall, NJ.

Lachenbruch, P.A. (1975), Discriminant Analysis, Hafner, New York.

Lewis-Beck, M. S. (1980), Applied Regression: An Introduction, Sage Publications, Beverly Hills.

McLachlan, G.J. (1992), Discriminant Analysis and Statistical Pattern Recognition, Wiley, New York.

Miller, R.G. (1986), Beyond ANOVA, Wiley, New York.

Morrison, D.F. (1976), Multivariate Statistical Methods, 3rd ed., McGraw-Hill, New York.

Mosteller, F. and Tukey, J. W. (1977), Data Analysis and Regression, Addison-Wesley, Reading, Massachusetts.

Rencher, A.C. (1995), Methods of Multivariate Analysis, Wiley, New York.

Ryan, T. P. (1997), Modern Regression Methods, Wiley, New York.

Seber, G.A.F. (1977), Linear Regression Analysis, Wiley, New York.

Seber, G.A.F. (1984), Multivariate Obervations, Wiley, New York.

Weber, D. C.and Skillings, D. C. (2000), A First Course in the Design of Experiments, CRC Press, New York.

Weisberg, S. (1990), Applied Linear Regression, 2nd ed., Wiley, New York.

Lehrbücher in deutscher Sprache

Backhaus, K. et al. (1996), Multivariate Analysemethoden, 8. Auflage, Springer Verlag, Berlin/Heidelberg.

Fahrmeir, Hamerle, Tutz ,Hrsg. (1996), Multivariate statistische Verfahren, 2. Auflage. De Gruyter Verlag, Berlin.

Flury, B. Riedwyl, H. (1983), Angewandte Multivariate Statistik, Fischer, Stuttgart.

Hartung, J., Elpelt B. (1995), Multivariate Statistik, Oldenbourg, München.

Hartung, J., Elpelt, B., Klösener, K. (1987), Statistik. Lehr- und Handbuch der angewandten Statistik, 6. Auflage, Oldenbourg, München.

Linder, A. (1969), Planen und Auswerten von Versuchen, Birkhäuser Verlag, Basel.

Riedwyl, H. (1980), Regressionsgerade und Verwandtes, Haupt Verlag, Bern.

Riedwyl, H. (1997), Lineare Regression und Verwandtes: Beispiele mit Lösungsvorschlägen, Birkhäuser Verlag, Basel.

Vincze, I. (1984), Mathematische Statistik mit industriellen Anwendungen, Band 1 und 2, 2. Auflage, Bibliographisches Institut, Wissenschaftsverlag, Mannheim.

Datenquellen zu den Beispielen

Box, G.E.P., Hunter, W.G., Hunter, J.S. (1978), Statistics for Experimenters, Wiley, New York (Beispiele 3.2.2(b) und 3.7.2)

Mandel, J. (1995), Analysis of Two-Way Layouts, Chapman & Hall, New York (Beispiel 3.1.2).

McNeill, D. (1996), Epidemiological Research Methods, Wiley, New York (Beispiel 1.6.2).

Montgomery, D.C., Peck, E.A. (1982), Introduction to Linear Regression Analysis, Wiley, New York (Beispiel 1.10.2).

Davies, O.L., Hrsg. (1963), Design and Analysis of Industrial Experiments, Oliver and Boyd, London (Beispiel 3.5.2).

Petersen, R.G. (1985), Design and Analysis of Experiments, Marcel Dekker, New York (Beispiele 3.2.2(a), 3.3.2 sowie 3.6.2).

Rao, C.R. (1973), Linear Statistical Inference and its Applications, Wiley, New York (Beispiel 3.4.2).

Riedwyl, H. (1989), Angewandte Statistik, Haupt, Bern (Beispiel 1.12.2).

Riedwyl, H. (1997), Lineare Regression und Verwandtes, Beispiele mit Lösungsvorschlägen, Birkhäuser, Basel (Beispiele 1.1.2, 1.2.2, 1.4.2, 1.5.2, 1.7.2, 1.8.2, 1.9.2, 1.11.2, 1.13.2 sowie das Banknotenbeispiel in Kapitel 2).

Riedwyl, H. (1998), Modifying and using Yates' Algorithm, Statistical Papers 39, 41-60 (Zusätzliches Beispiel in 3.7.7).

Sachverzeichnis

www.ingramcontent.com/pod-product-compliance
Lightning Source LLC
LaVergne TN
LVHW060624300926
849162LV00008B/1703